ビジュアル・シンカーの脳

「絵」で考える人々の世界

テンプル・グランディン

中尾ゆかり 訳

VISUAL THINKING

THE HIDDEN GIFTS OF PEOPLE WHO THINK IN PICTURES, PATTERNS, AND ABSTRACTIONS

TEMPLE GRANDIN

NHK出版

Title page drawing by Temple Grandin

装幀　城井文平

考え方が異なるすべての人へ

ビジュアル・シンカーの脳　「絵」で考える人々の世界

目次

おわりに

・本文中の（　）は原注、〔　〕は訳注を表す。
・本文中の書名のうち、邦訳版がないものは初出に原題とその逐語訳を併記した。
・本文中の書籍等からの引用は、すべて本書訳者による翻訳である。

はじめに

「視覚思考《ビジュアル・シンキング》」とは何か

私たちは、この世に生まれてきたときにはまだ言葉をしゃべらない。光が見え、人の顔がわかり、色や形を区別する。においや味もわかってくる。触覚があり、物をつかみ、親指を吸う。やがて歌がわかるようになる。だから、世界中のどこでも子守歌や童謡があるのだ。赤ちゃんは「マーマー」や「パーパー」など、口からいろいろな声を出す。言葉はだんだん増え、たいていの子が一歳半までにはかなりの数の名詞と動詞をおぼえていて、二歳までに文で話すようになる。幼稚園に通うころには、複雑な文でおしゃべりができ、基本的な文法を理解する。言語はコミュニケーションに不可欠で、人間にとって水や空気みたいなものだ。

言語はコミュニケーションだけでなく、思考の土台でもあると考えられ、たしかに何世紀ものあいだそう教えられてきた。十七世紀の哲学者ルネ・デカルトは、「我思う、故に我あり」と唱えて後世に多大な影響を与え、とくに、人間と獣《けもの》の違いは言語の使用だと主張した。つまり、言葉を使うから人間だと言うのだ。時代が数百年進んでも、心の働きは、おもに言葉に基づいて説明される。言語学者のノーム・チョムスキーは、一九五七年に『文法の構造』という画期的な文法書を発表し、言語、とりわけ文法は人間に生まれつきそなわっていると唱え、その説は半世紀以上にわたって思想界に影響を与えた。

私は自閉スペクトラム症（ＡＳＤ）であるため、四歳になるまで言葉が出なかった。八歳になってやっと字が読めるようになったのは、発音とつづりを結びつけて単語を学ぶ音声学習法の個人指導をたっぷり受けたからだ。

小さいころ、まわりの世界を言葉で理解できなかった。画像で理解したのだ。たしかに今では言葉を話すが、それでも考えるときにはおもに「絵」を使う。けれどデカルトやチョムスキーの予想に反して、私の思考は言葉がなくても豊かで生き生きしている。視覚的なイメージが次から次へと思い浮かぶ。グーグルの検索画像をスクロールしたり、インスタグラムやＴｉｋＴｏｋのショートムービーを見たりしているように、画像で考える。これが視覚思考《ビジュアル・シンキング》だ。

私は自閉スペクトラム症であるとともに視覚思考者《ビジュアル・シンカー》でもある。視覚思考は、よく視力に関係すると誤解されるが、見ること自体に関係するのではない。脳が視覚の回路を使って情報を処理する思考のプロセスである。つまり、考える方法が言葉で考える通常の言語思考と異なるのだ。この考え方を理解するには、第一に、こういう考え方が存在することを理解しなければならない。

私は自分の考え方がふつうと異なることを知らなかったので、ほかの人がみな自分と同じ方法で考えているわけではないとわかって戸惑った。仮装パーティに招待されて出かけて行ったら、仮装していたのは自分だけだったときのような気分だ。たいていの人と私自身の思考のプロセスがどう違うのか、想像するのは難しかった。だれも彼もが絵で考えているのではないと知ったとき、人はどんなふうに考えるのかを明らかにし、自分と同じように考える人を見つけることが私の使命になった。それ以来、私のような視覚思考者がどのくらいいるのか研究を続けてきた。資料を調べ、じっくり観察し、自閉スペクトラム症や教育関係の会合で講演をしたときに簡単な調査を行ない、親や教育者、障害者支援者、仕事関係者など、たくさんの人と話をした。

さらに、視覚思考には二種類あるのではないかと考えるようになったが、それはある日、突然、思いついたのではない。当時は証明できなかったが、ある種の視覚思考者が私とまったく異なることにそれとなく気づいたのだ。空間視覚思考者、絵でなくパターンや抽象的な概念で考える人たちだ。最初にこの相違を感じたのは、エンジニアや機械設計者と仕事をしていたときだ。その後、私の観察を裏付けている科学文献を見つけ、うれしくて天にも昇る心地だった。心理学者のマリア・コジェヴニコフの論文によると、視覚思考者には、私のような絵で考える「物体視覚思考者」と、数学の好きな「空間視覚思考者」という二つのグループがあって、後者はこれまで見過ごされてきたが、視覚思考者の重要な一集団で、パターンで考えるというのだ。

やはりそうだったのかとの思いはとても強く、自分の個人的な体験にとどまらず、学校や職場を含めた社会というもっと大きな視点から視覚思考を眺める必要性を感じた。本書では、二種類の視覚思考が本人や世の中に与えている影響を探り、その中で「優れた技術」と私が名付けているものを紹介しよう。物体視覚思考タイプと空間視覚思考タイプの人たちと五十年近く仕事をしてきた体験から得た話だ。

なぜ本書が生まれたか

本書が生まれた背景には、ここ数年に私が目の当たりにして危機を感じた二つの衝撃的な事実もある。一つは、二〇一九年のある日、最新鋭の食肉加工工場を訪れたときのこと。私はフードサプライ・ビジネスのコンサルタントとして、よく工場を視察する。その日訪れた工場では、最新の設備が目にとまった。ステンレス製で美しく輝き、細部まで行き届いて製造され、複雑に動く部分がいくつもある。さぞかし高い技術をもつ人たちが設計して取り付けたのだろうと、その製造工程を細部まで思い浮かべた。それまでに私が関わった工場では、たいてい米国の設備を使っていた。国内で製造された新しい部品を取り付け、どんな故障も修理できる作業員が待機していたものだ。ところが、その設備は百以上ものコンテナに分けて、オランダから船で運ばれてきたとわかった。

私は高いところにある通路に立ち、複雑に入り組んだコンベヤーを見下ろして、だれにともなくつぶやいた。「もう国産じゃないんだ」。これは、学校で技術や製図、自動車整備などの実践的な授業を教えなくなったために支払った代償だ。おとなになったらこういう設備を開発するかもしれない子どもたちは、テスト偏重教育の中で、しばしば成績も素行も悪いと考えられ、特別支援教育に追いやられてしまうことがある。その多くがじつは視覚思考者で、彼らがふるい落とされてしまうのは、現在の学校教育が言語思考者、つまりテストの点がよくて、筋道立てて考える生徒に有利だからだ。いわゆる「劣等生」がすばらしい才能を見せたかもしれない実践的な授業は、今のアメリカではもう行なわれていない。

二度目の衝撃に襲われたのは、同じ年の後半、カリフォルニア州クパティーノのアップル本社にあるスティーブ・ジョブズ・シアターを訪れたときだ。シアターは、銀河の彼方から飛んできたガラスの円盤さながらに、燦然《さんぜん》と輝いていた。高さ七メートル近い壁はすべてガラス製で、支柱はない。電線やスプリンクラー、音響装置やセキュリティ・システムはガラスの継ぎ目に隠されていて、外からは見えない。じつに壮麗だ。

じっくり観察して、どうやって建設されたのか調べた。屋根全体はガラスの構造壁に支えられている。ガラスを製造したのはドイツのセダック社。超大型ガラスの製造で業界トップにのし上がっている会社だ。みごとな屋根は軽量カーボンファイバー製で、ドバイからの輸入品。そしてガラスの被覆《ひふく》と屋根の設計、組み立て、取り付けを請け負ったのはイタリアのフレナー&レイファー社。私はだれもいないロビーの中央で、またもや、つぶやいた。「もう国産じゃないんだ」

この二つは例外ではない。それどころか、アメリカの産業界で発生している大変動の証拠だ。二〇二一年の春までに、ある食肉加工工場でオランダやデンマーク、イタリアから輸入された最新の食肉裁断包装装置を見つけた。数週間後、精肉業界誌の最新号は、オランダの大企業が製造した装置を見開きの折り込み図で紹介した。私は国レベルの技術力が危機に追い込まれる転換点を目撃していたのだ。

アメリカの基本的な技術力が低下している大きな原因は三つある。第一に、製造の専門知識をもつ人が仕事を辞めても、穴埋めされないこと。第二に、アメリカは衣類や玩具《がんぐ》、電化製品などの量産品だけでなくハイテク製品の製造も、海外の会社に依存していること。ｉＰｈｏｎｅの約三割は中国製だ。第三に、これこそ声を大にして言いたいのだが、視覚思考者が排除されていること。異なる考え方をする人びとの才能や技術を認めて伸ばし、それを活かして社会の役に立てなければ、豊かな社会を築くことなどできない。画家や産業デザイナー、発明家のいない世界を想像してみよう。電気技師も機械工も建築家も配管工も建築作業員もいないのだ。彼らは視覚思考者である可能性が高く、目立たない人が多い。特定の貢献をしていることが理解されず、認められず、感謝されない。どうしてもこの本を書きたいと思った理由の一つは、このようにアメリカの技術力が低下していることに脅威を感じたからだ。けれど、これはすぐに食い止められる。視覚思考タイプの人たちを排除しなければ。

各章の内容

たいていの人は、視覚思考者の脳がどんなふうに働くのか十分に理解していない。大方の科学者もわかっていない。本書ではまず第１章で、視覚思考がどういうものか、また視覚思考についてわかっていることを、視覚思考者にも、そうでない人にも理解できるように説明する。

第２章では、教育制度上の深刻な問題を取り上げる。現代の学校は、実践的な授業を行なわず、画一的な教育を押しつけ、時代遅れのかたよった試験制度に依存している。その結果、才能に恵まれた物体視覚思考タイプの子が短期、長期にわたってふるい落とされ、それが社会全体の損失になっている。代数が障壁になり、高校やコミュニティ・カレッジ〔公立の二年制大学。おもに職業訓練を行なう〕では数学の教育課程を修了できない学生がいることが報告されている。こういう子どもたちは物体視覚思考タイプで、機械の発明はできても方程式が解けず、排除されてしまう。

第3章では、教育現場での危機から生じた失業や不完全雇用が、職種や地域のコミュニティ・カレッジに対する偏見のせいで深刻化している現実に目を向ける。私たちはインフラの維持改善にはおおむね賛成するが、優れた建設作業員や溶接工、機械工、技術者になりそうな人材を見つけて育成し、訓練しているだろうか。彼らの才能や能力は、社会で十分に活かされているだろうか。

第4章では、言語思考者と視覚思考者のすばらしい共同作業を見ていく。作曲家のリチャード・ロジャースと作詞家のオスカー・ハマースタイン、アップルを創業したスティーブ・ジョブズとスティーブ・ウォズニアック、建築家のレム・コールハースと建築構造家のセシル・バルモンドなどだ。多様な思考者がいるチームは優位性があることを明らかにした研究も紹介する。

第5章では、天才と脳の多様性《ニューロダイバーシティ》、視覚思考の接点を探る。歴史に名を残す芸術家や発明家には視覚思考タイプも多く、自閉症のスペクトラム（領域）に当てはまると思われる人もいる。こういう人びとが芸術や科学、発明に多大な貢献をして歴史を変えてきた。

第6章では、これまでに生じ、ときには人命も奪われた重大な事故に目を向け、視覚思考により事故が回避された可能性について探る。福島第一原子力発電所の壊滅的な事故や、数百人の死亡者を出したボーイング737MAXの二件の墜落事故などの大惨事は、チームに視覚思考をもつ人がいたら避けられたかもしれない。視覚思考者は予言者ではないが、視覚思考の視点を取り入れたら、ささいな事故だけでなく大規模な災難の回避に役立つだろう。視覚思考者がチームにいると大きな成果が得られるのだ。

最後の第7章では、私が長年書いてきたテーマに立ち戻る。動物科学者の私は、これまでの人生でずっと動物の行動について教え、研究し、コンサルタントをしてきた。この章で動物を取り上げるのは、動物が言葉を話さないからにほかならない。動物と視覚思考の接点はあるのか、また動物は私たちの考え方について何を教えてくれるのだろうか。

自分が視覚思考かどうか、どうすればわかるのだろう。音楽が好きか、絵を描くのが上手か、機械を組み立てるのが得意か、それとも文章を書くほうがいいか、こういうことが手がかりになる。視覚思考は、たいていの特質と同じように程度に幅がある。大方の人は言語思考と視覚思考の両方を組み合わせながら考えるものだ。読者のみなさんには、この本で紹介する話や研究、知見を通して自分がその幅のどのあたりにいるのか見つけてほしい。

私は自閉スペクトラム症の支援活動にも長年携わってきた。本書でも、これまでの体験や知見を活かして、親が子どもたちをそれぞれの強みに合わせて指導するお手伝いをしたい。何よりも大切なのは、子どもたちが幸せな人生を送れるようにすることで、その第一歩は、子どもたちがどんなふうに考えるのか、それゆえどうやって学ぶのかを理解すること。経営者には、従業員全員の能力を正しく評価し、履歴書にとらわれずに、視覚思考者や多様な思考タイプの人たちができることを見きわめてほしい。

視覚思考の人には、この本の中に自分の姿を見つけ、言語思考の人には、さまざまな考え方から生まれる可能性やチャンスに気づいてもらいたい。最後に、だれもが世界の市民として、目まぐるしく変化する社会で創造し革新する能力を取り戻し、あらゆるタイプの思考者がもつ力を活かしたら、何が得られるのか認識してもらえれば幸いだ。

第1章　視覚思考者《ビジュアル・シンカー》の世界——頭の中の「絵」で考える人びと

私が何年も一緒に仕事をしてきた編集者は全員、言語思考タイプで、順を追って作業をする。文章を書くときには筋を通し、起承転結という形でまとめる。本書の編集者は、いくつかのテーマの原稿をばらばらの順番で渡したら、つなげるのに四苦八苦していた。頭の中で話がきちんと並ばないのだ。絵で考える私の文章は連想で構成されているが、編集者にとって、文章は順序よく並んでいないと筋が通らない。私の文章は、意味をたどれるように、切れ目なく連続して提示される必要があった。

視覚思考者の立場から、まず言語思考タイプの特徴がどのように見えているのか、両者の違いはどこにあるのかあげてみよう。

二つの思考タイプの異なる世界

言葉による思考は、つながりがあって一つにまとまっている。おもに言語思考をする人は物事を順序立てて理解する。だから学校では成績がいい。学校での勉強はたいてい連続していて体系化されている。

言語思考タイプは一般的な概念を理解するのが得意で、時間の感覚に優れているが、方向感覚は必ずしもいいとは言えない。子どもならプリントをきちんと整理してバインダーにはさみ、おとならコンピューターのデスクトップにフォルダーを項目ごとにきれいに並べる。問題に対して講じる対策を明確にして、解決や決定にたどり着く。声に出さずに自分の心に語りかけ、自分の世界を構築する。メールをさっと書き、そつなくプレゼンをこなす。小さいときからよくしゃべる。

そもそも、口の達者な人は会話を仕切る傾向があり、やたらと几帳面で、社交的だ。言葉を巧みに使いこなす能力が必要な華やかな職業に就き、出世するのもうなずける。教師、弁護士、著述家、政治家、企業の管理職などだ。たぶん、みなさんもこういう人を知っているだろう。

私たちは、おしゃべり文化の中で暮らしている。言語思考者は宗教やメディア、出版、教育で世論を支配している。放送の電波やインターネットは言葉であふれ、宗教指導者や評論家、政治家はその大部分を占領し、ニュース解説者は「番組の顔」と呼ばれる。主流の文化は口の達者な人に有利で、言葉がものを言う世界なのだ。

一方、私のような視覚思考タイプは頭の中でイメージを見るから、高速で連想する。一般に地図や絵画、迷路が好きで、道案内がまったく不要なこともよくある。一度しか行ったことのない場所を簡単に見つける人もいる。頭の中のＧＰＳが目印を記録しているのだ。

視覚思考タイプは子どものころに話しはじめるのが遅く、学校や従来の教え方では苦労する傾向がある。代数が苦手なのは、あまりにも抽象的で、視覚化できる具体的なものがないからだ。そのかわり、建設や組み立てのような実際の作業に直接関係する計算が得意だ。私は、機械の装置が動く仕組みを簡単に理解し、新しい装置を考え出すのが楽しい。問題を解決するのが好きで、しばしば人づきあいが苦手に見えるらしい。

視覚思考と言語思考については、さまざまな研究で取り上げられている。心理学者のチャールズ・ファニーハフはダラム大学で「ヒアリング・ザ・ボイス」というプロジェクトを主催しているが、著書『おしゃべりな脳の研究——内言・聴声・対話的思考』では、独り言を言うときによく見られる方法や理由を説明している。人は独り言によって、やる気を起こしたり、自分を見つめたり、気分転換したり、注意を向けたり、行動を変えたりして、意識を高める。

ファニーハフは、ご多分にもれず、ある種の偏見にとらわれていて、思考はおもに言語で行なわれ、「本来考えられている以上に言語と密接に結びついている」と強く主張している。感覚や感情といった要素とともに、イメージが思考に関わっていることは認めているが、「それは全体の一部にすぎない」と言うのだ。私はたしかに独り言を言い、気合を入れて設計の仕事をしているときなどには大きな声で言うこともあるが、思考は言葉の海を漂っているのではない。イメージの大海原《おおうなばら》を漂っているのだ。

日本で二〇一五年に行なわれた研究では、視覚思考と言語思考に関連する脳の活動を調べた。神戸大学の西村和雄教授の研究グループは、有名な寺、星占いの十二星座と私的な会話の三つを被験者に交互に思い出してもらい、それにともなう神経系の活動を測定した。その結果、「個人の視覚心像〔経験や記憶などをもとに心の中でイメージを思い浮かべたもの〕の主観的な『鮮明度』と視覚領域の活動に大きな相関関係がある」ことがわかる。測定しているあいだ、視覚思考者はイメージを思い浮かべ、言語思考者は独り言を頼りにしていることが、脳磁図（ＭＥＧ）から明らかになった。

心理学者グレアム・Ｊ・ヒッチの研究グループによると、子どもはみな幼いころには視覚思考の傾向があるようだ。ヒッチは、子どもが情報を処理する方法を研究し、人から聞いた言葉と、自分の目で見た光景のどちらを頼りに記憶するのか調べた。すると、年長の子どもでは、視覚記憶は「言葉による記憶が積み重なっていくうちに覆い隠されてしまう」ことがわかった。つまり、言葉は、壁紙を貼り重ねるように、イメージを覆い隠すのだ。

心理学者のガブリエラ・コッペノル＝ゴンザレスも、子どものコミュニケーションの主要な手段として言語が優勢になるようすを追跡したところ、子どもは、五歳になるまでは視覚的短期記憶に大きく依存していることがわかった。六歳から十歳までのあいだに、だんだん言語で処理するようになり、十歳以降はおとなと同様に言語的短期記憶に依存する。脳の言語システムと視覚システムが発達するにつれ、言語思考に向かうのだ。しかし、おとなの短期記憶については、だれもが最初にもっぱら言語で情報を処理するわけではないという研究報告もある。

ファイルする人、積み上げる人

記憶は学習にも関係するが、デンバーの高度発達研究所の心理学者リンダ・シルヴァーマンは、学習スタイルの相違について発表したときに、書類をファイルにとじてキャビネットにきちんと並べる人と、書類の山に囲まれている人を比較した。「ファイルする人（きちんとした人）」と「積み上げる人（だらしない人）」。みなさんは自分がどちらのタイプかわかっているだろう。そこから自分の思考法について何がわかるのだろうか。

書類をファイルしない人にきちんと整理させたら、何も見つけられなくなってしまうとシルヴァーマンは述べているが、これは図星だ。彼らは、整理しなくても何がどこにあるのか、ちゃんとわかっている。「だらしない状態」は組織化されていて、それを頭の中で見ているのだ。つまり視覚思考である。

これは、私にもずばり当てはまる。オフィスは、専門誌や雑誌がごちゃごちゃと積まれ、書類の山がいくつもできていて、混沌《こんとん》の極みに見える。それでも、でたらめに積み上げられているのではなく、それぞれプロジェクトごとにまとめられているのだ。私は決まった山から必要な書類を取り出せる。だらしなく積まれた書類の山から特定の資料を見つけるのは、天才の証拠ではないかもしれないが、脳がどんなふうに作用するのかを知る手がかりになる。

知性や能力などについては、だらしない人ときちんとした人をくらべて決定的な結論は出せないとシルヴァーマンは指摘している。これは正しいが、それでも、だらしない人は知性や能力が劣るという型にはめられやすい。プリントをきちんとバインダーにはさんでいる学生と、ばらばらのままリュックに詰め込んでいる学生では、バインダーの学生のほうが品行方正で成績もいいと思われる。ただし、こういう学生は学校でだけ優秀な可能性もある。

発達心理学者のサイモン・バロン＝コーエンは、著書『ザ・パターン・シーカー――自閉症がいかに人類の発明を促したか』で、自閉スペクトラム症の人は世界の革新に大きな貢献をしているというすばらしい説を唱えている。「極端にシステム化する人びとは、人づきあいや、人間関係を維持するといった日常生活のごく簡単な社会的タスクでさえ困難だが、生まれつき、あるいは経験を通して、ほかの人がつい見すごしてしまうパターンを簡単に見つけることができる」。これは、自閉スペクトラム症で視覚思考の人がどんなふうに考えるのかを的確に描写している。

ところが、バロン＝コーエンも言語思考の重要性を高く評価し、認知革命から「言語という人間のすばらしい能力」が生まれたと唱える。この説は人間を理解する歴史で幅をきかせている。何らかの摩訶《まか》不思議な経緯から、言語は思考を意識に変換すると考えられ、一方、視覚思考はその過程のどこかで抹殺《まっさつ》されてしまったのだ。

思考タイプの判定テスト

子どもが視覚思考タイプかどうか、どうやって判断するのかとよく尋ねられる。その兆候は早ければ三歳で現れるかもしれないが、六歳から八歳のあいだで見られることが多い。視覚思考の傾向は、子どもが興味をもつ活動に現れる。よく目にするのは、きわめて精密で写実的な、みごとな絵を描くこと。こういう子は、積み木やレゴなどのブロックおもちゃを組み立てるのも好きで、段ボールや材木など身のまわりの物で何かを作る。千ピースのジグソーパズルを見て目を輝かせ、あるいは地下室やガレージで何時間も工具や電子機器をいじくりまわし、分解しては元に戻す。

理論物理学者のスティーヴン・ホーキングは模型の電車や飛行機を分解するのが好きで、その後、中古の時計や電話器の部品から簡単なコンピューターを作った。数学者のグレース・マレー・ホッパーはコンピューター科学者の草分けで、家にあった置き時計七個を全部分解した。もし、十代のわが子がノートパソコンを分解してしまったら、たぶんうれしくないだろうが、その子が第二のスティーブ・ウォズニアックになったら、きっとうれしいだろう。

おとなら、私が考えたイケア・テストをしてみると、視覚－言語スペクトラムのどのへんに当てはまるかわかる。厳密には科学的と言えないが、思考のタイプを見分けるのにかなり信頼できる手軽な方法だ。テストでは、家具を買ってきて、これから組み立てると仮定する。さて、説明書の文を読むか、イラストを見るか、どちらだろう。私なら、言葉で書かれた説明文を読んでも、ちんぷんかんぷん。連続した手順についていけないのだ。でもイラストを見れば一目瞭然。これまでに組み立ててきた家具などを全部思い浮かべて、この家具ができあがったときの姿がわかる。

家具量販店イケアの説明書は一連のイラストで示されていて、言葉で書かれていない。すでに気づいている人もいるだろう。創業者が言葉より絵を優先するディスレクシア〔学習障害の一つで、文字の読み書きに困難がある〕だったと知って、なるほどと思った。言語思考タイプの人がイケアの説明書を見て何がなんだかさっぱりわからなくなり、いらいらしたと話すのをたびたび聞く。視覚思考タイプの人にとって完璧な手引きが、逆に混乱を招くのだ。

家具の組み立てはさておき、視覚思考かどうかを調べる脳画像検査は今のところないが、リンダ・シルヴァーマンの研究グループが数年かけて開発した「視覚空間型思考判定テスト」は「聴覚連続型」思考者（言語で考える人）と「視覚空間型」思考者（絵で考える人）を見分けるのにとても役に立つ。自分がこのスペクトラムのどこに当てはまるのか関心がある人は、次ページの「視覚空間型思考判定テスト」の十八の質問に「はい」か「いいえ」で答えてみよう。

「はい」が十以上なら視覚（空間型）思考タイプの可能性がかなり高い。

忘れていけないのは、視覚（空間型）思考タイプか言語思考タイプかは、どちらか一方に当てはまるのでなく、だれもが言語優位から視覚優位までの連続するスペクトラムのどこかに当てはまるということ。全問「はい」の人はめったにいないだろう。著述家や編集者、弁護士はたいてい「はい」が十よりずっと少ないだろう。私は「はい」が十六で、視覚思考スペクトラムの端のほうに当てはまる。きわめて創造力のある人や数学の好きな人なら、「はい」が多いだろう。本書の執筆も手伝ってくれた編集者はかなりの言葉人間で、「はい」は四つだけだった。たいていの人はそのあいだのどこかに当てはまり、二種類の思考の混合タイプになる。

視覚空間型思考判定テスト

		はい	いいえ
1	考えるときには、言葉ではなく、おもに絵を使う。	□	□
2	物事がわかるが、その方法や理由は説明できない。	□	□
3	ふつうと違う方法で問題を解決する。	□	□
4	物事をありありと想像する。	□	□
5	目で見たことはおぼえているけれど、耳で聞いたことは忘れる。	□	□
6	単語をつづるのが苦手。	□	□
7	物体をいろいろな視点から思い浮かべることができる。	□	□
8	整理整頓が苦手。	□	□
9	時間の経過がわからなくなることがよくある。	□	□
10	行く先は言葉で説明してもらうより、地図を見るほうがわかる。	□	□
11	一度しか行ったことのない場所でも道順をおぼえている。	□	□
12	字を書くのが遅く、字はほかの人に読みづらい。	□	□
13	ほかの人の気持ちがわかる。	□	□
14	音楽か美術か機械が得意。	□	□
15	周囲が思っている以上に物知り。	□	□
16	人前で話すのは苦手。	□	□
17	歳を重ねるごとに賢くなっていると思う。	□	□
18	コンピューターに熱中する。	□	□

視覚記憶でわかる思考のタイプ

視覚思考者の割合はどのくらいなのかとよく尋ねられる。これについてはまだ十分な数のデータがない。リンダ・シルヴァーマンの研究グループがさまざまな家庭環境と知能指数の小学四、五、六年生の七百五十人を対象に行なった調査では、ほぼ三分の一が明確な視覚（空間型）思考タイプで、およそ四分の一が明確な言語思考タイプ、残りの半分弱が混合タイプだった。

私は、自分が視覚思考者だと初めて気づいたとき、さっそく科学者モードに入り、独自の調査法を編み出した。視覚記憶の取り出し方が明らかになるような質問を十分な数の人にしたら、同じような考え方をする人のデータベースができるのではないかと考えたのだ。当時は気づかなかったが、調査を通して視覚思考者を探しながら、自分の同類を探し求めてもいた。ちなみに脳神経科医で作家のオリヴァー・サックスは、徹底的に情報を収集するという私のこの性分について、著書『火星の人類学者——脳神経科医と7人の奇妙な患者』で取り上げた。本のタイトルは、いわゆるふつうの、つまり「定型発達の」人びとにまぎれ込んだ異星人の人類学者のように、人の行動や習慣を研究する私の姿を的確に描写している。

さて、視覚記憶の調査は、回答者に自宅やペットの説明をしてもらうことから始めた。すると、ほぼ全員が目に見える特徴で説明した。トースターやアイスクリームのようなありふれた物を説明してもらったときにも、同じような結果が出た。回答者は物を思い浮かべて説明するのに何の苦労もしなかった。とすると、全員が視覚思考者なのだろうか。いや、こうした対象物はなじみがあるから詳細に思い出せるのかもしれない。

そこで、説明の対象を変えて、知ってはいるけれど、必ずしも毎日の生活で見かけるわけではない物にした。そのころ、ちょうど町の教会のそばを通ったときに尖塔が目にとまった。尖塔はだれでも知っていて、ときたま見るだろうが、生活の中で大きな存在ではない。教会に通っている人でも、とくに気にすることはないかもしれない。聖職者でも、自分の教会の尖塔をほとんど気にかけていない人がいた。そこで、調査した人びとに教会の尖塔を思い出してもらうと、結果は大きく変わった。

回答者は必ず三つのタイプのどれかに当てはまった。まず、特定の尖塔の説明をして、実際にある教会の名をいくつかあげるタイプ。頭の中に描かれた絵には曖昧《あいまい》なところや抽象的なところがまったくない。写真かリアルな絵を眺めているようなものだった。尖塔がそのくらいはっきり見えるのだ。こうした人は視覚思考者といえる。次に、Vを逆さにしたような線が二本ぼんやりと見えるタイプ。まるで木炭でざっとスケッチしたみたいで、ちっとも明確でない。一般に、こういう人は言語思考者だ。回答がこの両極端のあいだに当てはまる人もけっこういた。ニューイングランド様式のどこにでもあるような教会の尖塔が見えると答えた人は、これまでに見たことのある教会の尖塔や、本で読んだり映画で見たりした尖塔を思い浮かべているのだ。こういう人は視覚－言語思考スペクトラムの中央に当てはまり、言語思考と視覚思考の混合タイプだ。

もう一つ、視覚思考者を見つけるために長年行なってきた非公式の実験では、私がよく講演をする二つの異質なグループを対象にした。小学生と教師だ。それぞれのグループに、牛が食肉加工工場の通路から出て行く写真を見せた。牛は床を照らす明るい日光を見つめている。写真には、「すべらない床が重要」という説明文がある。牛が日光を見つめているのを見た人は何人いるだろうか。手をあげてもらったところ、結果は一貫して同じだった。小学生では半分が手をあげた。写真をよく見ていたので、視覚思考タイプと考えられる。教師で手をあげた人はほとんどいない。教師は説明文にのみ注目したので、言語思考タイプと考えられる。

脳科学の歴史

ユニバーシティ・カレッジ・ロンドンの脳科学者ミッチェル・グリックスティンは、視覚が脳内でどのように機能しているのか解明してきた医学者たちを著書で紹介している。

十八世紀イタリアのパロマの医学生フランチェスコ・ジェンナリは、死者の脳を氷にのせて解剖し、皮質構造の部位による相違を調べ、大脳の構造を解明する研究分野を切り拓《ひら》いた。スコットランドの神経学者デイヴィッド・フェリエは、視覚をつかさどる脳の部位を探しているときに、偶然、視覚に導かれた動き、つまり運動機能を発見した。一方、日本の眼科医、井上達二は、二十世紀初頭に視覚に関する脳の領域の損傷について研究した。弾丸が兵士の頭蓋骨を打ち砕かないロシア製の銃が登場すると、日露戦争で頭部を負傷した兵士二十九人の脳で弾丸がどこから入り、どこから出て行ったのか記録し、視覚に関係する損傷箇所をつきとめた。イギリスの神経学者は同じころ、イギリスの負傷兵を調べて、さらにわかりやすい図表を作った。

言語に関する脳科学の研究も進められた。発話と密接に関わる脳の部位は二つあり、それぞれに固有の役割があることを発見した十九世紀の二人の神経学者にちなんでブローカ野、ウェルニッケ野と名前がつけられた。フランスの外科医ポール・ブローカは、失語症の患者を調べて脳の言語中枢をつきとめた。検死解剖の結果、脳の左前頭葉に損傷があることがわかったのだ。この部位は運動皮質の近くにあり、運動皮質が指令を出して口を動かす。これはいくつもの検死解剖で裏付けられた。ブローカ野と呼ばれる言語中枢に損傷のある人は、他人が話すことは十分に理解できるが、自分が思っていることを言葉にして話すことができない（運動性失語症）。そのため、ブローカ野は言葉を形成し、発話と関連付けられる部位だ。また、仕草や顔の表情、身振りなど言葉によらない合図にも関わっている。

ブローカの研究に刺激されたポーランドの神経外科医カール・ウェルニッケは、似たような形態の損傷を見つけたが、こちらは左側頭葉の後部にあった。ウェルニッケ野は音声言語を理解する部位で、聴覚野に近いところにある。ウェルニッケ野が損傷されると、他人の話すことは理解できないが、自分が話すことはできる。ただし、話の内容にはほとんど意味がない（感覚性失語症）。こういう部位は関連する神経の太い束で接続されていて、神経の束は発話と理解を統合して思考にする。ヒトの神経の束は、ほかのどの動物より太い。それで人間は複雑な発話や高度なコミュニケーションができるのだ。

同じころ、脳のどの部位がどんな働きをするのか明らかにするために、かなり手荒な手段で実験が行なわれた。人間や動物の脳のさまざまな部位に電極をつなげるのも、その一つ。ある実験では、脳の片側を刺激して反対側の体を動かしてみせた。ドイツの生理学者グスタフ・フリッシュとエドワルト・ヒッツィヒは頭部を負傷した兵士を治療しているときに、脳のどの部位が随意運動をつかさどるのかつきとめるために後頭部に電気刺激を与えた。二人はこの実験を犬でもくり返す。また、運動機能をつかさどる部位を見つけたデイヴィッド・フェリエは、サルの前頭葉を切除し、運動スキルは損なわれないが性格が大きく変化したことを発見した（フェリエは、一八七六年に制定された動物虐待防止法で裁かれた最初の科学者となった）。

オリヴァー・サックスは、脳研究の大半は能力が欠如した原因を究明するところから始まると指摘する。特定の能力が失われた患者は、原因を見つけて脳の機能を知るチャンスを与えてくれる。初期の脳研究でいちばんよく知られているのは、鉄道建築技術者のフィニアス・ゲージだろう。ゲージは一八四八年、鉄道工事中にダイナマイトが暴発して金属製の棒が頬骨の下の部分に突き刺さり、頭蓋骨の上部まで貫通した。奇跡的に命は助かり、目が見え、歩き、話すこともできた。ところが、性格が一変して、つねに口汚く、礼儀作法を無視した。この症例はおそらく、前頭前野の機能をのぞく最初の窓だっただろう。

それから百六十年以上たった二〇一二年、カリフォルニア大学ロサンゼルス校（ＵＣＬＡ）の神経画像研究所の研究者らは、ハイテク機器とゲージの頭蓋骨の画像百十枚を使って、実行機能と感情機能の欠如について、また、この欠如から外傷や認知症など退行性の症状が脳に与える影響について明らかにしようとした。

時代が流れ、検査機器が開発されて、手荒な手段を使わずに脳の中をのぞくことができるようになったのである。脳波図やCATスキャン（X線体軸断層撮影法）、MRI（磁気共鳴断層撮影法）に代わってPETスキャン（陽電子放出断層撮影法）が登場し、かなり正確な画像が手に入り、脳の損傷や腫瘍《しゅよう》、認知症、卒中などの診断に使われている。機能的MRI（fMRI）はテクノロジーをさらに一歩進めて、脳の活動を見せてくれる。

視覚思考者の脳をのぞいてみたら

私は自閉スペクトラム症の当事者として、何年にもわたって脳画像解析の研究に参加してきた。そのたびに最新の技術が使われた。自分の脳の未知の部分を探究して、自閉スペクトラム症の謎をいくらかは解き明かすことができるのか、自分の思考法をもっとよく理解できるのか、確かめたいという衝動に駆られたのだ。

初めて脳画像解析を受けたのは一九八七年。カリフォルニア大学でエリック・クーシェーンが当時最新のMRIスキャナーで行なった。最先端のテクノロジーは、脳の構造をこと細かに美しく映し出した。私は画像を見て「自分の脳の中心を旅したんだ！」と思わず叫んだ。この画像から、バランス感覚に問題があるわけがわかった。小脳が平均的な脳より二〇パーセントも小さいのだ。別のMRIでは、抗うつ剤を服用する以前は強い不安を感じていた原因が説明できた。情動の中枢で、不安や恐怖などのネガティブな感情と関係する扁桃体《へんとう》の大きさが平均の三倍もあったのだ。

さらにくわしいことが解明されたスキャンは、ピッツバーグ大学でウォルター・シュナイダーが行ない、彼が開発した拡散テンソル画像法（DTI）と呼ばれる新しい技術が使われた。画像法の研究は国防省が出資し、脳に損傷を受けた兵士を診断するために高解像神経繊維解析装置《ファイバートラッキング》を開発するのが目的だった。脳のさまざまな部位間で情報を伝達する神経の束を画像にするこの技術のおかげで、当時のほかの装置より鮮明な画像が得られ、神経繊維がつながっているのか、交差しているだけなのか区別できるようになった。私の画像を見ると、発話の回路は対照群とくらべて小さかった。それで子どものころに話しはじめるのが遅かったのだ。ところが、脳の奥の視覚野から前頭葉までをつなぐ視覚の回路はとてつもなく大きく、なんと対照群の四倍。私が視覚思考者であるまぎれもない証拠だ。

順調に発達するか、あるいは不都合が生じるかは、こういう回路だけでは決まらない。たとえば、眼球はつねに動いていても、本を読んでいるときに文字は飛んだり跳ねたりしない。視野を安定させるための神経回路のおかげで文字が揺れ動かないからだ。この回路が十分に機能していないと、物がゆがんで見えたり、処理能力に問題が発生したりすることがあり、たどたどしく音読するとか、ディスレクシアや学習障害の原因にもなる。

重要なのでおぼえておいてほしいのは、前述したとおり、視覚思考は見ること自体の問題ではないということ。だれでも、視覚に問題がなければ目は見える。視覚思考とは、脳の働き方、つまり視覚情報の受け取り方なのだ。脳の研究は進んでいるものの、視覚のファイルがどうやって作成され、保存され、アクセスされるのかといった情報はまだ十分ではない。視覚と心に浮かぶイメージは脳の同じ部位をいくつも使っているが、両者はまったく異なる神経の作用によるものであることがわかっている。平たく言うと、生理学のハードウェアがどう作動するのかわかっていても、ソフトウェアについてはわからないのだ。

右脳・左脳思考

私たち人間は、認知機能の多くを視覚に依存している。何かを見ても、想像しても、視覚野の広い領域と側頭葉が活性化することは、いくつもの研究から明らかになっている。この二つの領域は脳の三分の一を占めている。かなりの割合だ。一次視覚野はどの哺乳《ほにゅう》類でも後頭部にある。頭の中で目からいちばん遠い場所だ。どうしてそんな奥深くに鎮座しているのかわからないが、奥行の知覚の発達という進化に役立ってきたのだろう。

たとえば、スマホで写真かビデオを撮ったとしよう。画像は犬、家族、木、動画などのテーマごとに分類して、デスクトップかクラウドに保存するだろう。前頭葉はこのデータをすべて分類する役割を担っている。写真を整理し、保存するためにデスクトップやクラウドにドラッグするのと同じだ。前頭葉には何も保存されていないが、ここは生活全般の行動をつかさどる場所で、この処理は実行機能と呼ばれる。

アメリカ国立精神衛生研究所の神経科学者スー＝ヒュン・リーの研究グループは、すばらしい発見をした。人が目で見ているときと、同じものを心に思い浮かべたときには、情報を処理する脳の作用が異なることを明らかにしたのだ。機能的ＭＲＩを使って調べたところ、被験者がありふれたものの写真を見ているときには、目から入った情報は、まずは後頭葉にある一次視覚野に送られ、そこから今度は前方に進んで中脳の領域に入って処理され、保存された。同じ被験者が同じものを思い浮かべているときには、中脳の領域が直接、活性化された。視覚と視覚思考では、情報は違う回路を進むのだ。

もっと前の研究では、三十代前半の男性が脳に損傷を受けて、身のまわりのものを見ることはできたが、認識する能力が損なわれた。コーヒーを渡されても飲もうとしなかったが、それはデスクにあるほかのものからコーヒーを識別できなかったからだ。ビュッフェでは、さまざまな料理を識別できない。どれも色のついた塊《かたまり》に見えるのだ。ありふれた日用品を見せられたときには、ペンチを洗濯ばさみととらえた。脳画像から、視覚情報を処理する後頭側頭部に損傷がある可能性が明らかになった。こういった研究から、頭の中でものを思い浮かべるときは視覚野と異なる処理装置を利用していることがはっきり示されてきた。

さらに別の研究では、視覚と言語という異なるタイプの二つの思考に右脳と左脳が関連すると考えられた。中国重慶の西南大学で、創造性の基本的な認知メカニズムを研究するクンリン・チェンのグループは二〇一九年に、五百二人の被験者に四つの課題を与えた。課題は、おもちゃのゾウをもっと楽しくなるように改良する、十の図形を描く、空き缶の利用法を考える、不明瞭な像を見て浮かんだアイデアを書き並べるというものだ。ＭＲＩの画像では、課題を簡単にこなした視覚思考者では脳の右側に活性化が集中し、一方、課題に苦労した言語思考者では、脳の左側で活性化が大きく見られた。

この研究結果は右脳・左脳思考として話題を集めた。右脳は創造性をつかさどり、左脳は言語と組織化をつかさどる。ノーベル生理学・医学賞を受賞した神経心理学者のロジャー・スペリーは左脳思考の偏重に気づき、「知性の非言語的な形態が軽視される」傾向があることを認めた。「つまり、現代社会は右脳差別をしているのだ」

この数年のあいだに行なわれた少なくとも十二件の脳画像研究が、視覚思考で脳のさまざまな部位が活性化されることに注目している。新しい世代の脳画像装置は、脳の活性化した領域をこれまで以上に早く正確に見つけられる。それはすばらしいことだが、一方で、次世代のＭＲＩ検査では、方法が不正確あるいは不完全な場合、結果にかたよりが出ることもあり、研究を正確に再現するのが難しくなるだろう。ＭＲＩを使った研究で結果が食い違うのは、被験者にプロンプト〔行動のきっかけやヒントとなる刺激・手助け〕を見せるタイミングや時間の長さのような、一見するとささいな相違が原因の可能性もある。あるいは、これまでに見てきた確証バイアスの産物かもしれない。視覚テストは、たいてい言語思考者である心理学者が作成し、行なっている。だれが実験を分析するかで結果は食い違ったり、かたよったりすることもあるだろう。

物体視覚思考と空間視覚思考

視覚思考と言語思考の違いを発見したことは、前にも述べたように、大きな驚きだった。視覚思考と言語思考が連続帯として存在することに気づいたのも、大発見だった。さらに、マリア・コジェヴニコフの画期的な研究と出合い、私が考えていた視覚思考のタイプは変わった。

コジェヴニコフは、ハーバード大学医学大学院の講師およびマサチューセッツ総合病院の視覚・空間認識研究所の研究員で、視覚思考者を物体視覚思考者と空間視覚思考者の二種類に分けた科学者の先駆けだ。二〇〇二年に「視覚思考者・言語思考者認知形式質問表」とスキルテストを開発し、この質問表を使って、カリフォルニア大学サンタバーバラ校の大学生十七人が高度な視覚思考者であることをつきとめた。この中の折り紙テストでは、折りたたまれた紙に穴を一つあけた図があり、被験者は、紙を広げたときに紙がどんなふうに見えるか――複数の穴がどこにできているか――空間的な推論をして五つの図のうち正しいものを選ぶ。

もう一つのテストでは、ある物体の動きを示す略図を被験者に見せる。図を見たときに、実際の状況が写真のように鮮明な画像で見える人もいれば、物体の運動を抽象的に図式化したものと解釈した人もいた。空間視覚思考の程度が弱い人は略図を絵と解釈し、一方、程度の強い人は空間関係を抽象的に表したものであると正しく解釈した。言語思考者は視覚的なイメージにも空間的なイメージにもはっきりした優先傾向を示さなかった。

コジェヴニコフはこういったテストの結果から、空間形態を処理し、理解し、コード化し、頭の中で操作する空間視覚能力を測定した。このテストが物体視覚思考と空間視覚思考の研究で絶対的な基準になった。

視覚思考者《ビジュアル・シンカー》は十把一《じっぱひと》からげにできない。二種類いるのだ。物体視覚思考者は、写真のように正確なイメージでまわりの世界を見る。グラフィック・デザイナーや画家、目端のきく商売人、建築家、発明家、機械工学士、設計士などがそうだ。一方、空間視覚思考者は、パターンと抽象的な概念でまわりの世界を見ている。音楽や数学が得意で、統計学者、科学者、電気技師、物理学者などが当てはまる。コンピュータープログラマーに空間視覚思考者が多いのは、コードにパターンが見えるからだ。二つの思考の区別を、こんなふうに考えてみよう。物体視覚思考者はコンピューターを組み立て、空間視覚思考者はプログラムを作成する。

スペイン・ビーゴ大学のマリア・ホセ・ペレス＝ファベッロの研究グループは、美術、工学、心理学専攻の学生百二十五人に言語思考、空間思考、物体思考のテストを受けてもらい、コジェヴニコフの研究結果を独自に検証した。次に、同じ被験者をもう一度テストして、視覚思考のタイプ別に能力を評価した。物体視覚スキルの高い学生もいれば、空間視覚スキルの高い学生もいたが、両方のスキルが優秀な学生は一人もいなかった。どちらのスキルも優れている人は超天才だろう。モーツァルトがロケット科学を研究するようなものだ。

私は、コジェヴニコフが唱えた視覚思考者の新しい分類に出合ったとき、自分が物体視覚思考者だとすぐにわかった。第一に、折り紙テストの結果は惨憺《さんたん》たるものだった。それよりも機械系の能力が高く、具体的でかなり詳細なイメージで考える。一緒に仕事をしてきた機械工学士や、溶接工、修理工、設備設計者、装置を組み立てたり運転したりする人たちも、この部類に当てはまる。パターンで考えるいわゆる空間視覚思考者は、いくつかの物や数字の関係からパターンや法則を引き出す能力がある。物体視覚思考と空間視覚思考の相違はとても重要なのに、思考に関する脳の研究ではつねに、ほとんど見過ごされている。物体視覚思考と機械を扱う能力を結びつけた科学文献は、コジェヴニコフの研究以外、ほとんど見つからない。

コジェヴニコフはもう一つテストを開発して、人は知覚情報をどんなふうに入手し、処理するのか測定した。これは「大きさのイメージテスト」と呼ばれ、二種類の物の名前――たとえば、「塩の粒」と「ケシの種」、「ブドウ」と「テニスラケットの網目」――を聞いて、どちらのほうが大きいか判断する。コジェヴニコフは、人がどんなふうにイメージし問題を解くのか評価して、物体視覚思考者のほうが問題を解く時間が短く、正確で、「個々の物体の形を高いクオリティでイメージする」ことを明らかにした。空間視覚思考者は物と物との関係などもっと抽象的なことをイメージするのが得意だ。私は「大きさのイメージテスト」は楽勝だった。たとえばテニスラケットの問題では、ブドウはラケットの網目を通るには大きすぎるから、通そうとするとつぶれてしまうところが頭の中で見えたのだ。

一方、言語思考のスペクトラムの端のほうに当てはまる人の中には、写真や略図を見てもどう解釈すればいいのかさっぱりわからない人がいて、これは論文でも認められている。コジェヴニコフの初期の研究では、小さい山を描くグラフ風の図を学生に見せた。物体視覚思考者と空間視覚思考者には、圧倒的に図は下降を示しているように見えた。ところが言語思考者は下降する動きには触れず、傍目にはでたらめと思える解釈をした。たとえば、ある学生は、小さな女の子が荷車を押して、それから道に置きっぱなしにしたところと答えた。停車中の車を思い浮かべた学生もいた。

ある研究では、視覚思考者と言語思考者に説明文と写真を見せて、新しいことを学ぶテストをした。視線を追跡すると、当然ながら、視覚思考者は写真に、言語思考者は説明文に注目した。言語思考者が写真を見たときには、写真の縁など新しい情報を得るのに何の役にも立たないところを見ることが多かった。

三つの思考スタイルの相違

物体視覚思考、空間視覚思考、言語思考の三種類の思考の相違を明らかにするパズルのピースがもう一つはまったのは、マリア・コジェヴニコフと同僚のオレシア・ブラジェンコーヴァの珠玉の研究論文を見つけたときだ。二〇一六年に発表されたこの研究は、脳画像も対照群も調査も質問表も使わない。美術、理科、語学のどれか一つが得意な中学生と高校生を科目ごとに六人から八人のグループにして、それぞれに未知の惑星の絵を描かせ、研究の目的を知らされていない専門家が作品を評価した。

美術の得意な生徒（物体視覚思考タイプ）は、色あざやかでファンタスティックな三つの惑星を描いた。一つは正方形で、ピラミッドからペンギンまで世界中の風物が所せましと描かれている。もう一つはユニークな結晶体の惑星で、三つ目はファンタスティックなビルが突き出ている。理科の得意な生徒（空間視覚思考タイプ）は自分たちの描く惑星に明確なコンセプトをもち、惑星は球体で色がなく、どちらかというとよくあるタイプだった。語学の得意な生徒（言語思考タイプ）が描いた惑星は想像力に欠け、点描の抽象画のように見えた。絵に書き添えていた言葉を塗りつぶしたのは、文字を使ってはいけないと考えたからだ（言語思考者には規則を守る人が多い）。

コジェヴニコフとブラジェンコーヴァは研究をさらに一歩先に進め、生徒たちが惑星を描くときにアイデアを展開した方法を調べた。美術と理科の生徒はどちらも最初に「中心になる独創的なアイデア」を展開した。美術の生徒は、惑星の外観を話し合い、理科の生徒は、惑星の重力や化学的性質、生物の種類など構成要素を話し合った。語学の生徒は描いた惑星に名前をつけたが、制作にあたって練った構想を説明できなかった。生徒たちが制作に取り組み、作品の説明をした三種類の方法は、本書で語る三つの思考スタイルと一致する。

ほんの遊び心でオンラインの機械適性テストを受けてみたことがある。ありふれた機械を理解する能力を測定する時間制限付きのテストで二つ一組の画像から構造の優れているほうを選ぶ――たとえば、ボルトカッターの柄《え》の長いものと短いもの。私は二つのボルトカッターが使われている光景が脳内のショート動画ですぐに見えた。長年の経験から、柄が長いとテコの原理で大きな力が得られ、楽にボルトをカットできることはわかっている。次の問題では、二台の自動車が橋の上に停まっていて、一台は支柱に近く、もう一台は中央にある。橋の構造に欠陥があったら、大きな損害を与えるのはどちらの車か。これも橋の構造のどこに重量が分散されるか簡単にイメージできて、橋の中央にある車のほうが大きな損害を与えるとすぐにわかった。次からは複数の選択肢から選ぶ問題で、さまざまな物の構造について尋ねられた。結局、正解は十問中七問だけ。視覚思考者なのだから、高い点が取れると高をくくっていたのだが、物体視覚思考の特徴が反映される結果となった。

成績が、それほどふるわなかったのは、私みたいな物体視覚思考タイプには、情報の処理に時間のかかる場合があるからだ。最初に、脳の中にある、写真のように正確な絵の保存場所にアクセスして情報を処理しなければならない。つまり、グーグル検索と同じようなことをして、画像にアクセスし、与えられた問題を解くのだ。

だから物体視覚思考タイプの人は、早口で話される言語情報を理解するのが難しい。お笑い芸人はいつもすぐに話題を変えるから、物体視覚思考者には情報処理が間に合わない。最初のジョークを視覚化したころには、もう三つ目のジョークが始まっている。私は言語情報が超高速で語られるとわけがわからなくなる。もし、教室で先生が授業を時間内に終わらせようとして早口でしゃべったら、視覚思考の生徒はどんな気持ちになるだろう。

思考のさまざまなタイプでは、一つの分野では強みになり、別の分野では弱みになるものがある。私の思考は時間がかかるが、より正確と言える。社交の場では、さっと頭を切り替えることが役に立つだろうが、時間をかけて慎重に取り組めば芸術作品や機械装置の質が向上する。

アファンタジアの奇妙な世界

視覚思考のスペクトラムの両端にいるのは、アファンタジアとハイパーファンタジアと言われる人たちだ。アファンタジアの人は視覚的なイメージをまったく、あるいはほとんど描けず、ハイパーファンタジアの人は逆にイメージが過剰だ。

アファンタジアという言葉を最初に考案したのは、アダム・ゼーマンというイギリスのエクセター大学の神経学者だ。ある男性が、視覚記憶の能力をすべて失ったと訴えた。友人や家族、場所のイメージがもう思い浮かばないと言うのだ。木の葉と松の葉のどちらの緑色が明るいかと問われても、記憶を頼りに答えることはできるが、頭の中ではその違いをイメージできない。男性は患者M・Xという名で有名になる。物は見えるのに、見たものを意味付けて理解することができない精神盲の症状は、おそらく脳卒中の後遺症だったのだろう。脳卒中になるまでは、まわりの人びとや物を鮮明に思い描くことができた。ところが、脳卒中後、機能的ＭＲＩの画像では、何かを思い浮かべるようにと言われたときに視覚化をつかさどる脳の部位が「明るく」活性化しなかったのだ。

アダム・ゼーマンの研究グループはアファンタジアの研究を続け、心理学者のＤ・Ｆ・マークスが一九七三年に開発し、一九九五年に改訂した「視覚イメージ鮮明度質問紙（ＶＶＩＱ）」を使って、七百人近い被験者を調べた。ＶＶＩＱは十六の質問で構成され、記憶や空間的推論、視界にない物を視覚化する能力などの心的イメージを調べ、結果は１（イメージなし）から５（実物を見ているような鮮明なイメージ）までの五段階で評価される。調査では、被験者の二パーセントがアファンタジアと判定された（自分がこのスペクトラムのどこに当てはまるか関心のある人は、インターネットのhttps://aphantasia.com/vviq［英語］で質問に答えてみよう）。

ゼーマンによると、矛盾しているようだが、アファンタジアの人がイメージで夢を見るのは珍しくない。ゼーマンは眠っているときと起きているときの脳の作用を区別している。夢を見るのは「ボトムアップ」のプロセスで、脳幹から生じるが、起きているときにイメージを思い浮かべるのは大脳皮質からの「トップダウン」のプロセスだと言う。つまり、「目覚めているときと夢を見ているときに脳がしていることは違う」のだ。ゼーマンによると、アファンタジアの人の六三パーセントがイメージで夢を見て、イメージのない夢を見る人は二一パーセントだ。

私が見る夢は、私の思考方法とよく似ている。色付きの鮮明な動画で、言葉はほとんどない。たいていがバランス感覚にまつわる恐怖や不安に関係し、急勾配の屋根に登っていたり、車で急な坂道を下っていたり、自転車に乗っていたりする。空港に行こうとしていて、州間高速道路二五号線に巨大な穴が開くといった何らかの原因で遅れてしまう夢をたびたび見る（実際に遅刻したことは、ほとんどない）。そして、たいていの人と同じように、人前で裸だったり、裸に近い格好をしていたりする夢をよく見る。

ニューサウスウェールズ大学の研究者レベッカ・キーオとジョエル・ピアソンは「盲目の心」という論文で、絵で考えないアファンタジアの人は、言葉を利用して絵を思い出そうとすることを明らかにした。彼らは過去を視覚化することが少ないため、過去を思い出す能力が劣るとまで述べる研究もある。アファンタジアの人は、自宅の居間やオフィスを思い描くように指示されると、イメージを使うかわりに右や左、上、下といった方向を示す言葉で場所を説明する。たとえば、視覚思考者なら、オフィスは廊下のマティスの絵画の向かい側にあると言うだろうが、アファンタジアの人なら、廊下の右側の三つ目の扉と言う。アファンタジアというと、教会の鐘の音を聞いても尖塔を思い浮かべることができなかった言語療法士を思い出す。彼女の夫は、「脳のカメラのスイッチが切れているんだよ」と言ったそうだ。

ゼーマンの研究グループは、アファンタジアの人と、それとはまったく正反対の視覚心像が過剰なハイパーファンタジアの人の相違も研究した。研究の参加者は、三つの場所を思い浮かべて説明する。美しいトロピカル・ビーチ、博物館、混雑する露天市。ハイパーファンタジアの人はかなり詳細な心像を述べた。認知神経外科医のジョエル・ピアソンはニューヨーク・タイムズ紙で、ハイパーファンタジアを「きわめて鮮明な夢を見て、それが現実なのかどうかわからないような」状態と述べている。さらに機能的ＭＲＩの脳画像を使った研究から、ハイパーファンタジアの視覚思考者は前頭前野と後頭葉視覚野ネットワーク間の脳活動が活発なことが明らかになった。当然ながら、アファンタジアの人は科学や数学の分野に進む傾向があり、ハイパーファンタジアの人は視覚的な創造力を求められる仕事に魅力を感じる。

ハイパーファンタジアについて行なわれた別の二つの研究では、極端に鮮明なイメージと心的外傷後ストレス障害（ＰＴＳＤ）の相関関係を調べた。いくつかの症例で、心の中で恐ろしいイメージを再現するのをやめられないという兵士やトラウマを抱えた人は、イメージがとても鮮明なため、考えていることやフラッシュバックを現実の出来事と思ってしまうと報告している。このように、ハイパーファンタジアの人は頭の中にリアルなイメージが浮かぶ。心理学者のクリス・ブルーウィンによると、フラッシュバックは適応のメカニズムで、危険が去ったあとに恐怖の記憶を処理できるようになるまで情報を保存する。視覚心像とＰＴＳＤの関係については、研究者のリチャード・ブライアントとアリソン・ハーヴェイがバイク事故の生存者八十八人を調査した研究がある。研究ではフラッシュバックや悪夢も含めた視覚心像が、ＰＴＳＤの中心的な症状であることを確認した。それよりずっと小さいトラウマでも、フラッシュバックをくり返す原因になることがある。

私は、子どものころを振り返ると、雪の積もった丘をソリですべり降りたときの光景が鮮明な映像になって心に浮かび、ソリが雪の上で跳ねる感触がよみがえる。想像の中で感覚記憶満載の三次元の画像や動画が見えるのだ。幼稚園と小学一年生のときには、揺れながら頭上のロープに沿ってすべるターザンブランコが気に入っていた。休み時間に乗って、何度も揺れたりすべったりしていたものだ。この文章を書いている今でも、ブランコの映像が見え、音が聞こえ、揺れを感じる。

小学校では刺繡《ししゅう》の授業が大好きだった。刺繡をするときには、シルクの糸を三本より合わせた特別な刺繡糸を使う。こういう細かいことを思い出すと、「よくそんなことまでおぼえているわね」としょっちゅう言われる。グーグルで検索して確かめてみたら、記憶が正しいことがわかった。刺繡糸は三本の糸をより合わせてできている。もし、想像の中で糸を「見る」ことができなかったら、糸の正しい数を思い出せなかっただろう。針が布を裏側から押し上げて小さな山を作り、それから布に突き刺さってステッチが完成するところまで、今でも感じて、見ることができる。

サイエンスライターのカール・ジンマーは「鮮明に想像する人、まったく想像できない人」というタイトルのニューヨーク・タイムズ紙の記事で、アファンタジアとハイパーファンタジアという二つの極端な状態に関わる脳の回路の研究について伝えている。「これまでのところ、心に浮かぶイメージは互いに語り合う脳の各領域間のネットワークから生まれると考えられている」。脳のこういった特徴は、創造性や問題解決の新しい方法と関連しているのかもしれない。ジンマーが記事で紹介したゼーマンの言葉に私は心から感謝している。「私の見るかぎり障害というものは一つもない。それは経験する方法の興味深い相違だ」

視覚思考と自閉スペクトラム症

ここで、視覚思考者で自閉スペクトラム症でもある私自身の経験について語りたい。私が生まれた一九四七年には、まだ医師は私のような子どもに自閉症という診断を下さなかった。今の時代なら、完全に自閉スペクトラム症と結びつけられる症状のほとんどを示していたのだが。人と目を合わせない、癇癪《かんしゃく》を起こす、社会性がない、接触に敏感、聞こえが悪いように見える、などだ。いちばん目立ったのは言葉の遅れで、そのため、二歳半のときに診察した神経科の医師は「脳の損傷」と診断した。

ありがたいことに、早期の言語療法をたっぷり受け、やがて言葉を話せるようになったが、それでもだれもが自分と同じように考えているわけではないことや、世の中には大まかに分けて二通りの思考者がいることなど、思いもよらなかった。

一九七〇年代初頭、アリゾナ州立大学で動物科学の大学院生として牛の行動研究を始めたときも、ほかの人が絵で考えないことをまだ知らなかった。そのころは二十代で、言葉による思考は私にとって第二言語のままだった。異なる考え方があることを理解する最初の大きな突破口が開かれたのは、家畜の牛が食肉加工工場の通路を歩くときにどうして立ち止まることがあるのか、そのわけを考えていたときだ。そのひらめきは、動物関係の仕事に進むきっかけになった。

あのころ牛を取り扱う人たちは、牛が立ち止まらずに歩くよう、怒鳴ったり、牛をたたいたり、電気式の突き棒で押したりした。私は牛が見た光景を自分の目で確かめようと、通路に飛び降りた。通路に入ったとたん、牛がなぜ立ち止まるのかわかった。何かの影。斜めに差し込む日光。ぶら下がっている鎖のような目立つもの。通路の高いところに掛けられたロープ。こういうありふれたものでさえ、牛が立ち止まる原因になっていたのだ。

牛の通路に立ち入るのは私にとって当たり前のことだったが、だれ一人としてそうしようと考えず、頭がおかしくなったのではないかと思った人もいたようだ。畜産業界で仕事を始めたころ、動物の視点でまわりの世界を見るというのは突飛な発想だったが、私はどんな動物関係の仕事をするときにも、この方法をとっている。

視覚思考者でなかったら、牛の通路に飛び降りるなんて思いつかなかっただろう。でも、牛の視点で見たかった。それが私にとっていちばん自然な反応だった。そしてまた、だれもが自分と同じように写真で撮ったようなリアルな画像を次つぎと連想したり、頭の中で短い予告編のような動画を見たりして考えていると、まだ思っていた。

私の視覚思考には大きな特徴があり、そのおかげで、ほかの人が見逃す細かいものが見える。間違いや欠陥や、ときには危険をともなうものなどだ。これについては第６章でくわしく述べる。牛の通路で斜めに差す日光や鎖がただ見えるだけでなく、こういったものが目に飛び込んでくる。たとえば、部屋に入っていくと、正常でないものがすぐに目につく。言語思考者が文章の誤字脱字を目ざとく見つけるように、あるべきでないものや、ちょっとでも違うものがよく見えるのだ。

この能力は自閉スペクトラム症と視覚思考の両方の産物であることがわかっている。モントリオール大学で、認知神経科学と自閉スペクトラム症の研究をしている精神科医ローラン・モトロンは、同僚のシルヴィー・ベルヴィーユとともに自閉スペクトラム症の人を数多く見てきており、知覚処理能力の研究も行なっている。「自閉スペクトラム症の被験者は身のまわりの小さな変化を見つけるのがふつうの人より早く、形の詳細にこだわる」とモトロンは述べる。

のちに、視覚思考者と言語思考者を対象に、複雑な視覚的作業を通して知覚機能をつきとめる研究を行なった。ここでもやはり、視覚が「自閉スペクトラム症の人の認知で重要な役割」を果たしていることがわかった。

発達心理学の第一人者で自閉スペクトラム症研究者のウタ・フリスも興味深い研究を行なった。心理学者のアミッタ・シャーとともに、自閉スペクトラム症の人と「ふつうの人」と知的障害のある人に、色ブロックを組み合わせてさまざまな形をつくる課題を与え、成績を比較した。その結果、自閉スペクトラム症の人は「年齢や能力に関係なく、対照群より成績がよかった」。やはり、自閉スペクトラム症の人にとって、視覚の果たす役割は大きいと言えるだろう。

脳の代償作用

視覚と言語の思考は二者択一、つまり二つのうちのどちらか一つというのではなく、むしろ一つの連続体で、だれもがそのあいだのどこかに当てはまり、中には、一方の端にずっと近い人もいる。先のクンリン・チェンの研究では、実際に、視覚–言語思考にとって脳の「半球の釣り合い」がきわめて重要なことが強調されている。脳自体でも、さまざまな脳が秀でているスキルでも、思考の種類を分ける線はそう簡単には引けない。言語思考者にも数学の得意な人がいるかもしれない。あるいは、詩を作るのが趣味のロケット科学者もいるだろう。

脳の遺伝学はもっと複雑だ。脳を大きくする遺伝子は、自閉スペクトラム症の原因になる遺伝子と関係があるという仮説を立てている研究者もいる。高い知能が社会的スキルや情動的スキルの犠牲の上に成り立っているのではないかというのだ。遺伝子配列について行なわれた研究では、いくつもの遺伝子が自閉スペクトラム症と関係があることがわかった。児童精神医学者カミーロ・トマス・グアルティエリ博士は、それらの遺伝子に「小さな影響を与える複数の遺伝子」と名付けた。ここから、自閉スペクトラム症の症状には、ほんの少しの特性から生活に支障をきたす症状まで大きな幅があることが説明できるだろう。遺伝子の構成が複雑なおかげで、人間はさまざまな環境に適応する能力を獲得した。その代償で、わずかな数の人が重度の障害をもつことになる。

このような代償作用はほかにも、生まれつき視覚に障害のある人などに見られる。脳の貴重な領域は、どれも別の機能で使えるようになっている。ジョンズ・ホプキンス大学のラシ・パントのグループが行なった研究では、生まれつき目の見えない人は視覚野の一部を使って方程式を解き、「はい・いいえ」の単純な質問に答え、意味を判断する課題をこなし、一方、生後に視覚を失った人はそれができなかった。これは、生まれつき視覚障害のある人には視覚と言語を処理する回路のあいだに情報伝達の経路があることを示している。

視覚の代償作用を説明する例でわかりやすいのは、視覚に障害のある人の中にはエコーロケーション〔反響定位。音波を発し、その反響によって物体の位置などを知ること〕を使って歩きまわれるようになる人もいるというものだ。エコーロケーションをいちばんよく利用するのはコウモリで、高周波音を出し、反響を聞いて獲物や飛行経路にある障害物を察知する。エコーロケーションを使って音で「見る」のだ。視覚に障害のある人のおよそ四分の一は、唇や指や杖《つえ》で小さな音を出し、聴覚野と、聴覚に用途を切り替えた視覚野の両方で「見る」。エコーロケーションの達人は大きなものの形や動き、位置がわかる。脳は音——非視覚情報——を使って視覚のタスクをこなすように適応できるらしい。ごく幼い子どもの脳は、視覚野を別の用途で使う柔軟性がより高い。

もう一つの興味深い研究では、生まれつき目の見えない人が代数の問題を出されたとき、脳は目から情報が入ってこないために視覚野を使って解いた。これは目の見える人には当てはまらない。脳のかなりの部分は、もともとは視覚情報の処理に特化されているが、視覚が使われないと、ほかの機能が取って代わる。脳は貴重な領域をただ遊ばせておくことはしないのだ。

その極端な例が盲目のピアニスト、マシュー・ウィテカーだ。マシューは妊娠二十四週目に未熟児で生まれ、生存は困難と思われたが、一命を取りとめた。けれども早産にともなう未熟児網膜症で失明する。三歳のとき、祖父から小さな電子ピアノをプレゼントされるとすぐに弾きはじめ、〈きらきら星〉のような聞いたことのある曲を簡単に演奏した。五歳でニューヨークの視覚障害者のための音楽学校フィロメン・M・ダゴスティーノ・グリーンバーグ音楽学校に最年少で入学する。コンサートで先生がドヴォルザークのピアノ五重奏曲を演奏するのを聴き、翌朝、ピアノのパートだけでなくほかの四つの弦楽器のパートも弾いた。今ではジャズピアニストになって世界中で演奏している。

画家や演奏家の神経回路を研究しているチャールズ・リム博士は、マシューが電子ピアノを弾いているとき、好きな音楽を聴いているとき、退屈な講義を聴いているときの脳をスキャンした。視覚野は、講義を聴いているときには反応を示さなかったが、好きな音楽を聴いているときには全体が活性化した。「マシューの脳は、視覚で刺激を受けない部分を使うか手助けにして、音楽を理解しているらしい」とリムは述べている。

代償作用の例はほかにもある。カリフォルニアの耳の不自由な高校生のフットボールチームが、連勝を続けているという記事をニューヨーク・タイムズ紙で読んだ。コーチの話では「耳の不自由な選手は視覚が発達しているので、動きに対して敏感に反応する。目がとてもいいから、敵の選手がフィールドのどこにいるのか鋭い感覚でわかる」。コーチは選手間のコミュニケーション法も勝因と考えている。「一つひとつのプレーのあいだに、手をさっと動かして合図する」のだ。耳の聞こえる敵チームと異なり、猛スピードでサインを出せるから時間を無駄にしない。負けたチームのコーチは「自分たちのほうが有利だなんて思っちゃいけない。彼らは、これまでコーチをしてきたどこのチームよりもコミュニケーションがうまい」と語った。これも、私には遺伝情報の代償作用と思える。

コロラド大学医学部のJ・M・サイケラとカリフォルニア大学サンフランシスコ校のV・B・サールス・クイックは、「遺伝情報の代償作用――自閉スペクトラム症と統合失調症は人間の脳の法外な代償か」という論文で、自閉スペクトラム症では、脳の特定の遺伝子配列に過剰な発達があるのかもしれないという説を紹介している。一方、統合失調症では、発達不全があるのかもしれない。この二つの症状は脳の発達の点で正反対だ。症状の現れ方も、重度の障害から単なる個性の相違までさまざまだ。

「進化は気まぐれで、無関心でもある。種《しゅ》の遺伝情報に組み込まれるようになった変化は、全体として利益をもたらすが、必ずしも不都合な点がないわけではない。その結果、しばしば遺伝情報の代償作用が生じ、ある人には有害な影響がほかの人にはもっと大きな利益になる」とサイケラは述べる。私の高い視覚能力は、どんな不都合な点があるにしろ、生涯の仕事と社会への貢献の原動力になってきた。この代償作用を変えたいとは思わない。

まわりの評価は変わる

近ごろ、「定型発達の《ニューロティピカル》」という言葉が「ふつうの《ノーマル》」にとって代わった。定型発達の人びととは、予測された時期に予測どおりに発達している人という意味だ。私はこの言葉を使いたくない。発達の定型を定義するのは、犬の平均的な大きさを尋ねるのと同じくらい意味がないからだ。どの品種が平均的な大きさなのだろう。チワワなのか、それともグレートデンか。ちょっとしたマニアやオタクはどの程度で自閉スペクトラム症になるのか。注意散漫な人が注意欠如・多動症（ＡＤＨＤ）になるのはどのあたりからで、ちょっぴり憂鬱《ゆううつ》な人が双極性障害になるのはどこからなのか。こういう症状にはどれも程度の幅がある。

テレビのコメディドラマ〈ビッグバン・セオリー〉に、とつとつと話す典型的な科学者が登場する。物理学者シェルドン・クーパーだ。シェルドンは一本調子で話し、感情をほとんど表さない。それでもマニアックなオタクのルームメイトたちの中でただ一人、地球を救う知性をもっている。ルームメイトたちも賢いが、シェルドンはずば抜けている。番組では、自閉スペクトラム症を思わせるシェルドンの言動が笑いを誘うように演じられることもある。オタクたちは優秀なプログラマーや数学者、起業家、ロケット科学者になって初めて、高く評価される。

起業家でテスラとスペースXのCEO（最高経営責任者）イーロン・マスクは、二〇二一年五月、アメリカの人気バラエティ番組〈サタデー・ナイト・ライブ〉に出演したとき、アスペルガー症候群（言葉の遅れがない自閉スペクトラム症）だと公表した。学校時代にさんざんいじめられ、階段から突き落とされて手術を受けたこともある。独学でプログラミングを学び、十二歳のときに初めて作成したビデオゲームを五百ドルで売った。伝記作家アシュリー・バンスによると、学校と近所の図書館の本を読みつくしてしまい、百科事典を二セット読破したという。何でも写真で撮ったように詳細に記憶し、それを人に伝えようとする性分のせいで「人の話の受け売り屋」、典型的な知ったかぶりと思われ、友達ができず、無視された。しかし、ずば抜けた頭脳の持ち主であることは間違いない。

私自身もかなりのオタクで、中学校ではさんざんいじめられた。建築関係の仕事を始めて、ようやく同類を見つけた。一緒に仕事をした技術者や溶接工は、たいてい私みたいな視覚思考タイプだった。それで互いにうまく協力し、仲がよく、わかり合えたのだ。この仕事でいちばん大切なのは技術で、容姿や出自、学歴などではない。一風変わっているとしても、仕事ぶりを見たら何の問題にもならなかった。

仕事を始めてまもなく、私が描いた設計図を見た人はみな驚き、正確な設計図を作成する能力で一目置かれるようになった。製図の授業を受けたことは一度もなかったので、サヴァン症候群のスキルがあるのではないかと思われたこともある。

けれども、サヴァン症候群というのは、知的障害や自閉スペクトラム症がありながら、たった一度しか聴いたことのない曲を演奏したり、気が遠くなるほど長い書物を一度読んだだけで暗記したり、円周率などの数字を記憶したりできる人だ（くわしくは第5章で述べる）。私は数週間かけて設計図の描き方をおぼえた。まず、同僚が詳細な設計図を描くのを観察し、することなすこと何もかも、使っている鉛筆やボンド紙の種類にいたるまで真似した。次に、設計図の束を工場にもち出し、くまなく歩きまわり、図に描かれた線を一本ずつ工場の実物と照らし合わせた。今にして思えば、これはまぎれもない視覚思考。描かれたものを実際にあるものと結びつけて、ようやく設計図を理解するのだ。

ここでまたもや、変人と思われた。腕にかかえた設計図を風になびかせて、泥んこの施設をほっつき歩いていたのだから。でも、最後には、設計図にある抽象的な図形を工場の構成要素と結びつけられるようになった。おそらく空間視覚思考者なら、設計図を見ただけで頭の中でそこまで飛躍できただろう。けれども私の場合、実際に工場を見てまわって、頭の中で視覚的にシミュレーションすることできわめて正確な図が描けた。まるで、頭の中の写真を製図用紙に写しているみたいだった。

これまでずっと世間のシェルドン君たちと仕事をしてきた。聡明だけど奇妙なところがあるせいで過小評価されている人たちだ。その中には、人づきあいが極端に苦手で、勉強も得意でない男性がいたが、現在、子どもだったら、間違いなく自閉スペクトラム症と診断されるだろう。彼は、おとなになって特許を二十くらい取得し、金属工場を経営し、顧客に依頼された特注の設備を考案している。これを「頭の中」でやってのけるのだ。もう一人、一緒に仕事をした男性はディスレクシアで吃音症《きつおんしょう》だったが、今では特許を取った装置を世界中に売っている。現代の制度で教育を受けていたら、こうはなっていないだろう。成功したきっかけは学校で受けた溶接の授業で、ここで技術を披露することができたのだ。そのほかに、二次元の完成見取り図を頭の中で三次元の構造に自動変換できる人もいた。映画〈アイアンマン〉の主人公トニー・スタークがガレージの仕事場でスクリーンに触ると、思い描いたものが３Ｄの画像で現れるように。これは物体視覚思考ならではのスキルといえる。

韓国の慶熙《キョンヒ》大学のチョ・ジヨンとシンシナティ大学のジョリ・スーは、数学的な空間視覚思考がインテリア・デザインに及ぼす効果を測定して、その影響を評価したのだが、結果として物体視覚思考のスキルも同時に評価することとなった。インテリア・デザインを専攻する学生は、最初に空間視覚思考を評価するテストを受けた。次に、廃材を使った日除けを3Dでデザインする。デザインを判定するのは外部の審査員団。物体視覚思考者は、抽象的な数学的空間視覚思考のテストでは点数が低かったが、デザインのコンテストで楽勝した。空間視覚思考が欠如していても、優秀なデザインを生み出す能力には何の影響もなかったのだ。結果はまさに、これまで私が取引先のどこの溶接工場や建築会社でも目撃してきたことを確証している。

ボトムアップで考える

モントリオール大学の精神科医のローラン・モトロンは、同僚の研究者で自閉スペクトラム症のミシェル・ドーソンはボトムアップで考える経験則人間、つまり、データをたくさん集めて手に入る事実だけからアイデアを生み出すと言う。「その結果、ドーソンのモデルはけっしてぶれることがなく、ほぼ完璧に正確だ」。これに対してモトロンは、自分のトップダウンの取り組み方を次のように説明する。「もっと少ない情報源から一般的なアイデアをつかみ、操作し、それからアイデアを一つのモデルで示し、このモデルを支持する事実や、誤りとする事実に立ち戻る。一つの研究グループで二つのタイプの脳を組み合わせると、驚くほど成果が上がる」

ボトムアップの考え方といえば、私は、講演する際の質疑応答の時間を思い出す。たいてい二通りの質問、すなわち一般的な質問と具体的な質問をされる。具体的な質問は、たとえば、私のしゃべりはじめは何歳のときだったのかなどで、答えやすい。一般的な質問は漠然としていて、もっと情報がなければ答えられない。言語思考者は、トップダウンの思考をして、一般的な質問をしがちだ。これは、たった一つのキーワードでインターネットの検索をすると膨大な数の項目が出てきてしまうのと似ている。そんなときには、キーワードを増やして検索の精度を上げれば、探している項目を見つけられる可能性が高くなる。

私はボトムアップの考え方なので、一般的な質問に答えるには細かい情報が必要になる。たとえば、言葉を話さない自閉スペクトラム症の子どもの予後について、尋ねられることがある。適切に答えるには、具体的な情報が必要だ。いくつか質問して可能性のある原因を絞り込み、そこから答えを導き出す。

最初に、子どもの年齢を尋ねる。三歳で今までしゃべったことのない子に言葉を教えるのは、もっと年長でまったくしゃべらない子に教えるのとはまるで違う。次に、親の職業を尋ねて、親も自閉スペクトラム症のスペクトラムに当てはまるかどうか判断する。プログラマーか、科学者か、数学教授か。親戚にスペクトラムに当てはまる人がいないかどうか。この時点で風変わりなおじさんや認知に問題のあるいとこがいることを思い出す人もいる。

さらに、その子がこれまでにどんな学校教育や検査を受けてきたのかも確認する。食事の作法を身につけているのか。順番を守って友達と遊べるのか。ほかにもいくつかの行動について尋ねる。医師ではないが、質問を続けていくうちに言葉を話さない子どもの姿が浮かび上がる。こういう子にとって大切なのは、コミュニケーションの手立てを与えること。キーボード入力やお絵かきボード、手話、電子おしゃべりボードなど、選択肢はいくつもある。ときには、介入が役に立つことも提案する。このように、私はボトムアップ思考者だから、つねに事実に基づいて考える。自閉スペクトラム症のおかげで、判断が感情に流されることはない。

そのため、感情に基づくある種の経験を逃しているのかもしれないが、感情に左右されない思考は具体的な問題解決に集中できる。自閉スペクトラム症のたいていの人は、思考のタイプにかかわらず、感情より論理に頼る。これもまた遺伝子の代償作用だろう。どんな状況でも感情に流されず、頭は問題解決に向かう。それが一つの利点だ。

視覚思考のメリット

ある意味、私は視覚思考で人生が救われたと言える。十代のころに牛に固執していたことはたしかに自閉スペクトラム症の副作用だったが、そのおかげで設計の仕事に就き、動物科学教授になれたとは、そのときでも十分に理解していなかった。四十歳を過ぎて、二十歳のころより明晰《めいせき》に考えられることに気がついた。そのころの日記を読み返してみると、思考のパターンがいかに混乱していたかに驚く。次から次へとたいして意味のない連想をしていた。歳を重ねて経験を積むと、ずっと簡単に問題を解決できるようになった。記憶に視覚的なデータが増えたからだ。私の世界はどんどん広がっていった。

視覚を頼りにすれば、新しい状況を説明するときにも視覚的なたとえを使う。私は今でもそうする。このところ新型コロナウイルスにとくに関心があるのは、重症化ハイリスクの高齢者だからだが、パンデミックが始まったばかりのころにも、ウイルスを理解するために、いつもしていることをした。ボトムアップの思考をするのだ。まず、感染症に関する研究論文を大量に集めた。次に治療薬を分類する。抗ウイルス薬と抗炎症薬だ。ここから視覚的なたとえが思い浮かぶ。体を軍隊の基地とする。免疫系の兵隊がウイルスを迎え撃つのに成功したら、ウイルスは追い払われる。逆に、ウイルスに感染して基地が攻め落とされたら、サイトカインストーム〔免疫系の過剰反応により引き起こされる重篤な病態〕が発生する。ここで、私は免疫系の兵隊たちが騒ぎ出す姿が見える。兵隊たちは混乱し、自分たちの基地を襲撃し、火を放つ。サイトカインストームは肺などの組織を破壊することもある。この時点で、基地全体が炎に包まれないうちに抗炎症剤が必要になる。

　視覚思考者は言葉でたとえるのが苦手だが、頭は視覚的なたとえ製造機みたいなものだ。視覚思考とは、レントゲンの視覚をもっているようなものなのかと尋ねられることがあるが、そうではない。視覚思考とは、連想するイメージを「視覚記憶のファイル」から見つけだし、さまざまな方法でそのイメージにアクセスして、問題を解決したり、世間を渡ったり、まわりの世界を解釈したりする能力だ。視覚思考者のスキルは必ずしも視覚思考と結びつけられたりしない。手先が器用だとか、コンピューターが得意だとか、暗算ができるなどと言われる。物体・空間どちらの視覚思考者も、それぞれ問題解決の能力をもっているが、視覚思考によるものだとは一般的に思われない。

　しかし、ときには、視覚的なつながりから大きな謎が解けることもある。有名な話では、ドイツの化学者のアウグスト・ケクレはヘビがしっぽをくわえて丸くなっている夢を見て、この夢から有機化学のベンゼンの環状構造を思いついた。頭の中で複雑な視覚的イメージを描くケクレの能力は、分子構造を理解するのにとても役に立った、とサイエンスライターのマイク・サットンは語る。

もっと最近では、オックスフォード大学のキム・ナスミスが視覚的なつながりで謎を解いた。ゲノムが輪を形成することは昔からわかっていたが、DNAが細胞の中でたたまれているときにはどうやってまとめられているのか、遺伝学者たちは解明しようとしていた。ナスミスは山登りが趣味で、ある日、ロープとカラビナをいじくりまわしていて、視覚的にひらめいた。ロープをカラビナに通して輪にしているうちに、DNAが長いひも状であることを思い出し、輪の形成の仕方をイメージできたのだ。まさに視覚的なつながりだ。

記憶の中から連想するイメージを探し出す――このような視覚思考のスキルによって、さまざまな分野の重要な課題が解決されたり、新たな発見がなされたりすることもあるのだ。

第2章　ふるい落とされる子どもたち――テストではわからない才能

私が小学校に通っていた一九六〇年代には、技術科の授業はたいていどこの学校でも行なわれていた。五年生のときに受けた授業は今でもありありと思い出せる。教室は作業室で、ドアはガレージみたいなシャッターだった。木製の作業台、合板や木くずを捨てる巨大なゴミ箱があった。ハンマー、ペンチ、ネジまわし、ハンドドリルが、いちばん大きいものからいちばん小さいものまで順番に壁掛けボードにつり下げられていた。ここで工具の使い方や物の作り方を初めて学んだ（最初のころに作った木製のボートは、残念ながら水に浮かばなかった）。

もっとよくおぼえているのは、技術科の授業が重視されていたこと。授業は細部まで行き届いていた。私は技術科の授業には敬意を払っていて、いつも担当のパトリアーカ先生の教えを守った。先生が大好きだったのは何よりも、技術科に興味を示したもう一人の女子と私に特別に授業を受けさせてくれたからだ。授業は最高に楽しかった。

通常、女子には技術科のかわりに家庭科の授業が行なわれていた。家庭科教育は十九世紀に始まり、料理や裁縫《さいほう》、園芸、育児、家計管理などの家政学が教えられた。私は職業柄、技術科の授業が好きで、家庭科なんて嫌いだったのだろうと思われがちだが、手を使う作業は何でも大好きだった。

三年生のときに刺繡の授業が始まると、針と糸の使い方を教わった。四年生のときには、本当に縫《ぬ》えるおもちゃのミシンを母に買ってもらった。布の長さを測り、型紙を写して正確に裁断し、縫い合わせるのがとても楽しかった。おとなになって、こういう技術を応用して家畜取り扱い装置を組み立てることになったが、今日でも仕事で使っている技術のいくつかは、あの裁縫の授業と結びついている。

演劇の行事にも参加して、得意な裏方の仕事を選んだ。こういう行事があると、技術をもっている子どもたちは腕前を披露する機会ができる。舞台照明や背景などの作業に魅力を感じるオタク系の子どもに活躍の場が与えられるのだ。

演劇の行事は、一九九〇年代以降、技術科や家庭科、図工などと一緒にアメリカの公立学校のカリキュラムから大幅に削除されてしまった。今では、実践的な授業がなくなっただけでなく、新たな方針が追い討ちをかけている。テストのための教育だ。「落ちこぼれ防止教育法」に始まり「全児童・生徒学業達成法」にいたるここ二十年の国の教育政策から、全国標準テストの点数を重視すると同時に、多岐にわたる科目を廃止するという風潮が生まれた。

包括的にテストを行なって国の教育水準を向上させるという目標のせいで、全国標準テストの対象でない科目が大幅に減らされたのだ。政治評論家のニキル・ゴヤルは「三年生以降、図工や音楽、理科、歴史を教える時間が減らされたのは、こういう科目が標準テストの対象にならず、基本的に、テストの対象になる科目に絞られたからだ」と語る。

実践的な教育

私が仕事を始めて最初の二十年間、工学と建築関係の製図はすべて手作業だった。一九九〇年代の半ばごろに食肉業界で製図がコンピューター処理に切り替えられたとき、製図で妙な食い違いを見かけるようになった。円の中心は必ずしも中央になく、コンクリートを強化する鉄筋が描き込まれていないこともあった。コンピューター製図は詳細な点が欠けていることもよくあり、製図でなく、略図のようになっていた。コンピューターで設計を学んでいた人たちの多くが、鉛筆で描いたり、製図用紙に触ったり、何かを組み立てたりした経験がなかった。

医学研修生を訓練している医師から不安な話を聞いたことがある。針と糸を使ったことがないため傷口の縫合に四苦八苦する研修生がいるというのだ。イリノイ大学の移植外科医マリア・セミオナフ博士は多くの外科医に研修を行なっていて、研修生の手先が器用かどうかは、幼少時の手仕事の体験がカギをにぎると考えている。博士は子どものころかぎ針で編み物をし、ハサミを使って雑誌から写真を切り抜き、手の込んだコラージュも作った。ところが今は、手を使って作業をした経験のない学生が多い。ニューヨーク・タイムズ紙はある脳外科医を紹介する記事で、手先がすばらしく器用なのは、ピアノの演奏が役に立ったのかもしれないと伝えている。複雑な手術を専門にする外科医を選ぶときに、テストの成績を基準にするのは、最良の方法とは言えないだろう。

通常のテストは生徒の能力を正しく測定するうえで限界が多々あり、とくに物体視覚思考者《ビジュアル・シンカー》を正しく評価できない。セントラルフロリダ大学のエルハン・ハチョメログルが行なった二つの研究では、高校生の微積分の能力は思考のタイプと関連していることが明らかになった。物体視覚思考タイプの生徒は空間視覚思考タイプの生徒と比べると成績が劣っていたのだ。言語思考タイプの生徒も、物体視覚思考タイプの生徒とくらべると微積分の成績がよかった。一方、言語能力の成績では、物体視覚思考と空間視覚思考の生徒で差異は見られなかった。

これらの研究結果を見て、私は本当に心配になった。才能のある物体視覚思考者は学校や適性検査でふるい落とされているのではないかという懸念が裏付けられたからだ。

テストの落とし穴

従来の標準テストで高い点をとる生徒が、数学的思考の必要な実生活の状況にうまく対処できないことはしばしばある。それはどうしてだろう。かたや、学校で成績の芳しくない生徒が、同じような状況でことのほか活躍することがあるが、なぜだろう。

この謎にせまったのが、南デンマーク大学のステファン・M・イヴェルセンとインディアナ大学のクリスティン・J・ラーソンが行なった「複雑な数学を使う単純思考と単純な数学を使う複雑思考」という研究だ。研究には南デンマーク大学理工学部の一年生二百人が参加した。学生はいずれも中等学校の数学の成績は優秀で、微積分を受講するのは初めてだった。研究で「ペナルティスロー問題」――ハンドボールでペナルティスローを投げる最適な選手をデータに基づいて選ぶ――を解くことになった。正しい解決策を求めるには、性質を示す情報と数字で示される情報の両方を集めるスキル、複数の公式を使うスキル、グラフを作成するスキル、データのパターンを認識するスキル、試合のルールを理解するスキルが必要だ。

　このテストの目的の一つは、ある種の問題解決に狭く的を絞っている標準テストで特定の学生が見過ごされていないかどうかを調べること。その結果、標準テストで点数の低かった学生は多数の項目の選手の順位を利用し、一方、点数の高かった学生は調査の範囲を狭くして、データを事前の数学的な構造に当てはめようとした。標準テストで点の低かった学生のほうが思考が柔軟で、問題をうまく解決し、点の高かった学生は、方法が厳密で行き詰まってしまったのだ。教室で高得点を取れるような計算と実生活での問題解決能力の違いをこの研究は確証している。

　そのほかの研究でも同じような結果が示されている。オハイオ州立大学教育政策およびリーダーシップ学部の教授レナード・Ｌ・ベアードは「成績とテストで成人後の出世を予測できるか」という論文で、学力と出世の関係を評価する文献を調べた。科学者から中間管理職までのさまざまな専門職に関する研究に目を向け、ギフテッド〔生まれつき特定の分野に著しく秀でた能力をもつ子どもや、その能力をさす〕の人を含む高校生と大学生の調査も行なった。学力が高ければ名門大学に入学し、高収入の仕事に就く道が拓かれることは明らかだ。成績の優秀な学生は、その後の人生で立派な業績を残すとも考えられている。ところがベアードは、「高い学力が出世の保証にならないことは注目すべきだ」という結論を出している。

また、ボストン・カレッジ教授カレン・アーノルドはイリノイ州卒業生総代追跡プロジェクトで、高校で卒業生総代になった優等生八十一人を卒業後十四年にわたって追跡調査し、高校時代の優秀な成績で人生の成功を予測できるかどうか調べた。その結果、高校時代の優秀な成績は、たしかに大学での優秀な成績に関連していたが、大学を出たあとは曖昧になった。「学校の成績は、せいぜい仕事での優れた業績を間接的に予測する程度だ」とアーノルドは述べる。卒業生総代の四分の一は一流の専門職に就いていた。残りの四分の三は「堅実だが、それほど際立った将来は期待できない仕事」をしていた。大半が伝統的な分野（工学、医学、科学）で働き、クリエイティブな仕事をしている人は少ない。「主流派の保守的な優等生にすぎない」とアーノルドは述べている。

仕事での成功に関連しているのは、テストでは測定できないいくつもの資質で、その中には、苦境から立ち直る力、創造力、チームワーク能力、優れたコミュニケーション力、職業倫理などがある。仕事で成功するのは、自分のもっている資質を活用して人が必要としているものや求めているものを作り出したときだ。私が携わる畜産業界でも、高卒で商売に成功し、実社会のスキルが高学歴者を追い抜いている人が何人もいる。

社会見学に行こう

子どもたちがさまざまなアイデアに触れ、将来の仕事を体験するすばらしい方法は、社会見学だ。私が子どものころは、社会見学は一大行事だった。初めて自動車工場に行ったのは小学校のとき。空気圧レンチが五個のボルトを一度に車輪に取り付けた光景は今でも鮮明におぼえている。自動車工場のラグレンチやジャッキ、レバーをうっとりしてながめていた――機械愛がすでに目覚め、何時間でも見ていられた。

ところが、テストのための教育のせいで、社会見学も姿を消した。「社会見学が重要な理由」という報告書は、全米校長協会が行なった調査結果を引用し、早くも二〇一〇年には、計画中の社会見学の半数以上が取りやめられていたと伝えている。予算不足はしばしば社会見学が減らされる原因になっていた。報告書はまた、美術館や博物館の見学で健全な批判精神や歴史に対する共感、美術への関心が育《はぐく》まれることにも触れている。あまり恵まれない家庭環境の子どもたちには、その恩恵は二倍にも三倍にもなるだろう。

ニューヨーク市のある教師は、幼稚園の子どもたちを「市街地の社会見学」に連れて行った。子どもたちは、自動車修理工場や市営駐車場、地下鉄、市場、橋、病院の救急治療室など市街地でよく見かける施設を見学し、「パーキングメーター」「駐車」「違反」のような知らなかった言葉と出合い、教師は算数から単語にいたるまで何でも教えた。これはすばらしい発想だ。有名な美術館や名所旧跡に行くこともない。必要なのは、好奇心と、身近なものを学習の機会にする教師、それを許可する園長や校長だけ。

ある教職員組織の代表者は、市街地の社会見学があまり取り入れられない現状を嘆いて、次のように語った。「テストでいい点を取ることに組織的な圧力がかかっています。社会見学をしてもたちまちテストの点が上がることはないかもしれませんが、長い目で見るべきです」。社会見学で生徒たちが、新たに出合うさまざまなものについて考えてみよう。工場や農場、製粉所、流通センター、飲食店の厨房《ちゅうぼう》などだ。こういう経験は、毎日目にするものが稼働したり作られたりするのをのぞく窓になるだけでなく、なじみのない職業に触れる機会にもなる。

社会見学も含め、実践的な授業を学校からなくしたことは、教育現場で発生した最悪の事態だろう。故意なのかどうかわからないが、実践的な授業がなくなったことで、いわゆる主要科目でない授業で活躍していたであろう視覚思考者の一つの世代全体が、ふるい落とされてしまったのだ。とくに物体視覚思考タイプの子どもは、一日中机に向かっていたら得意なものを見つけようがない。これは、元気があり余っていて、体を動かして何かをしたり、作ったりするのが得意な子どもには拷《ごう》問《もん》に等しい。

こういう能力は子どもが小さいときから伸ばす必要がある。実践的な授業がなければ、芽を出しかけている建築家やエンジニア、シェフを育てることができない。じつのところ将来有望なデザイナーや発明家、芸術家もふるい落とされている。今後、インフラを整備し修理する人、エネルギーや農業のあり方を見なおす人、気候変動やパンデミックに立ち向かう手段を生み出す人、ロボットや人工知能（ＡＩ）を開発する人がますます求められる。次世代の解決策を編み出す想像力豊かな人間が必要なのだ。

さまざまな知能

発達心理学者ハワード・ガードナーの『多重知能理論（*Frames of Mind: The Theory of Multiple Intelligences*）』が一九八〇年代初期に話題を呼んだ。ガードナーの説は、脳に損傷のある人の研究から生まれた。つまり、損傷の影響を受けた人の能力と障害からすばらしい研究が誕生したのだ。ガードナーはまた、たとえ双子でもまったく同じ知能をもつ人は二人といないことに気づいた。それでも、知能テストや共通テストは数学的知能や言語的知能に有利に作られていて、同じ方法で行なわれる。これでは、強みがテストの方法に合わない人にとって不利になる。

ガードナーは脳や人の発達、進化、異文化比較に関する研究に目を向け、知能を音楽、数理・論理、言語、空間、人間関係、内省、自然、身体運動感覚の八つのカテゴリーに分類した。「人間のもつさまざまな知能やその組み合わせをすべて認め、育むことが何よりも大切だ。人間がみなこんなに違うのは、だれもがそれぞれに異なる知能をもっているからだ」と、知能の定義の幅を広げる必要性を力説する。

さらに、同じ方法ですべての子どもに教えて評価するのをやめて、子どものためになる学習の新しい入口を見つけようと唱える。代数を教えるにしても、「教え方は三通りから三十通りまである」と言う。ガードナーは、視覚思考を知能の独立したカテゴリーとして（ましてや視覚思考にも種類があることなど）認めていないが、それでもアメリカの教育制度はさまざまなタイプの知能を認めていないと主張している。「子どもがそれぞれの能力を十分に伸ばせる教育をするにはどうしたらいいのかは、まだ大きな謎に包まれている」と言う。けれども「もうこれ以上、将来有望な知能を無駄にするわけにはいかない」ことは確信している。

さまざまな知能の中には、ギフテッドも入るだろう。デンバーの高度発達研究所とギフテッド発達センターの心理学者リンダ・シルヴァーマンは、四十年以上にわたってギフテッドの人びとを支援してきた。その中には自閉スペクトラム症の人も少なくない。ギフテッドは、読字、スペリング、整理整頓、順序立てが苦手という特徴がある一方で、計算や物理が好きで、地図を読むのが得意な傾向もある。こういう子どもの多くは、何かを分解してはまた組み立てたり、複雑な方程式を解いたりするのが得意だ。ただし、どうやって行なったのかは説明できないだろう。

私自身、学習スタイルが人と異なっていた。高校時代、心理学の先生は私が心理学にとくに興味がないことに気づいて、「エイムズの部屋」を作ってみないかと勧めてくれた。「エイムズの部屋」とは見る者の脳に錯覚（錯視）を起こし、同じ大きさの物が違う大きさに見えるしかけがされた部屋のことだ。私はまるまる一か月製作にのめり込み、試行錯誤をくり返し、ようやく完成した。「エイムズの部屋」が錯視を起こすカギは、部屋の形を台形にすることだった。今でも、新しい装置を組み立てたり、事業の問題を解決したりするときに、この部屋の形を思い浮かべて参考にしている。こういうことは標準テストにはないが、一生忘れない。

これまでの人生を通して、最初は学生として、それから大学教授として、学生が何かを理解できずに非難されるのを見てきた。けれども、だれもが同じ方法で学ぶわけではない。

教室にいる子どもたちを見てみよう。全員が一つの型にはまらないことは明らかだ。子どもは、特別支援学級に行くにしても、授業が画一的な教育モデルに基づいているために芽を伸ばす機会が閉ざされるにしても、ふるい落とされたら将来の成功のチャンスが実質的に奪われる。

代数でつまずく

現在、獣医師に教える立場だが、私自身は獣医学校で学んだことがない。信じられないような話かもしれないが、数学ができなかったから、獣医学校に進学できなかったのだ。

数学ができないというのは、実際には、まったくの真実ではない。小学校の低学年で勉強した昔ながらの算数は、現実の世界にあるものと結びつけることができたから理解できた。たとえば、分数はピザを切り分けるのと結びつけられる。一九五〇年代に教えられていた昔風の計算はよくできた。四年生のときに分度器で角度を測ったのは楽しかった。六年生では、複雑な図形を正方形や円、三角形に分けて面積を計算する方法を学んだ。この実用的な計算法は、その後、家畜取り扱い施設の設計をする仕事で必要になった。のちに設計の勉強をしていたころには、円の面積を求めるのが得意だった。この能力は、油圧シリンダーや空気圧シリンダーの大きさを測るといった実務で必要不可欠だった。

できなかったのは代数だ。ここで壁に突き当たった。多くの物体視覚思考者と同様に、私は抽象的な概念が把握できないが、代数は抽象概念だらけ。高校では、先生たちが私の頭にたたき込もうとしてくれたが、視覚化できるイメージがないことには、絶望的だった。幾何か三角法に進ませてもらえばよかったのだ。問題が視覚化できるなら、得意だった。三角法なら、たとえばつり橋のケーブルの形を思い浮かべれば、わかったはずだ。

その結果、私はふるい落とされた。数学ができないから、物理と医用生体工学をあきらめなければならず、獣医学校と工学への道が閉ざされたというわけだ。心理学や動物科学など、初級の数学ですむ学科を専攻しなければならなかった。今の時代なら、心理学や動物科学でも落とされているだろう。もっと上級の数学が必修になっているのだから。

幸い大学では、代数を避けることができて、確率や数列、統計の必修科目を取った。それでも、数学の最初の試験で失敗して、早ばやと個人指導を受けた。

二〇一二年、政治学者のアンドリュー・ハッカーの論評「代数は必要か」が教育界に多大な反響を巻き起こした。ハッカーは学校で代数が強要されていることを激しく非難し、学校で教えられている数学は一般社会で使われている数学からかけ離れていると指摘した。少なからぬ生徒が落第する可能性のある「苦しい試練」をなぜ押し付けるのかと問いかけ、調査した教育者の大半が、成績上の理由で高校を卒業できない「大きな原因」として代数をあげていると報告した。

「数学を必須科目にしたため、若い才能を発見し、伸ばすことが妨げられている。厳しく鍛えようとして、実際には頭脳を疲弊《ひへい》させている」とハッカーは述べる。数学の基本的なスキルや数量的スキルのようなものを排除しようと唱えているのではない。私も、エンジニアやソフトウェア開発者、技術者、会社のCEOなどのさまざまなプロと仕事をしてきたので、世の中で数学が重要なことは百も承知だ。けれども、数学にも学び方にもいろいろあり、現実の世界でさまざまな形で応用されている。問題は、学生たちが将来、仕事をするときに何が役に立つのかだ。

あるとき、メイン州でプリントクラフトというしゃれた印刷所を見つけた。経営者のリサ・ピクスリーは十九世紀と二十世紀の印刷機を専門に扱っていて、その仕組みを誇らしげに説明してくれた。印刷機にはそれぞれの手順があり、ピクスリーはペダルやハンドルを手際よく操作して機械のドラムに紙を通す。視空間認知テストをやってもらうと、私に負けず劣らずの高い点をとった。まさに視覚思考者だ。次に学校の成績を尋ねると、数学のとくに代数ができなくて特別支援学級に入り、何年も通常の学校教育からはずれてしまったと言う。私たち視覚思考者の多くがここで終わる。ピクスリーは運よく、印刷と古めかしい活版印刷が大好きになり、印刷工房の親方になった。

スキルを伸ばす入口

エジンバラ大学発達心理学教授マーガレット・ドナルドソンは、教えることと学ぶことの食い違いについて研究し、その結果を論文「学校と子どもの心の行き違い」で発表した。論文では、「学びたいという欲求は、入学するときにはたいていの子どもでまだ強い。出発はとても順調なのに、最後には決まって挫折してしまうのは、どうしてなのか。学校嫌いになる子どもが少なくないのはなぜか」と問いかけ、幼稚園児と小学一年生は勉強するのが楽しくてうれしいのに、高校生になるころには退屈し、興味をもたなくなっている生徒が多いわけを考えた。

ドナルドソンの説は、有名な思想家で児童心理学者ジャン・ピアジェの説からの脱却を示している。ピアジェは、子どもは七歳になるまでは、まわりの世界の認知理解が限られていると考えた。これは「保全タスク」という有名な研究に基づいている。研究では、子どもが「同じ」と「同じでない」のような概念を理解する能力を二枚の絵を見せて測定した。最初の絵では、同じ大きさで同じ数の物が二列に並んでいる。次の絵では、二列目の物が狭い間隔に並べかえられているが、数は一列目と同じだ。どちらの列でも数が変わらないことは、ほとんどの子どもが六、七歳になるまで理解できなかった。

しかし、ドナルドソンと同僚は、この研究結果は子どもの推理能力の欠如ではなく、ピアジェの取り組み方から生じたのではないかと疑問をもった。二人は似たようなテストを行ない、いたずらっ子のテディベアが二列目の物を並べかえるところを四歳と六歳の子どもに見せた。現実世界の説明あるいは物語を加えると、もっと多くの子どもが正しい答えにたどり着いた。八十人中、ピアジェの十三人に対して五十人だ。この違いが生じたのは、いたずらっ子のテディベアが子どもたちに状況を説明したからだとドナルドソンは説く。物は、実験として殺伐と並べられるのではなく、「人間味のある、意味をもつ状況」が重要なのだ。アイデアを理解し、取り入れるには、現実の例と結びつける必要がある。

バージニア大学のアンジェリン・リラードは、就学前の子どもの遊びを研究してきた。「子どもたちが本物のことをしたがるのは、現実世界で一つの役割がほしいからだ」と言う。四歳から六歳の子どもでさえ、ごっこ遊びより本物の活動を好むことが研究から明らかになった。数学をスポーツや買い物、コンピューターゲームでもいいので、現実世界の作業や趣味に応用すれば、子どもたちは勉強の意義がわかる。

空間視覚思考タイプの子なら、計算したり採点したり、勝算を予想したりすることが欠かせないスポーツやゲームを教材にしてもいいだろう。チェスは最適で、それ自体が変化に富んだ数学の問題だ。小学生が一年近く教えてもらいながらチェスをして、それから算数のテストを受けたらどうなるだろう。まさにこれを試したのはデンマークの研究者ミケエル・ロショルムの研究グループで、一年生から三年生までの生徒四百八十二人を対象にして、週四回の算数の授業のうち一回をチェスに変えた。全体的に見ると、チェスを勉強した生徒は算数の成績が上がった。明らかにチェスが算数を理解する手段になった生徒もいた。

応用数学の博士号をもつプロのチェスプレーヤー、ペペ・クエンカは、幾何を教えるときや計算や視覚記憶、空間的推論、結果を予測する能力にチェスが役に立つことを認めている。しかし、私のような物体視覚思考者には、チェスのパターンは抽象的すぎておぼえられない。前にも述べたように、視覚的に関連するものが見つけられないと理解できないのだ。スキルを伸ばす入口を与えるには、多様な取り組みが必要だ。

抽象的な思考の発達期

どんな思考のタイプの学習者にとっても、いちばん重要な問題は脳の発達だ。子どもの認知スキルが抽象的推論を取り扱えるようになるのはいつか。ピアジェは、子どもは十一歳か十二歳で推論ができるようになると考えた。これに対してザグレブ大学のアナ・スックの研究グループは、具体的な思考から、より抽象的な思考へと発達するのは思春期後期だろうと唱える。そのころ、抽象的な数学的推論に関わる前頭前野が十分に成熟するからだ。

研究によると、少なくとも、アメリカでは代数を教える時期が早すぎ、授業の進め方も速すぎる。具体的な思考から抽象的な推論にたどりつくのは、もっと時間がかかる。七年生から八年生〔日本の中学一年生から二年生くらいにあたる〕になる時期にパチンとスイッチを入れたらできるようなものではないのだ。抽象的推論は経験を通して発達する可能性を指摘する研究者もいる。これは主要科目以外の授業を廃止しないで続けるよう後押ししてくれる説だ。

教育学者のトレーシー・グッドソン＝エスピーの研究では、「ある問題を解くのに、算数の方法を使ったらできても、代数だとできない人がいるのはなぜだろう」と問いかける。マーガレット・ドナルドソンのいたずらっ子のテディベアのように、グッドソン＝エスピーの研究に用いられた九つの学習課題は、車のレンタルや従業員の交通手当のようななじみのある現実の状況を例にして、話の筋や意味をもつように作られていた。学生は問題を解くあいだの精神的な変化をビデオで撮影され、それぞれに頭の中で問題を解決するプロセスを査定され、評価された。次に、面接で幅広い項目の質問に答え、その結果、三つのグループに分かれた。第一のグループは、イメージに基づかない数学的な方法で答えを見つけた。第二のグループは図に記す方法に頼った。第三のグループは代数を利用した。

私はグッドソン＝エスピーの研究結果をこう解釈する。視覚的な手段を使わなかった第一グループは言語思考タイプ。問題を図に置き換えて視覚化した（しかし、代数にまで飛躍できなかった）第二グループは私のような物体視覚思考タイプ。代数を利用した第三グループは空間視覚思考タイプだ。グッドソン＝エスピーは結論として、算数から代数への移行を成功させるには、内省的抽象化ができなければならないと述べる。「イメージ力は、内省的抽象化の一つの段階から次の段階に進む発達の一部で、生まれつきそなわっている」。このイメージ力は視覚思考だ。

それでも数学教育では、抽象的に考える方法があくまでも続けられている。ドナルドソンは、根拠となる脈絡や実体験のない抽象的なものを「深く根付いていない」という言葉で説明する。こういう抽象化のスキルは「数学やあらゆる科学、哲学の土台になっている。人間のほかのスキルや性質と比べて高く評価されすぎているのに、だれもやめようとしない」と述べる。教育制度は「わかった」人に報い、それ以外の人を大きな敗北感とともに見捨てるとドナルドソンは考えている。この敗北感は思っている以上に蔓延《まんえん》している。

そして彗星《すいせい》のごとく三年おきに、OECD生徒の学習到達度調査（PISA）というテストの結果がアメリカ人の意識に侵入する。このテストは、教育者や政治家がかなり口出ししてゆがめられているると考えられているが、結果を報じる記事の見出しはいつも衝撃的だ。「数学は最悪」「ゆゆしき事態」。二〇一八年には、七十九か国の生徒六十万人が二時間のテストを受けた。中等教育のオリンピックのようなもので、アメリカはこれまでに金も銀も銅もメダルを取ったことがない。それどころか、これがオリンピックなら参加資格もない。数学では、ほかの先進国の水準に及ばず、経済的に豊かでない国と比べても苦戦している。二〇二二年のテストでは、数学と理科のトップは中国で、二位に大差をつけている。

ジャーナリストのアマンダ・リプリーは「さしあたり、PISAからアメリカの教育現場の厳しい現実が明らかになっている。数学は、子どもの将来の収入をかなり正確に予測する科目だが、引き続き、アメリカのあらゆる所得水準で最大の弱点になっている」と述べ、最後に、十五歳の生徒のほぼ三分の一が「基準値のレベル」に達していないと締めくくっている。

こういった報告が出されると、課題に対して相変わらずの対策が講じられる。数学の苦手な生徒が増えるほど、ますます数学を押しつけ、ますますテストの回数を増やす。こんな理不尽なことが、この二十年間行なわれてきているのだ。

飛び級の勧め

子どもたちが普通学級でふるい落とされる原因はまだある。標準的な履修課程では、子どもはみな同じように発達すると想定されている。課題がやさしすぎて子どもが退屈しているときでさえ、いわゆる学年相応の教材を押しつけられたと言う親は少なくない。飛び級を申し出るのをためらう親もいる。世間の目や精神的な成長に与える影響が気になるか、あるいは、子どもを頑張らせ、急がせすぎるのではないかと心配なのだ。この板挟みをかなり大袈裟に表現したのが一九八九年のコメディドラマ〈天才少年ドギー・ハウザー〉。十歳でプリンストン大学を卒業し、十四歳で医学博士、十六歳で勤務医になった主人公の天才少年は、患者だけでなく自分のニキビも治療する。

現実では、飛び級の制度に対する抵抗感と親の懸念から、適切な飛び級の利点が研究で明らかになっていても、学年や教科を飛び越える生徒はほんの一パーセントしかいない。心理学者グレゴリー・パークの研究グループがジャーナル・オブ・エデュケーショナル・サイコロジー誌に発表した報告「大器早成」によると、飛び級をした生徒は長い目で見れば、しなかった生徒より高い実績をあげる。修士以上の学位を取得したり、本を出版したり、理系で特許を取ったり、仕事で成功する可能性が高い。

もともとの能力を伸ばす手助けをしていないせいで、よくできる子までもができない子と同様に進路を妨害されている可能性があることは問題だ。一つの解決策は、熱意と能力のあることが明らかな子に得意な科目を勉強させてやること。キャサリン・ジョンソンの信じられない例を見てみよう。伝記と映画〈ドリーム〉で、ようやく世間の人に知られるようになったアフリカ系アメリカ人の女性の数学者だ。ジョンソンは、子どものころ数を数えるのが大好きで、それから計算が得意になった。小学校の教師がずば抜けた能力に気づき、飛び級させて十歳で高校に通い、十五歳でウェストバージニア州立大学に入学、数学の授業を片っ端から受け、十八歳のときに首席で卒業する。卒業後は教師になったが、教師は当時、黒人の女性が就ける数少ない職業の一つだった。

ジョンソンの才能が試されたのは、NASA(アメリカ航空宇宙局)が人材を必要とし、女性の労働力に目を向けたときだった。ジョンソンは一九五〇年代にNASAで働きはじめた。あからさまな人種差別や性差別が蔓延していた時代だ。女性は「スカートをはいた計算機」と言われ、黒人の職員は差別され、仕事や食事をする場所からトイレまで、ありとあらゆる場所が白人と区別されていた。それでもジョンソンの計算のおかげで、まだコンピューターが複雑な計算をこなすほど発展していなかった時代に、有人宇宙飛行が実現したのだ。ジョンソンはマーキュリーとアポロの宇宙船の軌道と大気圏再突入経路を計算した。宇宙飛行士が無事に帰還できたのは、この計算の賜物《たまもの》だ。ジョンソンは軌道を計算するときに、聡明な頭の中で多次元のパターンを見ていたのだろう。

明らかに才能のある生徒を年相応の学年にとどめて、何の得があるのだろう。算数の得意な生徒に算数の授業を増やしたり、地元の大学の講義を受けさせたりして、数学の能力を強化したらどうだろう。ビル・ゲイツ、スティーブ・ジョブズ、マーク・ザッカーバーグ、イーロン・マスクは、みな大学や大学院を中退している。高度な技術を市場で試し、応用したくて、まっすぐシリコンバレーに向かった。学校で提供されている科目にやりがいがなかったのだろう。ジョブズの場合、少なくとも、まったく興味のない必修科目を避けたいという気持ちもあったという。

多様な学び方

ここで、自閉スペクトラム症の人の学習法について、自分自身の体験も交えて触れよう。私は八歳になっても、まだ字が読めなかった。学校で文字学習の勉強を続けていたら、もっと長いあいだ字を読むのに苦労していただろう。三年生のときに、担任の先生と母は相談し、母が家で読み方を教えることになった。私と妹に毎日のように読み聞かせをして、チャールズ・ディケンズの『オリヴァー・ツイスト』のおもしろいところを読んでくれたこともある。それで私はすっかり字をおぼえる気になった。

さらに母は、放課後に毎日一時間かけて、発音と文字を結びつけて単語を学ぶ音声学習法で教えてくれた。教則本の代わりに『オズの魔法使い』を音読し、おもしろくなってきたところで読むのをやめるので、私は次にどうなるのか知りたくてたまらない。先に進むには、壁に貼ったアルファベット表の文字を一つずつ、大きな声で読まなければならない。次に、母は単語を一つ私に音読させ、それから二語、三語と単語の数が増えて、ようやく物語が再開する。読み聞かせの時間はだんだん短くなり、やがて本を自分で読めるようになっていった。対面式の個人教授で、本人が気をそらさないような本を選ぶのがポイントだった。私は数か月で六年生の読解レベルに到達した。この介入がなかったら、学校ですっかり落ちこぼれていただろう。

私は音声学習法で救われたが、ほかにもよい方法があるようだ。イェール子ども研究センターで行なわれた研究から、自閉スペクトラム症の子どもと言葉でコミュニケーションをはかるのに、パペットを使うと効果があることが明らかになった。この発見は二〇一六年のドキュメンタリー映画〈ぼくと魔法の言葉たち〉でみごとに描かれている。登場するのはオーウェン・サスカインドという少年で、二歳で言葉を失い、自閉スペクトラム症と診断される。息子がディズニー映画に強いこだわりをもっていることに父親が気づき、これが突破口になって、言葉を教える道が拓かれる。父親は映画〈アラジン〉のオウムのキャラクター、イアーゴのパペットを使ってコミュニケーションをはかり、オーウェンは初めて言葉でこたえた。親子は沈黙の牢獄から解放されたのだ。

心理学者のヴァレリー・クールシェンヌの研究グループは、「自閉スペクトラム症の子どもが過小評価されるリスク」という論文で、言語スキルが最小限の子どもの認知能力に目を向けた。子ども用の図形探しテストを使い、言語スキルの低い自閉スペクトラム症の子ども三十人と同年齢の対照群の子どもにテストをして、四種類の認知と知能を評価した。自閉スペクトラム症の子どもでウェクスラー式知能検査という標準的な知能テストに全問正解できた子は一人もいなかったが、図形探しテストでは二十六人が正解し、しかも対照群の定型発達の子より速く答えた。精神科医のローラン・モトロンはネイチャー誌の記事で、自閉スペクトラム症の人では、視覚を処理する神経回路のほうが言語を処理する神経回路より活発だと報告している。「脳の機能がこのようにかたよっていることが、すばらしい成績に関連しているのかもしれない」と語る。

問題は、どうやって自閉スペクトラム症や物体視覚思考の子どもにもっと効果的な評価と教育を行なうかだ。算数のできない子は、過小評価されやすく、もっているスキルや必要とされるスキルが無駄になっている。そういう子にはホームスクールが合う場合もあるだろう。これは自閉スペクトラム症の子どもの選択肢として有効だ。

米国教育統計センターによると、ホームスクールで勉強している子はおよそ百七十七万人いて、そのうち一六パーセントが特別な支援を必要とする。自閉スペクトラム症の子にホームスクールをさせる理由で多いのは、いじめ、問題行動の管理、子どもの幸せと福祉、学校の支援に対する不満だ。けれども、ホームスクールはだれもが安易に実行できるものではなく、家族に大きな負担がかかることも多いだろう。

障害の固定観念にとらわれない

私は大学教授で科学者、家畜取り扱い装置設計士、動物行動学専門家だ。自閉スペクトラム症であることはアイデンティティのほんの一部にすぎない。これもまた母のおかげだ。母が私にしてくれたことでいちばん重要だったのは、自分を障害児の母と思っていなかったことだ。

過保護な親は定型発達の子のためにならないが、障害のある子にはもっとためにならない。障害児というレッテルを貼られてしり込みする子どもをたくさん見てきた。すっかり障害にとらわれて、簡単に学べるスキルを子どもに教えない親もいる。

ある夫妻に出会ったことは忘れられない。どちらもコンピュータープログラマーで、自閉スペクトラム症の息子についてアドバイスを求めていた。二人の話によると、子どもは算数がよくできるが、一日中、地下室でコンピューターゲームをしているという。私は、プログラミング言語を教えようと思ったことはないのかと尋ねた。思いもよらなかったようだ。

子どもの姿が見えないと思ったら地下室でゲームをしていたという話はよく聞く。私は、生まれてくるのが三十年遅かったら、間違いなくゲーム中毒になっていたと思う。素早い動きが視覚に与える刺激に夢中になっていただろう。自閉スペクトラム症の人は極端にゲームにはまりやすいという研究結果がある。中毒になっている若者をゲームから引き離すには、ゲームを同じくらい魅力のあるものに置き換える必要がある。自動車整備に置き換えてうまくいったという例もある。エンジンについて学び、本物の自動車を修理するほうが仮想の車を走らせるよりおもしろくなったのだ。

自閉スペクトラム症と診断されても言葉は十分に話せる子どもの両親と会ったことがある。かなり過保護で、子どもは買い物や銀行口座の開設など基本的なスキルを学んでいなかった。自著『自閉スペクトラム症の道案内（*Navigating Autism*）』では、これを「診断名にとらわれる」と説明した。こうなると、親は子どもの全体像が見えなくなり、能力を伸ばせるもの、たとえば工具や数学の本、画材などを与えない。最近出会った自閉スペクトラム症の青年は、レゴを使ってきちんと動く乗り物を作ったのに、学校の先生も両親も、工具を与えたり機械技術の授業を受けさせたりすることなど考えもしなかった。診断名にとらわれて、何もできないと決めつけていたのだ。こういう例はしょっちゅう見かける。子どもは病気扱いされ、まわりの世界を探検したり隠れた才能を開発したりする機会を与えられない。レゴのかなり複雑な構造物を組み立てられる物体視覚思考タイプで自閉スペクトラム症の人（その他の脳の特性をもつ人も、定型発達の人も）はたくさんいる。こういう人たちはインフラを整備したり、二十一世紀の問題解決策を編み出したり、人に感銘を与えるような絵を描くべきなのに、「立ち入り禁止」の場所が多すぎる。

自閉スペクトラム症と診断される人の症状の幅は広く、アップルのシステムエンジニアもいれば、自分で服を着られない人もいる。自閉症が統合失調症と別の診断名として一九八〇年に初めて『精神疾患の診断・統計マニュアル』（ＤＳＭ）に載ったとき、明らかな言葉の遅れと、まわりの世界やほかの人に対する関心の欠如という両方の症状が見られなければ診断されなかった。アスペルガー症候群は一九九四年に加えられた。これは、明らかな言葉の遅れはないが人と触れ合おうとしない人に当てはめられた。これで自閉症のレッテルを貼られる子どもの数が急増し、ニューヨーク・タイムズ紙によると「子ども百人に一人」に跳ね上がった。

ローラン・モトロンは、自閉症の定義は「曖昧になりすぎて意味をもたないかもしれない」と言う。子どもたちは、ますます、ほんのちょっとオタクっぽい子でさえ、診断名というレッテルを貼られている。ＤＳＭの改訂によって、二〇一三年にアスペルガー症候群が自閉症と統合されて自閉スペクトラム症という一つの診断名になり、診断基準はますます曖昧になった。

程度の軽い症状に診断をくだすことが混乱を招いている。ちょっとオタクっぽい子は、どの程度で自閉スペクトラム症と診断されるのだろう。診断の方法も厳密でなく、行動の特徴から判断する。

さまざまな症状の程度の軽いものは、定型発達の人の行動やスキルが形を変えただけという場合もある。障害をもつ人が十把一からげにされているのも問題だ。自閉スペクトラム症のコミュニティでは、重症の子の親と、自閉スペクトラム症は脳の多様性《ニューロダイバーシティ》〔ASDやADHDなど脳や神経に由来するさまざまな特性を、障害ではなく多様な個性として尊重する考え方〕の一部だと考える当事者とのあいだで、大きな意見の食い違いが見られる。

子どもの才能を伸ばそう

子どもへの質問でいちばん役に立たないのは「おとなになったら何になりたいの？」だ。これは言語思考タイプの人がよくする質問で、漠然としている。もっと役に立つのは具体的な質問だ。「得意なものは何かな？」は、子どもの関心を深める本当の出発点だ。子どもが自分の才能を発見するには、いろいろなものに触れる必要がある。これは、私が何よりも情熱をかけてきたテーマで、理由は二つある。一つは、体験する機会を与えなければ、子どもの才能は伸びないこと。もう一つは、子どもの才能が伸びなければ、国に必要な健全で多様性に富んだ労働力が減少すること。

つねに心を打たれるのは、ささやかな体験で人生が大きく変わったという話だ。がん研究の第一人者アンジェリカ・アモンは、理科の授業で見た科学映画から細胞遺伝学に興味をもった。染色体が細胞内で分裂するようすを撮影した映画だ。新型コロナウイルスワクチン開発の最前線に立つニタ・パテル博士は、貧しい家庭で育ち、父親が結核を患って働けなくなって、さらに苦境に追い込まれた。それでも父親は娘の教育に心を砕き、パテルは心優しい隣人にバス代を都合してもらい、運よく科学と医学の教育を受けた。こうして、靴も履いていなかった少女は勝利を手にする。

障害をもつ人の逸話でとくに印象深いのは、盲目のミュージシャン、スティーヴィー・ワンダーのエピソードだ。スティーヴィーはインタビューで、子どものころ近所の子たちと木登りをしたり、走りまわったりしたことを語る。この話は、つねに私の心に残っている。母親は、目が見えないからといってしり込みしたり家に閉じこもったりさせなかった。そのおかげで、スティーヴィーは障害の固定観念にとらわれなかった。また、ごく幼いころからいろいろな楽器にも触れ、十歳になるころには独学でピアノとドラムとハーモニカを演奏し、教会では聖歌隊で歌った。目の見えない人にできるのは鍋つかみを作ることくらいだと学校で言われたが、それが間違っていたことを証明して余りあることをやってのけたのだ。

著述家のトマス・ウェストはディスレクシアで、かなりの歳まで字が読めなかったという。さまざまな思考を正しく評価し認識する必要があることを、精力的に訴えてきたウェストの使命は、私自身のものとよく似ている。それは、さまざまな種類の脳が正しく評価される手助けをし、画一的な教育制度のせいで排除されないようにすること。著書『天才たちは学校がきらいだった』で「ある種の人びとの場合、ハンディキャップ自体が基本的かつ本質的に才能と結びついているかもしれないが、才能は認められず、問題としか見なされていないことがあまりにも多すぎる」と述べている。

ハンディキャップは、曇りのない目で見れば、埋もれた才能だ。思考タイプが異なるがゆえに、私たちはそのことに気づいていないだけなのだ。

第3章　優れた技術者はどこに？——視覚思考を社会に活かす

子どものころ、発明家の本をもらった。残念ながら本はとっくの昔になくなったが、最高に興味をかき立てられたページは、今でもありありと思い出す。ミシンを発明したエリアス・ハウ。航空力学に対する長年の関心に火をつけてくれたライト兄弟。特許取得最多記録をもつ私のヒーロー、トーマス・エジソン。本には載っていないが、発明家といえば、私の人生に多大な影響を与えた祖父は、飛行機を誘導する自動操縦装置を共同開発して特許を取った。

一七九〇年に誕生した米国特許商標庁の創設百周年の記念式典で、コネチカット州のオーヴィル・プラット上院議員は「国の産業という機械の芸術が発展して、わが国を偉大に強力にし、栄光をもたらす。これはどんな歴史を見ても確信できる」と述べ、その歴史を無名の発明家や「鍛冶《かじ》屋、大工、水車大工、村の鋳掛《いかけ》屋〔鍋など金属製品を修理して渡り歩く専門職人〕」にさかのぼって語った。私なら、こういう人びとの多くは、まぎれもなく視覚思考者《ビジュアル・シンカー》だと付け加えるだろう。

こういう技術屋は、みんなどこに消えてしまったのだろう。アメリカが製造業でほかの国に遅れをとっているのは、なぜだろう。それは、技術の基本的なスキルが失われているせいであり、その原因は三つある。製造の専門的な技術者が求人市場から去っても、代わりの人が入ってこないこと。安価な大量生産品だけでなく、ハイテク製品の製造も外国の会社に頼っていること。技術職に携わるのに最適な人びとが教育制度でふるい落とされていること。

この章では、視覚思考と科学技術の発展、視覚思考者が多いと思われる技術者の養成について考え、さらに視覚思考タイプで脳の特性をもつ人の就労にも目を向けよう。

発明と視覚思考

ふだん、あまり深く考えずに使っているものはたくさんある。ガレージの扉の開閉装置、プリンターに内蔵されているドラム、エレベーター、肌身離さずもち歩くスマホ。こういう機器は生活の一部になりきってしまい、あって当然と思われている。製氷機やタッチスクリーン、弾道ミサイルはだれが発明したのだろう。それぞれの誕生物語はトルストイの『戦争と平和』より長いかもしれない。何百ページにも及ぶ特許申請書と設計図から、発明者がどれほど苦心して製作し、改良を重ねたかがしのばれる。テコや滑車に始まる単純な器具が発明されていなかったら、文明は進歩していなかっただろう。人類は発明品を使って井戸を掘り、ダムを建設し、道路を作り、清潔な水を手に入れ、その結果、農業が盛んになり、農産物を輸送できるようになった。機械を発明する人は、たいてい物体視覚思考の特徴をそなえている。絵で考える頭脳は、まだできあがっていない装置が作動する光景が見えるのだ。

特許商標庁で展示されている初期の設計図を見ると、物体視覚思考者の機械好きな頭脳が活躍していたことがわかる。同じような発明の才は、発明家の本にも描かれていた。近代社会に大きな影響を与えた発明品が四つ、頭に浮かぶ。

イーライ・ホイットニーが発明した綿繰り機は、綿花と種を分け、繊維産業に革命を起こした。サイラス・マコーミックが発明した刈り取り機は、刃を振動させて穀物を刈り取った。この装置の改良版がそのあとに続くすべての刈り取り機で使われ、アメリカの食糧供給に大変革をもたらす。エリアス・ハウは、ミシンのさまざまな装置を開発した。張り出したアーム、上下の糸をからませて縫うロックステッチ、布地の自動送り装置。そのおかげで、布製品を安く早く生産できる時代が到来する。サミュエル・コルトが発明した回転式六連発拳銃は、戦争の様相を一変させた。四人の発明家はいずれも優れた技術屋で、発明するのに高度な数学が必要だった人は一人もいない。

目で見て問題を解決するのは優れた技術屋の得意技だ。エンジニアでテクノロジーの歴史を研究するユージーン・S・ファーガソンは、視覚思考について一九七七年にサイエンス誌に発表した論文で、印刷機の到来とともに数多く残されるようになった科学技術の記録を紹介した。製作記録には、複雑な道具の部品、送水ポンプ、製材所、クレーン、軍事機器などの図が精巧に、写真で撮ったようにリアルに描かれている。「設計者は製図用紙に線を引き、頭に思い浮かべた図と置き換え、ここから頭の別の場所で似たような図が生まれ、最後に図は三次元の金属製のエンジンになる。これはおもに設計者の非言語的思考と非言語的推論に基づいて行なわれ、設計者は図で考える」とファーガソンは述べる。

いつの時代にも、機械を刷新し、改良してきたすばらしい歴史がある。職人、設計士、発明家、技術屋――「視覚的な非言語的プロセスによって」頭の中の絵で考える人びと――がテクノロジーの発展に貢献してきたのだとファーガソンは語る。最後に「このテクノロジーの世界で活躍する設計者の創造的思考は、大半が非言語的で、簡単に言葉にできない。技術者は、非言語的な知識を物体に、あるいはほかの人が組み立てられるように図に置き換えて、人間が創り出す環境の形態や質を選択してきた。テクノロジーのこの知的な要素は、文献に残されず、科学的でもなく、技能に起源をもつため、ほとんど気づかれてこなかった」と述べている。

ファーガソンがそれから十五年後に刊行した著書『技術屋の心眼』では、私が食肉業界の現場で見てきたこと、技術が「数学的に表現できない知識」からかけ離れてしまったことを確証している。さらに視覚思考、非言語思考を無視した工学教育は、「現実の世界は教授が教える数学の世界とは異なる」ことがわかっていない技術屋を生み出すだろうと警告する。

技術屋とエンジニア

あるとき、宇宙を活躍の場にしている二十一世紀の視覚思考者の工場を訪れ、ずらりと並んだ、まぶしく輝く機械にうっとりした。いちばん心を奪われたのは、人工衛星がロケットのノーズコーンに引っかからずにきちんと押し出されるようにする装置だ。きらきら輝く格子の箱で、金色の牛乳ケースとしか言いようがない。このアイデアは本物の牛乳ケースから得たに違いない。人工衛星を発射する複雑な装置のアイデアは、車のトランクを開閉する装置から得たのだろう。開発者は、着想を得るためにホームセンターに行き、ドリルなどの工具を買い、分解し、新しい装置のアイデアを見つけたのかもしれない。

機械を発明する人の中には、高度な空間視覚思考者もいるだろう。今日までの研究では、空間視覚思考者は物体視覚思考者と明確には区別されていない。けれども、この数世紀に発明された機械の大部分は、空間視覚思考タイプから生まれたのでないことは明らかだ。発明を思いつき実行したのは、ずば抜けた視覚スキルをもち、物が動く仕組みを頭の中で見ることができる物体視覚思考者だ。物体視覚思考タイプの技術屋は機械のセンスがあり、実際に手を使って作業し、世の中を変えてきた。特定のことにこだわりがちで、現実的だ。空間視覚思考者は抽象的な概念を理解する。世界を成り立たせている科学的な法則を把握するだけでなく、発見もする。

スイスの化学者でＭＲＩを開発する道を切り拓いたノーベル化学賞受賞者リヒャルト・Ｒ・エルンストの言葉は、二種類の視覚思考者の重要な相違の核心にせまる。「私は、じつは、まわりの人から思われているような、世界を理解したいという科学者ではない。工具屋であって、本当の科学者ではない。ただ、問題解決のこういう能力をほかの人たちにも分け与えたいのだ」

物体視覚思考と空間視覚思考の違いは、意外な場所――戦場でも見られるかもしれない。アメリカの海兵隊員は、イノベーション・ブートキャンプというプログラムで即興のすばらしい能力を披露した。プログラムの発案者ブラッド・ホルジーは、緊迫した戦場で活躍できない科学者やエンジニアを一掃する地獄の訓練を考案した。その結果、廃品を利用して原始的な乗り物を作るとか、敵を追跡する装置を作る、手榴弾《しゅりゅうだん》探知機を作るといった問題を即座に解決する際には、スタンフォード大学やマサチューセッツ工科大学（ＭＩＴ）を出たエンジニアより、海兵隊のトラック整備士や無線機修理工といった技術屋のほうが優れていることがわかった。

「エンジニアは理屈で考えすぎる傾向があり、革新的な解決策を即座に決定しなければならないときには、うまく行動できない」とホルジーは言う。「自分たちの気楽な縄張りの外に出て仕事をするのをいやがる。特定の専門分野ではすばらしいが、アイデアを物に変えるのはそれほど得意でない」。私の解釈では、トラック整備士は物体視覚思考者で、物を見たり、組み立てたり、修理したりする能力をあわせもっている。手先の器用な技術屋には、まさにこのスキルがそろっている。まるで手で見ているみたいに。エンジニアは抽象的に考える空間視覚思考者で、あるシステムを開発するときにはなくてはならないが、戦場で一緒に塹壕《ざんごう》に入るとしたら技術屋のほうがいいかもしれない。

革新するのは目立たない人

一九七〇年代から九〇年代の初めごろまでは、才能に恵まれた創造力豊かな機械設計士がたくさんいて、機械の発明品がもつ純粋な美しさを目の当たりにできた。それは、牛や豚の飼養場や食肉加工工場を視察したときだった。彼らがいなければ、こういう事業が盛んになることはなかっただろう。これは決して過言ではない。アメリカの食肉業界では、学歴が高い空間視覚思考のエンジニアが高度な数学の必要なインフラ、たとえばボイラーや冷却装置、電力装置、給水装置などを組み立てるのに対して、物体視覚思考の技術屋は、たいてい工学の学位をもっていないが、機械と名のつくものは何でも組み立ててしまう。「一風変わった人」もいて、食肉加工工場では、こういう人たちが複雑で特殊な装置を設計し、組み立てる。今日のデジタル時代では、装置はコンピューターで操作されるかもしれないが、大半が今でも機械で動かされている。

一風変わっていて機械に強いといえば、あるすばらしい特殊食品加工工場の経営者を思い出す。彼は、子どものころに今の時代の教育を受けていたら、精神医学書に出ている診断名を何かしらつけられていただろう。反抗的、挑戦的というレッテルを貼られ、自閉スペクトラム症と診断されたかもしれない。今では七十代となった経営者は、たたき上げの職人だ。

出発は食品加工装置の洗浄員で、すぐに装置の修理とメンテナンス部門に異動した。次のステップは新しい設備の組み立てと製作。機械いじりの天才で、既成の備品と特許を取ったオリジナルの機械を組み合わせて自分の工場を建てた。私は社用ジェット機に乗せてもらって工場を訪問したことがある。映画〈チャーリーとチョコレート工場〉のウィリー・ウォンカのチョコレート工場をステンレス製にしたような工場だった。ウォンカ氏は、今では年商数百万ドルのビジネスをしている。守秘義務契約書にサインしたので、何を作っているのかここで書くわけにはいかないが、聡明で「一風変わった」物体視覚思考者であることはまちがいない。

「一風変わった人」というのは、もちろん、「まわりになじめない人」を遠まわしに言っているのだ。私がこれまで一緒に仕事をしてきた人の中には、人づきあいが苦手でこだわりが強く、マイペースで仕事をして、しばしば身だしなみを気にしない人が少なくない。元同僚にこういう設計士がいて、かつては問題児だったそうだ。ディスレクシアに苦しみ、自閉スペクトラム症の特質もいくつかもっていた。今でも吃音が残っている。人生を救ったのは、高校の溶接の授業。郡や州のイベント会場で装置を組み立てて販売し、やがて自分で事業を始めた。今では金属製品を製造する大企業を経営し、特許をいくつも取って製品を世界中に売っている。略図を描く必要もなく、どんなものでも組み立ててしまう。正真正銘の物体視覚思考者だ。

もう一人の元同僚も、やはり物体視覚思考者と考えられ、いくつも特許を取っているが、代数が苦手だった。仕事の道が拓けたのは、高校の全国農業後継者協会プログラムと溶接の授業のおかげだった。プログラムは全米で実施されており、高校生に農業やリーダーシップ、スピーチの教育をする。溶接やエンジン修理などの技術者の養成もこのプログラムの主要な目的だ。

元同僚は、今では大きな建設会社を経営し、完全一括請負契約の大規模な食肉加工工場を建設している。建物を建て、さらに特殊な機械をすべて取りそろえて設置するところまで請け負う。このような会社の中には、地元にとどまって商売をするところもあれば、大企業に成長して多数の従業員を雇っているところもあるが、どちらも出発は小さな町工場だ。革新が生まれるのは、こういう場所だ。

つまり、「革新するのは目立たない人」。二〇二〇年に打ち上げられた火星探査機パーサヴィアランスに搭載されたカメラを考案したマイケル・マリンは、わが母校アリゾナ州立大学の地学の教授で、ジェット推進研究所とNASAでも仕事をしている〔現在はマリン宇宙システム社長〕。カメラのアイデアを最初に売り込んだ先はNASAだったが拒まれた。必要なカメラはそろっていると言うのだ。マリンは断られてもめげず、地学者仲間と小さな会社を始め、ほかの惑星を研究し、やがて、NASAがその取り組みに資金援助するようになった。マリンのカメラはすばらしく優秀で、撮影した写真は、火星に水が存在することを明らかにした。

この探査機の成功を支えたもう一つの会社は、イリノイ州のフォレスト・シティ・ギア。カメラを回転させる小さな部品をNASAと共同で作った。これは難問だった。火星の厳しい環境にもちこたえる耐性が求められたからだ。製作には、細かいことに気づくとてつもない注意力が必要だった。その作業に最適な候補者は物体視覚思考の技術者だ。

このカメラ会社も部品会社も、きわめて特化した分野で秀でているアメリカの個人経営の中小企業の好例だ。

製造業の危機

マーケット・リサーチ・レポーツ社によると、産業用ロボットの製造で上位五位の企業はスイス、日本、ドイツにある。中国は世界中で使われているiPhoneの約三割を作っている。エレベーター近代化市場は、二〇一四年の時点でヨーロッパが三七パーセントを占め、アメリカはわずか一七パーセント。大型コンテナ船の荷揚げや荷下ろしをする巨大クレーンは、ヨーロッパと中国で製造されている。通販で買う商品の大部分は外国製のコンテナ船でアメリカにやって来る。

ブルッキングス研究所がまとめた各国の製造業得点表によると、アメリカは多くの分野でほかの国にはるかに遅れをとっている。製造業生産高では、中国が世界一で、アメリカは二位。ところが、製造業従事者数の比率では、調査した十八か国中十六位だ。報告書によると、既存の職を埋める熟練技術者が不足しているため、職業訓練プログラムと、理系の科目を個々の生徒に奨励する教育が不可欠だという。

ドイツやオランダなどの国では、技術職の授業を継続している。アメリカでは製造業者が外国に流出し、現場職を補充する熟練技術者の空白ができている。全米建築会社協会の二〇二一年の報告によると、建築会社の六一パーセントが資格をもつ技術者を見つけるのに苦心している。

新型コロナウイルス感染症による行動制限が緩和され、牛肉加工工場を訪問したとき、ある工場で修理の必要な設備を見つけた。修理は鋼鉄部分の簡単な作業で、市販の標準的な油圧部品があればできた。ところが驚いたことに、ここの工場には設備を修理できる熟練の技術者がいないという。しかも、設備を組み立て、修理する唯一の金属工場は八か月先まで予約が埋まっていた。メンテナンス部の人と話をしてさらに明らかになったのは、熟練の保守管理作業員が退職すると代わりが見つかるかどうかわからないこと。このようにアメリカは技術者がこれまでになく必要になっていると同時に、前代未聞の技術者不足に直面していると、さまざまな報告書が伝えている。

あらゆる種類の熟練技術者不足に対処しなければ、雇用状況が深刻な事態に陥る。新型コロナウイルスのパンデミックで特定の業種のニーズが急激に高まった。とくに医療技術者、救急救命士、介護士、看護助手などだ。しかし、人手不足を招いたのはウイルスではない。公衆衛生大学院協会の二〇〇八年の報告書は、すでに労働力不足の危機を予測し、二〇二〇年までに公衆衛生従事者二十五万人が不足すると述べていた。予測は的中したのだ。

早くから視覚思考者を見つけ出し、才能や技術を伸ばし、得意で有意義な仕事に就けるよう奨励してこなかったこと、さまざまな思考を統合して社会に役立ててこなかったことのツケがまわってきているのではないだろうか。これは、社会全体に大きな損失を与えるとともに、自分の能力を活かしきれずにいる個人にとっても大きな痛手となっている。

職業訓練の重要性

現場の技術者を育成するには、職業訓練制度も有効な手段だろう。徒弟制度という職業訓練制度は、技術をもつ職人を訓練するために何世紀も前から利用されてきた。中世ヨーロッパの大聖堂は、弟子から出発した人びとの手で建てられている。技術と経験が高いレベルに達した職人は、それぞれの専門技術の職人組合に所属し、高い社会的地位を与えられてきた。

アメリカの徒弟制度は、二十世紀の初頭に義務教育を受ける子どもが増えて、人気が落ちた。この傾向は、高等教育を受ける人が増えたことで続き、有給の訓練制度は、政府の補助金が不足したため経営者の手に届かなくなった。社会の特定の階級の人びとが、自分は技術職に従事していても、わが子には跡を継がせようとしないという傾向も多くの国で見られる。

特殊な職業に就く人は、小さいころにその仕事に触れたからだという場合が多い。それが家業だったからという人もいる。家族経営の会社のほぼ四〇パーセントが次の世代に引き継がれるという調査結果もある。医学部の学生五人に一人は親が医師だ。親が弁護士の学生は、弁護士になる可能性が十七倍高い。これは、ある意味で実体験だ。ただし、これだけが体験する機会ではない。たいていの若い人は、社会に出てどんな職業に就けるのか、その可能性の大きさがわかっていないのではないだろうか。

優れた技術者の育成は、家庭や初期の幼児教育で始まる。子どもには実体験（裁縫や料理、園芸、組み立て、修理、実験）をする機会を与えるだけでなく、我慢することや立ち直ることを教え、何かに興味をもたせる必要があるだろう。

ブルッキングス研究所の報告によると、専門学校はしばしば成績の悪い生徒の「掃きだめ」と考えられているという。この誤った考え方は、だれでも大学に行くのが当たり前という偏見から生まれた。大学だけが給料の高い仕事に就く唯一の道で、手を使う技術職は、学位の必要な職業とくらべると、ステータスや価値が低いという偏見もある。同研究所の報告によると、一九八〇年代に高校で教養課程の必修が増え、それにともない大学に進学するのが当然と思われるようになり、その結果、職業訓練教育を受ける人の数が激減しているとされる。

一九九〇年から二〇〇九年にかけて高校生が取得した職業訓練教育の単位数は一四パーセント減った。職業訓練制度を取り戻す政策についてブルッキングス研究所が引き続き伝えた報告によると、「二十世紀に大学進学が一流の職業に就く常道になるにつれ、職業訓練制度はアメリカの上昇志向文化にともない利用者が減った」そうだ。

職業訓練制度と職業訓練校に対する根強い偏見は、アメリカで職業訓練制度が衰退する大きな原因になっている。それでも、大学進学は、退学率や高い失業率、卒業後の生活に重くのしかかる学生ローンを考えると、成功の保証にはあまりなっていない。マンハッタン政策研究所が発表した報告によると、近年では大学卒業者の四〇パーセントが、結局、学歴を必要としない仕事をしている。統計はさまざまだが、卒業生の約二八パーセントが自分の専門分野の仕事を見つけられない。

平均すると、大卒者のほうが高卒者より所得が高いのは事実だが、例外は山ほどある。給料が高くて四年制大学の学位が必要でない職種には、技術職、コンピュータープログラマー、実験助手、デザイナー、動画編集者などがある。

ウォール・ストリート・ジャーナル紙の記事は、明るい話題を伝えている。コミュニティ・カレッジが、高校中退者や、最新のテクノロジーに精通する必要から再教育を受けている人に就労の道を拓き、深刻な就労格差を埋めているというのだ。記事によると、「これまでコミュニティ・カレッジは、概して従来の四年制大学の陰に隠れていた。しかし、自動化や事業の再構築で労働市場が大きな影響を受けているため、これは変化している」。千百万人の学生の半数が就活プログラムに参加していることも指摘する。それどころか、プログラムの多くは産業界が出資している。

アメリカでは、あまりにも早くに職業を選択して、その結果、将来の可能性を限定してはいけないという偏見が蔓延している。アメリカはだれもが何にでもなれる国だと考えられているのだ。

友人の娘が嘆いていた。一般教養課程の学位を取得しても、何をどうしたらいいのかわからないと言うのだ。手仕事が好きなようで、きっと視覚思考タイプなのだろう。結局、織物作家に雇われ、今では家具の布張りを勉強して、織物の歴史や文化にも造詣《ぞうけい》を深めている。これは、自分で会社を始める理想的な機会になるだろう。

二年に一度、世界各地の二十二歳以下（一部職種を除く）の青年技能者が集まって、技能五輪国際大会なる競技会に参加する。職業技能のオリンピックだ。参加者は個人やチームで競争し、種目はパイプの修理や機械の溶接など基本的な技能だけでなく、ロボット統合システムやクラウド・コンピューティング、サイバーセキュリティなど需要のある新しい技能が毎回加えられる。スイスは多くの種目で毎回上位三位以内に入っている。二〇一九年にはメダルを十六個獲得し、そのうち五個は金メダルだった。実践で学ぶ視覚思考者にとって、こういうスキルを学ぶ機会は、大きな転換点になりうる。

職業訓練制度は大昔の時代の徒弟制度ではない。技能五輪国際大会でも見られるように、技術スキルが重視され、数学の得意な空間視覚思考者に就労の道を拓いてくれる。コロラド州デンバーの製造業者ノエル・ギンズバーグは、スイスの職業訓練制度にならって制度の構築に着手した。アトランティック誌の記事によると、ギンズバーグが感心したのは職種の幅の広さだった。「スイスでは、二百五十の進路があり、製造から銀行まで何でもありだ」と述べている。

ギンズバーグは、コロラド州知事（当時）ジョン・ヒッケンルーパーを職業訓練プロジェクトに引き入れ、支援してもらった。コロラド州は米国内で経済的にもっとも恵まれ、失業率は最低の州でありながら、建設や医療、テクノロジー、「そのあいだにあるすべての職種」で人手が不足していることに知事は気づいていた。そこで、行政の補助金や慈善事業団体の後援、財政援助を得て、州全体にわたる職業訓練制度が誕生した。目標は、生徒に実社会の体験と仕事に役立つ学習をさせて、州が抱える技能と労働力のギャップを埋めること。製造業の数が多い州では、こういうプロジェクトがますます実施されるだろう。また、二〇一五年のセンチュリー財団の報告書によれば、国の職業訓練制度も熟練技術者の減少に対する答えの一つになり、仕事を探している若者にとっても大きな助けになりうるという。

就業体験制度《インターンシップ》を利用する

有給の職業訓練制度と、多くの大学生が参加している無給の就業体験制度は別物だ。無給の仕事をする経済的な余裕のない学生は少なくない。とはいえ、就業体験制度がどれも無給というわけではない。今では、多くの就業体験制度が有給で、それは、労働には適切な代価が支払われるべきであるという認識を示した判決のおかげでもある。コロラド州に工場を置く食肉大手ＪＢＳも夏の就業体験制度で給料を支払い、学生は品質保証管理の仕事を学ぶ。就業体験は給料を保障されるだけでなく、有意義な体験が期待できる。ある精肉工場の就業体験では、荷物の積み下ろしに使う電動リフトが一回の充電では一日中作業できないわけを学生に考えさせた。学生は会社の使っている充電器が合っていないことを見つけた。

私は子どもたちに助言するときに、いつも地元の企業の就業体験制度を勧める。たとえ無給のパートタイムの仕事であっても、仕事の体験はとても貴重だ。体験すれば、自分に合いそうな分野がわかり、現実の社会で期待されるものや、責任について実用的な知識を得る機会にもなる。

必ずしも正式な就業体験制度でなくてよい。グーグルやフェイスブック、アップルのようなだれもが憧れる会社の就業体験制度は、立派で給料も高いが、合格率はごくわずか。たとえばグーグルでは、ある年の応募者四万人のうち合格者はたった千五百人だった。自分でＩＴ企業を始めるほうがましかもしれない。スタンフォード大学博士課程を中退してグーグルを立ち上げたラリー・ペイジとセルゲイ・ブリンみたいに。

二〇二〇年のファスト・カンパニー誌の記事によると、履歴書に就業体験制度参加経験の記載がある学生は、就職活動で面接にたどり着く可能性が一四パーセント高い。さらに、就業体験で就職後の離職率が一五パーセント減り、給料が高くなり、成績も上がることも明らかになった。制度の経験がある学生を雇って業績が上がったという経営者の報告もある。アメリカ・カレッジ大学協会の調査によると、経営者の七三パーセントが、実社会で獲得したスキルと実体験を高く評価した。経営者五人のうち四人以上が、管理された就業体験制度、あるいは地域サービスプログラムを修了した学生は仕事に対する心構えができていると考えた。

チャンスをつかむ

すべての求人情報がビジネス特化型のＳＮＳリンクトインや、高校や大学の掲示板に掲載されているわけではない。ときには扉をノックして足を踏み入れ、自分を売り込む必要がある。どこかの会社で助っ人を探していないか、社員を募集している知り合いがいないか、友達や親戚、近所の人に尋ねてみよう。いい仕事の少なくとも半分は、求人広告の応募ではなくコネで得られている。

私も大学院生のとき、一週間に一日、午後に食肉加工工場へ行き、牛が通路を通るときに立ち止まったり、あとずさりしたりする原因をつきとめようとした。牛の移動が停止すると作業が中断し、工場にとって時間と経費の無駄になる。私は問題の解決にのめり込み、アリゾナ州の二十以上の牛の飼養場を訪れ、ついに原因をつきとめた。そして、これが家畜取り扱い施設の設計をする仕事につながったのだ。

報酬調査会社ペイスケールの記事によると、人脈作りで仕事をステップアップした人は八〇パーセントにのぼる。大手テクノロジー企業を訪れたとき、中西部の出身で電子機器の設計をしている若者と話す機会があった。会社のおしゃれなカフェで、どうやってシリコンバレーの仕事を見つけたのかと尋ねると、大学の教授が直接、会社に連絡を取って紹介してくれたのだと言う。

スペースXとテスラを創業したイーロン・マスクは、履歴書はたいして重要でないと述べたが、これを知って私はそれほど驚かなかった。マスクは、志願者の出身大学とか、どんな話題を上手に受け売りできるかなど、ちっとも重視していない。それどころか、大学卒は会社の採用条件ではない。マスクは、自分で会社を始めたのは、インターネット関連のベンチャー企業がどこも採用してくれなかったからだと言う。ソフトウェア開発会社のネットスケープに履歴書を送り、会社のロビーをうろついてだれかと話をしようとしたのだが、当時は人見知りが激しくてだれにも近づけなかったと回想している。

マスクが社員に求めているのは意欲、好奇心、創造力。何かを作って修理できる人がほしいのだ。美しく仕上げた製図をもって行けば、成績優秀な履歴書より簡単にマスクの注意を引くだろう。

私はこれまで仕事をしてきて、どん底から出発して出世した人の例をたくさん見てきた。たとえば、コミュニティ・カレッジでコンピューター製図の講座を受けたある男性は、地元の企業の求人に応募し、送水バルブの製図をたった一枚見せた。即、採用が決まり、まもなく大規模な牛肉加工工場全体の設計をするようになったという。

同じようなことは、ほかのさまざまな業界にも当てはまる。もし今、私が十八歳の高校生に戻ったとしたらどうするだろう。代数で落第して、高校は卒業できていない。無給の就業体験制度を利用する経済的な余裕がなく、職業訓練制度のことはまったく知らない。私はアマゾンか同じような企業に直行するだろう。アマゾンはＧＥＤ（高校卒業認定資格試験）の費用を払ってくれるからだ。ウォルマートや、ケンタッキー・フライド・チキンのＫＦＣコーポレーションなどの大企業も同様だ。私の将来の夢は、未来のロボット倉庫を設計するか、アマゾンの宇宙開発事業に参加することになるだろう。

夢を実現する最初の一歩は、配属された部署の仕事を全部おぼえることと超勤勉な社員になることだ。トラックの荷下ろしからスタートし、一生懸命働いてだんだんロボット部門に向かう。これは可能だ。アマゾンの倉庫で働きはじめ、カフェでエンジニアと親しくなってロケット設計の仕事に昇格したという人の話を聞いたこともある。ときには、しつこい販売員みたいにドアに足をはさんでチャンスをつかみ、中に入ったら、何ができるのか見きわめるのが大切だ。

否定されてもあきらめない

ここで、自閉スペクトラム症で視覚思考者でもある私自身が仕事を手に入れるようになるまでの体験をかいつまんでお話ししよう。母は、私たちきょうだいに粘り強さを身につけさせようとした。途中でやめたり、最初からあきらめたりするのは、母の辞書でいちばんいけないことだった。あるとき、近所の子どもたちと一緒に自転車で地元のコカ・コーラの工場に行くことになった。自転車に乗れない私は、車で連れて行ってくれるよう母にせがみ、拒否された。工場に行くなら、自転車に乗れなければならない。だから、一生懸命練習して自転車の乗り方をおぼえ、あきらめてはいけないことを学んだ。

癇癪を起こすと、母はテレビを見る時間を取り上げた。礼儀作法にも厳しく、そのおかげで、私はレストランや教会、映画にも行けるようになった。どう行動すべきか心得ていたからだ。お金の価値も、幼いころから学んでいた。五十セントのお小遣いをもらい、近所の雑貨屋さんで何が買えるかよくわかっていたし、おもちゃの飛行機を買うために貯金もした。

私は手の焼ける生徒だったが、全寮制の学校で馬の世話をして仕事というものの仕方を教わった。ご褒美《ほうび》は美しい馬に乗ること。十五歳のときにアリゾナ州の叔母の農場を訪れて、アメリカ西部の暮らしと牧場を体験し、何もかもが気に入った。馬や牛、革細工、家畜取り扱い施設の通路、納屋、どこまでも広がる青空。私はすべてに心を奪われ、将来の仕事への道が拓けていった。

また、高校では看板を描いて売った。大学でも引き続き、飼養場やリサイクルショップ、アリゾナ州祭で看板を描いた。仕事を手に入れるために、完成した看板の写真を見せたこともある。この経験もまた、将来の仕事の道とスキルにつながる。作品は履歴書より説得力があることに気づいたのだ。家畜取り扱い施設を設計する会社を始めたとき、顧客になりそうな人に作品の写真集を見せた。自作の設計図をデスクに広げたり、それまでに完結した仕事の写真を見せたりするのだ。私はこれを「三十秒で説得」方式と呼んでいる。

革新の最前線にいる人なら、新しいアイデアはしばしば同僚に否定されることがわかっている。牛の行動の研究を始めたころにも、頭がおかしくなったのではないかと思われた。食肉牛は、取り扱われているときに動揺すると体重が増えにくくなると考えたのだが、まわりの人にはそれが信じられなかったのだ。私の仮説は、真実であることが明らかになっただけでなく、ヘビのように曲がりくねった曲線形の通路の発想源になる。牛はゆるやかに流れるように移動するから動揺しない。動物の感覚がわかる私の能力と視覚思考が結びついてこの通路が誕生し、設計した家畜取り扱い設備は世界中で幅広く採用されるようになった。

こういう経験から、自分で何かをするには、どうすればいいのか考えられるようになった。そして、気持ちが強くなり、何があっても立ち直れるようになった。このようなやり抜く力はとても大切だ。ペンシルベニア大学心理学教授のアンジェラ・ダックワースはベストセラーになった『やり抜く力 GRIT《グリット》――人生のあらゆる成功を決める「究極の能力」を身につける』で、やり抜く力（GRIT）とは情熱と忍耐を結びつけて長期の目標を達成する性質と定義している。

逆境に打ち勝って成功した人の話は興味深い。こういう人びとは、勤勉と独立独歩の志《こころざし》が真の発見の道を切り拓くという私の強い信念を裏付けている。生物学者リン・マーギュリスは、動物の細胞にエネルギーを供給するミトコンドリアと、日光を使って光合成を行なう植物の葉緑体が、かつては独立した有機体だったことを提唱する。論文を発表しようとしたが、十五の科学専門誌から掲載を断られた。それでも粘り強く研究を続け、論文はついに発表され、ミトコンドリアや葉緑体の細胞内共生説は、今日では定説とされている。

もう一つの例は、ハッブル・ディープ・フィールドという画像の作成に貢献した天文学者ロバート・ウィリアムズ。北斗七星近くの暗い宇宙空間を選び、観察するものが何もない方向に望遠鏡を向けることを提案したのだが、仲間は望遠鏡観察の貴重な時間が無駄になると考えた。しかし、ハッブル宇宙望遠鏡は、何もなさそうに見えるところに向けられたとき、何千もの銀河と広大な宇宙の存在を明らかにした。暗闇の向こうに、驚くべき世界が広がっていたのだ。

視覚思考と脳の多様性《ニューロダイバーシティ》

ここからは技術者に多い視覚思考と脳の多様性について、また視覚思考で脳の特性のある人の就労について、私の体験から生まれたアドバイスも交えてお話ししよう。

私が子どものころに脳の多様性という考え方があったら、どんなに役に立っていたことだろう。心の健康の取り扱い方と教育の改善につながっていたに違いない。

「脳の多様性」という言葉は、自閉スペクトラム症の世界で生まれ、脳の働き方の違いのせいで社会の片隅に追いやられている人びとを守るスローガンになった。脳の多様性の推進者は、診断名つまりレッテルで人を決めつける慣習を変えようと尽力してきた。その一人ジャーナリストのハーヴェイ・ブルームは「脳の多様性はどれ一つとっても、生物の多様性が生物全般にとって大切なのと同じように、人類にとって不可欠だ。ある特定の時点で、どのような脳の接続の仕方や思考方法がいちばん優れているのかなど、だれにも決められない」と述べる。

脳の多様性という考え方の中心は、神経学的な疾患について考える新しい枠組みを見つけることで、「障害」という言葉を使わないことも含まれる。推進者は、自閉スペクトラム症のような「症状」を病気と見なすのではなく、好ましい相違ととらえようと提唱する。イギリスのデ・モントフォート大学のエドワード・グリフィンとデイヴィッド・ポラックが二〇〇九年に行なった研究では、学び方に違いのある学生二十七人に面接をした。自分の脳の多様性を、肯定的な面も否定的な面もあると認識して「相違」ととらえている学生は、「医学的な欠陥」ととらえている学生より自己肯定感が強く、職業の目標も高かった。

ヨーク大学のペニー・スパイキンズは、自閉スペクトラム症や双極性障害、注意欠如・多動症（ADHD）が軽症の場合、進化上の利点があったのではないかと唱え、認知の多様性が発生することで、個人だけでなく社会全体が進化上有利になると考える。氷河期のヨーロッパでは、寒い気候のせいで技術への依存が高まり、ものづくりの得意な人が多い自閉スペクトラム症は集団に利点をもたらしたのではないかと見ている。

また、著書『自閉スペクトラム症は石器時代に生まれた（*The Stone Age Origins of Autism*）』で「私たちが『人間』であるのは、一種類だけの『正常な』脳ではなく、さまざまな脳が複雑に相互依存している賜物で、その中で自閉スペクトラム症は重要な役割を果たしてきた」と述べている。「相違のある人」をまとめることができる集団は有利で、それは、自閉スペクトラム症や視覚思考の人がもっている異常なほどの集中力、細かいことに気づく能力、ときには驚くべき記憶力を活用できるからだ。軽症の双極性障害の人は、集団をなごませて親睦《しんぼく》の役に立つかもしれない。さらに、こういう特質が人類に存在しつづけるのは、軽い状態であれば、今日でも、技術革新などで有利だからだとスパイキンズは唱える。脳の多様性がなかったら、進化の歴史も現在の世界もまったく違っていただろう。

私は自閉スペクトラム症の人たちや関係者に講演をするときには、南カリフォルニア大学のＪ・Ｅ・リーサーの「単独性の哺乳類は自閉スペクトラム症の動物モデルを提供する」という科学論文を紹介する。この論文は、動物の王国で見られる脳の多様性を生き生きと描いている。動物の思考については本書の最終章でもっと掘り下げるが、動物の研究から人間の脳の多様性についての疑問が解明されることもある。

動物の脳は、人間と同様に、社会的・情動的処理あるいは認知的処理のどちらかに重点を置いて発達する。種の中でもある程度の変化は見られるが、種から種への変化はもっと明白だ。大型ネコ科動物の場合、ライオンは集団で、トラとヒョウは交尾期以外には単独で生活する。

リーサーはいくつもの資料やデータから、単独行動の動物は遺伝子とホルモンの両方で自閉スペクトラム症の人と共通する点があることを発見した。社会的行動に影響を与えるホルモンのオキシトシンを分泌する割合は、一匹だけで暮らす動物の方が、群れで暮らす動物より低い。自閉スペクトラム症の人も単独行動の動物も、孤立したときに感じるストレスは、もっと社交性のある人や動物より低い。もし、ヒョウやトラが人間だとしたら、つきあいが悪いせいで自閉スペクトラム症と診断されるだろう。ヒョウに何か欠陥があるのだろうか。トラは障害をもっているのだろうか。動物の王国では、こういうレッテルは貼られない。

職場で活かされる脳の多様性

脳の特性のある人は面談や人間関係のスキルが乏しく、上司はこれを理解する必要がある。実際には、自閉スペクトラム症で仕事をしている人は一五パーセントしかいない（この数字は障害をもつ人全体の半分以下）。高い技能をもっていても、感情に乏しいため、鈍感で注意散漫に見られることもある。

いわゆるチームプレーヤーや愛想のいい店員にはならないが、指導してある程度変えることはできる。人は歳を重ねるうちに障害をうまく管理できるようになるが、これは、忘れられやすい。私が十代のころや、三十代になるまでもっていた特質は、今では多くがなくなっている。たとえば、いつも同じことをくり返すとか、人の話をさえぎるなど。

また、たいていの人が当然と思っている社交のスキルが未熟なせいで、反抗的で衝動的に見えるかもしれない。ある取引先の機械設計士は優秀だった。何でも設計し、組み立て、機械のどんな問題も解決する。ただし、恐ろしい癇癪もちだった。ある日、私が工場を訪れているとき、設備技師について罵詈雑言《ばりぞうごん》を大声で並べはじめた。私はすぐに、高いところにある狭い通路に連れ出した。そこなら、わめき声は技師のオフィスに届かない。

大規模な仕事で現場に長時間いて、知り合いになった社員をすべて思い返してみると、本人の申告や私の簡単な分析の結果、出会った熟練の製図工、機械設計士、溶接工のほぼ二〇パーセントが、自閉スペクトラム症かディスレクシア、あるいは診断を受けていないＡＤＨＤだったのではないかと思う。大半が高卒で、最初は小さな工場で働き、この業界に入った人たちだ。

オクラホマ州立大学の教授カート・ムーアが起業家でＡＤＨＤのある人とそうでない人を調べたところ、ＡＤＨＤの特徴の少なくともいくつかが職場で役に立つことが明らかになった。「研究の結果から、ＡＤＨＤの脳の特性は起業家のものの見方に重要な影響を与えることがうかがえる。この症状をもつ起業家は認知スタイルが直感的で、起業家特有の機敏性をもっていると考えられる」とムーアは述べる。ＡＤＨＤの起業家は、チャンスを求め、高い意欲を示す傾向があるそうだ。

自閉症のスペクトラム上にいる人がハイテク関連の仕事に携わる率がかなり高いことは、これまでたびたび報じられてきたが、自閉スペクトラム症のレッテルをことさら避けるプログラマーは少なくない。あるハイテク企業に勤めるソフトウェアエンジニアもその一人で、ここでは匿名《とくめい》を希望しているが、インタビューで次のように打ち明けた。

「子どものころに独学でプログラミングをおぼえましたが、一つのことにのめり込む性格は家族に快く思われませんでした。学校の成績が悪かったのは、おもに規則が厳しく、授業が簡単すぎてつまらなかったからです。今ではＩＴ大手に勤め、上級ソフトウェアエンジニアになっているので、スキルは認められたと感じています。ＩＴ業界は、こんなふうにアスピー〔アスペルガー症候群の人〕にいちばん優しいところです。社会がソフトウェアエンジニアに求めているのは、おもに製品を作ることで、ときに仲間と協力することもあります」

ワシントン・ポスト紙の記事は「アスペルガー症候群も含めて自閉スペクトラム症の重症の人は就労をためらうが、軽症の人は、世界を変える革新を生み出すのにきわめて重要と思われる」と伝えている。ペイパルの創設者ピーター・ティールは、世間は均一性を好むため、大胆な起業家精神をくじくと語った。ビジネス専門ニュースサイト、ビジネス・インサイダーのティールの人物紹介記事では、シリコンバレーには成功した起業家で自閉スペクトラム症の人がけっこういて、これは、「革新や大企業の創設にプラスになっている」と述べている。さらに、社員を採用するときにはMBA（経営学修士）を避けると言う。MBAは超外向的で強い信念をもたず、そのせいで「極端な群れの思考と行動」に向かうからだそうだ。

幸い、脳の多様性については、雇用主自身がさまざまな脳の人を雇う利点に気づいている。ドラッグストアチェーンのウォルグリーンは、この活動の先駆者だ。サプライチェーンと物流管理の上席副社長ランディ・ルイスは、障害をもつわが子を見て、二つの物流倉庫のコンピューターを再設定し、ほとんど字を読まずに使えるようにしたところ、ほかの倉庫と比べると、障害のある人がいる倉庫のほうが高い業績を上げることがわかった。

あるアスペルガー症候群の若者は、自動車販売員で、自動車のありとあらゆる構造と型式、特徴を百科事典のように記憶している。最初、一本調子のしゃべり方や人と目を合わせないことは、ショールームでは仕事にならないほどのハンディキャップに思われた。ところが、自動車にかける情熱と豊かな知識が認められると、脳の特性は問題でなくなる。それどころか、プラスになって売り上げを大幅に伸ばした。

うれしいことに、脳の特性のある人は、雇用主にとってニーズに合わせて環境を再整備するという一時的な不便はあるものの、それをはるかに上まわる才能や技術を発揮することも広く知られるようになってきた。豊かな知識や優れた記憶力、細かいところまで行き届く注意力が評価されているのだ。これは、マイクロソフトなどのＩＴ企業やゴールドマン・サックスなどの金融企業も認識している。こういう企業が率先して脳の特性のある人を採用することで、さらに雇用の道が拓かれるだろう。

早期の経験が役に立つ

これまで、自閉スペクトラム症や学習の困難な高校生をもつ数多くの親と話をしてきた。子どもの就労について尋ねると、親はたいてい「考えていますよ」と答える。私は、すぐに行動に移すよう促す。「早期の出合い、早期の介入、早期の経験」。これが私の信条だ。

仕事のスキルは勉強のスキルとまったく違う。こんなことは当たり前に思えるかもしれないが、学生は、時間を守る、礼儀正しくする、身だしなみに気をつかう、清潔にする、締め切りを守る、仕事をやり遂げるといったことを学ぶ必要がある。礼儀作法を身につければ、「どうぞ」とか「ありがとう」と言えるようになるだけでなく、実際に愚かな同僚に向かって愚かと言ってしまって降格されるようなことがなくなる。

会合で親や教師と話をしていて、障害があるとされる子どもの多くが生活術を学んでいないことに驚く。子どものスキルのレベルを親にくわしく尋ねると、買い物をする、銀行口座をもつ、請求書の支払いをするなど基本的なスキルを教えていないことがわかる（これは、定型発達の子どもの親にもしばしば当てはまる）。ある母親は、自閉スペクトラム症の十代の息子は学校の勉強はできるが、ピザの一切れも、コーラの一本も、自分で買ったことがないと言うのだ。買い物に行かせることができなかったと母親は弁解した。これでは、将来の就労の際にも困ったことになるだろう。

得意なことは職業の選択に関わってくるのだから、子どものころからもっと重視されるべきだ。視覚思考の子が幼いときにものづくりを経験して、それを奨励されたら、将来どのくらい能力を活かせるか考えてみよう。たしかに代償作用はあるかもしれない。視覚思考の子は、言語思考の子みたいに簡単に友達ができないかもしれないが、将来、火星にもっていくコンベヤーベルトを開発する可能性がある。

雇用主側の対応

「障害のある人の就労を手助けするには、どうしたらいいのでしょうか」。これは言語思考者がよく口にする質問で、やたらと幅が広いので答えにくい。車椅子の人と自閉スペクトラム症の人では、必要な介助設備はまったく違う。私は取引先の多くの会社と話し合い、世間がどんなふうに考えているのか学んだ。目の不自由なある人の話では、自分ではできると思っているコンピューター関係の仕事の面接を受けて、何回も断られたという。どうやら、面接担当者はパニックに陥るのだろう。盲導犬と白杖を見たら、介助設備を整備するのは困難だと考える。こういう就職志願者には、もっとはっきりわかる言い方を勧めている。「必要な対応は簡単です。二週間だけ試してみてください。この特殊なコンピューターソフトがあればいいのです。ほかのことは全部できます」と言うのだ。二、三日友達を連れてきてオフィスの配置を教えてもらうことを申し出てもいいだろう。

雇い主は脳の特性のある志願者を差別しないよう責任をもち、必要な新人研修や介助設備をすべて用意するべきだと唱える人もいる。しかし、実際問題として、そうはならずに志願者側が引き下がってしまう場合が多い。志願者が積極的に臨めば、面接担当者が対応の問題について安心し、雇用される可能性がぐっと高くなる。脳の特性のある志願者は、自分の能力を示す必要がある。こういうときにも「三十秒で説得」方式が役に立つ。自分の作品を写真に撮ってスマホに入れ（または、ホームページに掲載して）、電車や飛行機で隣り合わせ、雇用主になってくれそうな人にいつでも見せられるようにするのだ。

最先端の支援プログラムでも、優秀な担当者がいなくなったら質が低下することがある。ある有名企業には、身体的障害や知的障害をもつ人向けのすばらしい支援プログラムがあり、上級レベルのマネージャーが陣頭指揮をとっていた。ところが、マネージャーが急病で職場を離れると、プログラムの質が低下した。システムが更新されたあと、目の不自由な社員は必要なソフトウェアを使えなくなってしまったのだ。この社員は、カスタマーサービス部門の貴重なメンバーだったのに、多様性を看板にする有名企業は問題に対処せず、原因がシステムの更新にあることをつきとめなかった。こんな単純な問題で仕事の道がふさがれてしまったのだ。

得意なことを活かす

インテルの上級プログラム・マネージャー、カーラ・フィッシャーは、IT業界で出世したあとにアスペルガー症候群と診断された。父親を亡くしたあと嘆き悲しみ、心理カウンセラーに相談するよう上司に勧められ、その結果、アスペルガー症候群と診断されたのだ。それまで仕事はうまくいっていても社会ののけ者のような気がしていたと言う。

フィッシャーの上司は「あなたが今ここで働いているのは、診断を受けていなかったからかもしれない」と語った。おとなになって診断を受けた人の中には、アスペルガー症候群だとわかって、雇用や人間関係で長年苦しんでいた問題の本質がやっと見えてきたという人もいる。けれどもフィッシャーは、もっと早くに診断名がわかっていたら、こんなに高度な専門職についていなかったのではないかと語る。若いころに診断されていたら、しり込みしていただろうと言うのだ。

前章でも述べたが、診断名は診断名にすぎず、その人全体を示すものではない。身体であれ精神、脳の働き方であれ、その人の状態に関するものだが、特質や行動を幅広く網羅しようとして解釈が拡大され、役に立たなくなっている。自閉スペクトラム症の診断は、いくつかの特質や行動を基準にして下され、厳密でない。新型コロナウイルスの変異株の診断のようにはいかないのだ。

私は、自閉スペクトラム症を診断名ではなく行動の特徴と考えたい。高機能自閉症とか低機能自閉症という用語を使わないという提案に賛成だ。むしろ、言葉を話す人と言葉を話さない人というほうがいいだろう。言葉を話さない人の中には、絵画や数学、音楽のすばらしい才能をもっている人もいる。自閉スペクトラム症は、特質の程度がじつにさまざまで、多種多様なのだ。

オーストラリア国防省は、自閉スペクトラム症の人が生データのパターンやサイバーセキュリティ侵害の可能性を分析するスキルが「ずば抜けている」ことを発見した。これは、空間的パターンの視覚化という高度なスキルを要するので視覚思考者が多いかもしれない。ソフトウェア開発会社大手のSAPとヒューレット・パッカード・エンタープライズによると、自閉スペクトラム症の人は適切な訓練を受けて、わずかな介助設備があれば、生産性の高い社員になることが明らかになっている。ノイズキャンセリングのヘッドホンや静かな環境が必要かもしれないし、訓練にも時間がかかるだろうが、訓練したあとは、じつに正確な仕事をする。オーストラリアの社会サービス省では、自閉スペクトラム症のソフトウエアテスト係はそうでない人より三〇パーセントも効率がよかった。

イギリスの雇用主向けガイドブック『活用されていない才能（*Untapped Talent*）』は、自閉スペクトラム症の人の特質に着目している。細かいことに気づく注意力、高いレベルの集中力、信頼性、すばらしい記憶力、技術力などだ。静かな作業環境に加えて、感覚器官を休ませる時間や、作業の明確な指示、照明器具の取り替えなど必要になる簡単な介助手段についても触れている。自閉スペクトラム症の人には、技術のほかにも長所が二つある。すばらしく忠実で誠実なことだ。

ダン・バーガーは、テレビのドキュメンタリー番組〈60ミニッツ〉の自閉スペクトラム症の人の能力を探るエピソードで紹介された。ヴァンダービルト大学でフィルターグラフというコンピューター・プログラムを開発した人物だ。このプログラムはNASAの宇宙望遠鏡から送られてくるデータを解析して、天文学者が太陽系外惑星を発見する手助けをする。ほかに大規模データも視覚的に解析している。バーガーは自閉スペクトラム症の人が「高度なレベルで画像のパターンを理解する」ことを知り、自閉スペクトラム症の人の待遇改善と改革を目指すセンターの創設に貢献した。自閉スペクトラム症で視覚思考者でもある優秀な人材を見つけ出すテストを開発し、長期雇用を目指しているのだ。

シカゴ郊外にある非営利団体アスピリテックは、ソフトウェアとハードウェアをテストしている。あるとき、取引先の一つの支店で業績が二〇パーセント低下したことが明らかになったのだが、原因はだれにもわからない。結局、サイトを更新するときにウェブデザイナーが会社の電話番号を二桁入れ間違えていたことが判明した。エラーを見つけたのは自閉スペクトラム症の社員だった。細かいものがよく見える自閉スペクトラム症の目が、多額の損失からこの会社を救ったのだ。

視覚思考の人には、優れた技術者になる素質をもっている人が少なくない。それなのに、その能力を認識せず、育んでこなかったツケはあちこちで見られ、個人にも国にも予期しない結果を招いている。個人のレベルでは、親や教師、雇い主にできることがたくさんある。教育や産業といった国がかかわる問題を解決するには、社会全体で現実を受け入れる必要がある。その現実とは、思考の多様性はすべての人のためになり、視覚思考者の活躍の場を失うことは悲劇であってその弊害はすべての人におよぶということだ。

小学校四年のときに校外学習でボストン美術館に行った。だれもがミイラに夢中になった。展示室から展示室に、王朝から王朝に、最古の時代から時系列に沿って進んでいくうちに気がついた。ファラオの棺《ひつぎ》の頭部の飾りがだんだん雑になっている。先生にそのわけを尋ねて返ってきた答えは、忘れられない。「文明が崩壊していたのです」

今でもその答えについて考えるのは、インフラが老朽化したときや、才能が押しつぶされたり無駄にされたりしたときだ。これも文明の崩壊だろうか。こんな残念なことはない。崩壊するものが多すぎる。隙間に落ち込む子どもがたくさんいて、才能や能力が押しつぶされている。

優れた技術者はどこにいるのだろう。私たちの目の前だ。

第4章　補い合う脳——コラボレーションから生まれる独創性

思考タイプの違う人が共同作業をして成功する第一歩は、違う考え方をする人がいるという事実を知ること。これは当たり前のように聞こえるかもしれないが、人はだれもが自分と同じようにまわりの世界を見ていると思いがちで、私も二十代の半ば過ぎまで、だれもが絵で考えると思っていた。

世の中には言語、物体視覚、空間視覚の三種類の思考者がいて、それぞれに得意なスキルをもっていることがわかれば、三者がどんなふうに補い合えるか理解しやすいだろう。これは、科学研究からコンピューターサイエンスなどの工学、芸術まで、さまざまな分野で見られる。

これまでにも、それぞれの思考タイプが互いを補い合って、すばらしい業績を残した事例は数多い。本章では、そのような異なる思考タイプのコラボレーションを紹介する。

ブロードウェイの奇跡

特定の歌に特別な思い入れをもつ人は多い。私の視覚的な脳は、歌と、それを聞いた場所やそこから呼び覚まされたイメージとを結びつける。アリゾナ州スコッツデールの飼養場をクビになった日には、ソニーとシェールの〈悲しきカウボーイ〉が流れていた。スイフト社の食肉工場を歩きまわっているときには、サイモン&ガーファンクルの〈サウンド・オブ・サイレンス〉の一節を頭の中でくり返していた。

大好きな歌はたくさんあるが、その中の『回転木馬』や『オクラホマ！』などのミュージカルの楽曲を作ったのは、作曲家リチャード・ロジャースと作詞家オスカー・ハマースタインの名コンビだ。二人のコラボを調べて、補い合う脳の典型的な例だと気づいた。

二人が出会ったとき、ロジャースはブロードウェイですでに大成功を収めていた。ハマースタインはそれほどでもなかったが、世間に認められていた。演劇関係者が中年になってコンビを組むのは珍しいが、この二人が一緒に仕事を始めると、奇跡が起きた。「オスカーと私のあいだに起こったことは化学反応みたいなものだった。正しい成分を混ぜ合わせるとドカンと爆発する。私たちはミュージカルの話を始めた日から意気投合した」とロジャースは語る。

第一作は『オクラホマ！』。ロジャースは、ハマースタインからオープニングソング〈美しい朝〉の歌詞を渡されて十分とたたないうちに、あの忘れがたいメロディが頭に浮かんだと語る。「オスカーから歌詞をもらって初めて読んだとき、じつにすばらしく、ストーリーにぴったり合っていたから、うれしくてたまらなかった」

ロジャースは回想録で次のように述べている。「私にはミュージカルについて長年の持論がある。

舞台が成功するのは、一つひとつの要素のすべてがそれぞれに補い合って、ぴたりとまとまるからだ。ほかの要素をかすませるような要素は一つもない。ミュージカルは多くの人の手で作られているが、まるで一人の人間が作ったような印象を与える」。二人は企画に対して忠実で、どのミュージカルでも同じ編曲者、ボーカルアレンジャー、舞台装置デザイナーを使った。

二人は親友で、とても仲がよかったからブロードウェイの奇跡が起きたのだと想像するのは楽しい。ところが実際は、深夜にタバコの煙が立ち込める部屋で、ピアノを囲んで一緒に作詞・作曲したのではない。それどころか、ハマースタインはたいていペンシルベニアの自宅で作詞してロジャースに送り、ロジャースはおもにコネチカットの自宅かニューヨークのアパートでそれに合わせてメロディを作った。

ロジャースとハマースタインはちっとも親しくなかったのではないかとさえ言われている。そんなことはどうでもよかったのだ。二人の関係は、創造性を発揮する名コンビで、仕事の相棒だった。評価すべきは、補い合う脳の深い結びつきが仕事や職業倫理にとって何よりも大切だということだ。協力する人びとは、合計が部分を足し合わせた以上に大きくなることを認めている。

「オスカー（ハマースタイン）は限られた才能と際限のない広い心の持ち主で、リチャード（ロジャース）は際限のない才能と限られた心の持ち主だった」と作詞・作曲家のスティーヴン・ソンドハイムは述べる。私ならこう言う。言語思考タイプの作詞家と空間視覚思考タイプの作曲家の協力から名曲が生まれたのだ、と。

建築家と建築エンジニア

「建築はエンジニアリングが終わるところから始まる」。これはドイツの建築家ヴァルター・グロピウスの言葉で、二つの分野がすっかりかけ離れてしまったことを物語っている。

有名な建築家の名前なら、いくつもあげることができるだろう。たとえばフランク・ロイド・ライトとかI・M・ペイ、フィリップ・ジョンソンなど。ところが建築エンジニアとなると、個人的なつきあいでもなければ、たぶん一人も出てこない。

どちらの分野ももう一方の分野がなくては存在できないのだが、通常、建築家は注目され、大胆な設計だとか、美しく調和がとれているなどと称賛される。設計に命を吹き込み、その結果できあがった建物を安全に使えるようにするのは、建築エンジニアの領分だ。私の経験と観察からすると、建築家はたいてい物体視覚思考タイプで、建物の姿を頭の中で見るが、建築エンジニアはたいてい空間視覚思考タイプで、数学の得意な脳で電気系統を操作し、建物にかかる風圧や雪の重さを計算する。

近代高層ビルの生みの親ウィリアム・ル・バロン・ジェニーは、建築家と建築エンジニアの二刀流だった。だから、十階建てのビルを夢見て、それを実現するための機械エンジニアリングの技術ももっていた。一八八四年に完成させたシカゴのホーム・インシュアランス・ビルは、当時の米国内でもっとも高く、内部フレームにレンガと石でなく鉄と鋼鉄が初めて使われた。重い、耐荷重性の壁から、開放的で明るい構造フレームの時代が到来したのだ。ビルはまた、耐火性があり、近代的な配管がほどこされ、オーチスのエレベーターが設置されていた。建築歴史家のカール・コンディットは「十二世紀にゴシック様式が大聖堂に取り入れられて以来のもっとも大きな革新だ」と語った。

私の目には、いかにも建築エンジニアが設計したように見える。機能一点張りの背の高い長方形で、ちっとも美しくない。察するに、ジェニーは建築家ではあったが、おもに数学に強い空間視覚思考タイプで、最大の関心は、崩れ落ちない鋼鉄製のフレームで建設することだったのだろう。

クレア・オルセンとシニード・マック・ナマラは共著書『建築と工学のコラボレーション（*Collaborations in Architecture and Engineering*）』で、学校での建築とエンジニアリングの教え方の違いがこの二つの科目の相違を象徴していると指摘する。教室という物理的な空間を見ても、エンジニアリングの教室では、無味乾燥な部屋に机が整然と並べられている。建築の教室では、学生が大きな作業台のあちこちでそれぞれに作業し、壁には絵画や下絵が貼られ、教室というより画家のアトリエに見える。エンジニアリングのカリキュラムは「がんじがらめ」で、一度に一つずつ技術的なスキルの問題に取り組む。一方、建築のカリキュラムは制約が少なく、創造性を重視する。

建築とエンジニアリングは、かつてはそれぞれの殻に閉じこもっていた。建築家はビジョンをもち、建築エンジニアはそれを実行した。弧を描くという同じ作業でも、建築家は頂点のある幾何学的な三次元の図を描き、建築エンジニアは一本の線と数学の方程式で曲線の形を説明する。「協力がうまくいくかどうか、また設計チームの構成しだいで、計画は成功することもあれば頓挫《とんざ》することもある」とオルセンとマック・ナマラは述べる。

〝テレパシー〟で語り合う

建築家と建築エンジニア――まわりの世界の見方がこんなにも違う両者に、どうやって協力させたらいいのだろう。機械エンジニアのピーター・シモンズは「建築家とは、事業計画そのものについて話し合わなければならないが、そこで数字をどっさり持ち出しても意味がない。まったく効果がないのだ。建築家は全体像とか芸術性の問題の解決策を求めている。私たちは、どうやってコミュニケーションをはかったらいいのか学ぶ必要がある」と語る。

イギリスの建築史家アンドリュー・セイントは『建築家とエンジニア――同胞抗争の研究（*Architect and Engineer: A Study in Sibling Rivalry*）』という名著で、中世後期には、この二つの業種はほとんど区別されていなかったと記している。当時は、石工と大工が建設の主役で、経験豊富な職人、つまり「棟梁《とうりよう》」に管理されていた。建築家と建築エンジニアの分離は、十八世紀半ばから十九世紀末のあいだに始まり、機械や鉄、鉄鋼、強化コンクリートなど新しい建材が開発されて進んだ、とセイントは述べる。「機械を扱うスキルをもつ人が登場し、建築業の中で、とくに大工と入り混じった。一方、建物を設計できる人は、建設に役立つ装置の設計もするようになったのだろう」

建築エンジニアと建築家の分離は徐々に起こり、特化が進むにつれて明確になった。セイントは鉄道の駅を例にあげる。駅は「複数の機能をもち」、建築エンジニアは「汽車や線路、土塁、鉄橋、駅舎を作る」必要があった。こういう状況では、建築家、建築エンジニア、建設会社、鉄骨業者が総体的に仕事をするのが理想的だ。

建築エンジニアで建築家のもっとも有名な例をあげるならギュスターヴ・エッフェル。かの有名なパリのエッフェル塔を作った人物だ。エッフェルは鉄橋の鉄骨業者として仕事を始めた。セイントによると、このときの経験で機械と構造の知識だけでなく、あらゆる設備にもなじんだ。一八八九年のパリ万国博覧会の開催決定が報じられると、二人の建築エンジニア——そのうち一人は構造エンジニアで技師のモーリス・ケクラン——と協力して、のちにエッフェル塔となるものの最初のスケッチを描いた。

博覧会でフランスを代表する建築家と建築エンジニアを決定するコンペが行なわれたとき、エッフェルと会社の共同経営者で建築家のステファン・ソーヴェストルが、ほかの二人の建築家とともに優勝した。セイントによると、塔は「鉄の、それゆえエンジニアの勝利」と考えられた。それでもエッフェルは、塔の美しい構造をソーヴェストルの功績とし、「建築美の第一原理は、構造物の基本的な線が最後まで十分な妥当性で決定されなければならないことだ」と述べている。これは、物体視覚思考者《ビジュアル・シンカー》(ソーヴェストル)と空間視覚思考者(エッフェル)の深い結びつきとして胸を打つ。

最高に馬が合えば、建築家と建築エンジニアはとてつもない相乗効果を発揮し、何十年も一緒に仕事をする。建築構造家(構造エンジニア)セシル・バルモンドと建築家レム・コールハースもそういうコンビだ。数多くの事業で協力し、作品の中にはオランダ・ロッテルダムのクンストハル美術館やシアトル中央図書館、ポルトガル・ポルト市の音楽ホール、カーサ・ダ・ムジカもある。建造物はますます壮大になり、新しいテクノロジーや素材の出現で二人のコラボはさらに調和するようになった。

バルモンドはあるインタビューで、「協力関係にある第一級の建築家たちは、私の脳の働き方を認識していて、建築技術の可能性について私がもっている建築の感性とぴたりと合う。建築と建築技術は抽象という面で重なっている」と述べた。ニューヨーカー誌の人物紹介記事「反重力の男」では、「コラボを始めた当初から、レムは建築が物足りないと考え、私は構造的な建築技術の仕事全体が物足りないと考えた」と語る。こういった物足りなさを何とかしたいという気持ちが互いを補ったのだ。二人は共通の言葉を見つけた。というかコールハースによると、「ほとんどテレパシーで語り合っているようなものだった」。

工業デザインの分野でも互いに補い合う関係が見られる。工業デザインの企画では、美術と作図に重点が置かれ、数学はそれほど重視されない。工業デザイナーは、製品が作動する仕組みや外観の構想を練る。一方、機械エンジニアは、負荷テストや物理的な力という数字に関わる面に目を向けて製品の機能を計算する。工業デザイナーは設計し、機械エンジニアはそれを機能させる。

機械エンジニアと工業デザイナーはまわりの世界を見る目が違うのかどうか、南オーストラリア大学とコネチカット大学の二人の研究者が調査した。エンジニアリングと工業デザインの学生百二十人が参加し、被験者はいろいろな種類の椅子の写真を見て、機能性、創造性、美しさを五段階で評価する。椅子のデザインは幅広く、人間工学の粋を集めた最高級のオフィスチェアから、巨大なお手玉みたいなビーンバッグチェア、彫刻作品と見まがうような椅子まであった。

調査の結果、機械エンジニアにとって「外観と性能は密接に関連しているようだ」。それぞれの椅子の機能性を美しさと同じように評価をする傾向があった。ところが、工業デザイナーは美しさと機能性を分けて考えた。つまり、エンジニアにとって形と機能を切り離すことは難しく、一方、デザイナーは美しさと機能性を上手に区別した。

この研究から、美しさと機能性は、物を区別する基準になるだけでなく、見る人によって評価が大きく異なることが明らかになった。研究をもう一歩先に進めたら、機械エンジニアは空間視覚思考タイプで、工業デザイナーは物体視覚思考タイプと推定できるだろう。

ロゼッタストーンの解読

かの有名な石碑ロゼッタストーンを解読したのは、イギリスの物理学者トマス・ヤングとフランスの古代エジプト研究者ジャン＝フランソワ・シャンポリオンという二人の天才だった。石碑には古代エジプト語の神聖文字ヒエログリフと民衆文字、ギリシア文字が刻まれていた。絵ではない記号とともに、鳥やライオン、ヘビなどの姿も美しく彫られている。ヒエログリフが解読された経緯は、エドワード・ドルニック著『ヒエログリフを解け――ロゼッタストーンに挑んだ英仏ふたりの天才と究極の解読レース』で語られている。

ヤングもシャンポリオンも神童と言われ、幼いころから字が読めたが、自閉スペクトラム症の特質があったように思われる。ヤングは医師になる教育を受けたが、光波の物理的性質について重要な研究を発表し、数学の知識を利用して、科学の問題を楽しいパズルのように楽々と解いた。エジプト学にとくに関心があったわけではない。ロゼッタストーンの解読では、厳密に数学的な手法を用い、それはコンピューターが暗号を解読する手法に似ていた。ヤングは絵で示される神聖文字のいくつかが発音を意味することに気づいた。しかし数学的な手法では問題の一部しか解決できない。完全に解読するには別のタイプの知識が必要だった。

そこで解読を引き継いだのがシャンポリオンだ。彼は、フランスで育ち、カトリックのミサで詠唱や聖歌を聞いて独学で文字の読み方を学んだ。耳に入ってきた音声を祈禱書《きとう》の文字と照らし合わせたのだ。十六歳になるまでに六つの言語をマスターし、十九歳で大学教授になる。数学が嫌いで、古代エジプトのものなら何でものめり込むという極端にかたよった頭脳の持ち主で、どんなに関係薄いものでも古代エジプトと結びつけ、ついに連想を利用してロゼッタストーンの謎を解き明かした。

コプト語がギリシア語の翻訳とヒエログリフの架け橋になるのではないかとひらめいたのだ。コプト語は、古代エジプト語から派生したが、ギリシア文字で表記され、エジプトがアラブ諸国に征服されたあともエジプト語として使われた。シャンポリオンは、エジプト史とコプト語の豊かな知識から、ライオンの象形文字は文脈によって三種類の意味をもつのではないかと考えた。動物の「ライオン」、Lという文字、あるいは似たような音で表される「息子」の語呂合わせの言葉の三種類だ。トキの象形文字が何を象徴しているのかもエジプト神話の知識に基づいて解き明かした。

ヤングの数学的な手法（空間視覚思考者の典型）で、まず重要な土台が築かれた。そのあと、連想を利用したシャンポリオンの手法に音を視覚化する能力（物体視覚思考者の典型）が加わり、これで解読が完成したのだ。もし、ヤングとシャンポリオンが一緒に研究していたら、ロゼッタストーンはもっと早くに解読されていただろう（相性が合わなかった可能性もあるが）。

飛行機の自動操縦装置の発明物語

子どものころによく聞いた祖父と共同開発者の話は、いつまでも忘れない。思考タイプの違う人同士が力を合わせると、いかに大きな結果を生み出すかを物語っているからだ。

それは一九三〇年代のことで、大手航空機メーカーは飛行機の自動操縦装置の開発に取り組んでいた。飛行機の操舵装置と磁針をつなげたら、飛行機の飛んでいる方向がわかるのではないかと考えたのだ。でも、方位磁石を手に持ったことのある人なら気がつくだろう。針は方角を指すが、じっとしていないで、揺れ動く。たとえば、車のクルーズコントロール〔速度を自動で維持する機能〕にふらふら揺れる針をつなげる人はいないだろう。車が急に加速したり減速したりして、走行が安定しなくなるからだ。飛行機の自動操縦装置も同じような問題に直面したが、航空エンジニアは方位磁石にとらわれて、ほかの解決策が視野に入らなかった。

祖父ジョン・C・パーヴスはＭＩＴ出身の土木機械工学士で、ほかの方法を検討するため、ヘイグ・アントラニキアンとコンビを組んだ。この人は、方位磁石の針につなげずに自動操縦装置を作るアイデアをもっていた。こういった装置にはジャイロコンパスがあり、アメリカの軍艦で使われていた。ジャイロコンパスは電気技術者で発明家のエルマー・スペリーが開発し、どんな振動にも耐えたが、とても重い。飛行機には超軽量の機器が必要だった。

アントラニキアンは、磁場の方向と強度を検出する機器の発明で一九三六年に特許を取得していたが、発明品は航空機器メーカーに採用されなかった。アイデアはすばらしいが、使い道がないのだ。その後、私の祖父と出会った。母の話では、祖父は「アントラニキアンはアイデアをもっていても、どうすればいいのかわからなかった。わしは活かす方法がわかった」と言ったという。

さらに二人の仲間が加わり、アントラニキアンの特許を土台に、四人は第二次世界大戦前からこの装置の開発に取り組んだ。祖父の事業は、今日なら、さしずめスタートアップ企業と呼ばれるだろう。仕事場はマサチューセッツ州スプリングフィールドの路面電車修理工場の屋根裏。開発している装置のアイデアは、革新的だが単純だった。磁気を測定するフラックスバルブに小さなコイルが三つ入っていて、装置が回転したときに地球の磁場の方向をコイルが測定するのだ。バルブは飛行機の翼に取り付けられ、コイルは飛行機が方向を変えたときに地球の磁場の方向を感知する。

テスト時に完璧に作動することもあれば、めちゃくちゃになることもあったが、その原因はさっぱりわからなかった。ついに祖父が謎を解く。作業場の階下で絶え間なくガタゴト動いていた鋼鉄製の巨大な路面電車が磁場を乱していたのだ。フラックスバルブは、外の野原に持ち出すと完璧に作動し、一九四五年にようやく特許が認められた。筆頭執筆者は祖父。母によると、自動操縦装置が大都市間を飛ぶ飛行機を初めて誘導したときには、祖父は有頂天で、それまでの人生で最高に幸せな日だと言ったそうだ。

物体視覚思考タイプのアントラニキアンはすばらしいアイデアをもっていたが、空間視覚思考タイプの祖父と協力し合うことで、初めてそれを形にすることができたのだ。二つのタイプの視覚思考が、それぞれのスキルを補い合った典型的な例だ。とはいえ、フラックスバルブが世に出るまでは、四人はビジョンとスキルはあっても発明品を製造して市場に出す資金がなく、売ったり認可を取ったりする才覚もなかった。発明家にはよくある話だ。彼らは何年も開発に取り組んだのち、フラックスバルブの使用権を三百ドルでベンディクス航空会社に認めるという話に飛びついた。ベンディクスはさっそく装置を模倣して、「フラックスゲート」と名前をわずかに変えた製品の販売を始める。

祖父と協力者たちがそこまで世間知らずだったとは、とても信じられないが、訴訟も起こさなかった。すでに第二次世界大戦が始まっていて、戦時中に訴訟を起こすなど愛国心にもとると考えたのだ。自動操縦装置はアメリカの戦闘機に必要だった。幸い、機械メーカーのスペリー社がのちに祖父と正式な契約を結び、チームはようやく報われる。装置はスペリー・ジャイロシン・コンパスと名称を改められ、大戦の終結間近に戦闘機で活躍した。

独創的なアイデアは、アントラニキアンのような「一匹狼」から生まれると祖父は考えていた。しかし、祖父やチームのほかのメンバーがいなかったら、アントラニキアンは地下室で道具いじりをして終わっていただろう。四人が補い合うスキルをもち、一大計画を実現する夢を共有していたからこそフラックスバルブは誕生し、電子機器の基本となり、特許は二〇〇六年まで新しい特許で引用されていた。

残念ながら、フラックスバルブが市場で成功をおさめたあとのアントラニキアンの人生は、順調ではなかった。結局、精神を病み、ニューヨークのベルビュー市立病院に入院する。一匹狼の傾向や、高度な視覚優位脳、発明の才を考えると、自閉スペクトラム症で苦しんでいたのかもしれない。「独創的なアイデアは会社人間からは生まれない、みんな横並びの考え方をするからだ」と祖父はよく言っていた。会社人間は、アイデアを広げ、磨きをかけ、市場に出すことはできるが、生み出すことはできない、と。

正反対の兄弟

現代のＩＴ企業大手五社のうち四社は、それぞれ二つの聡明な頭脳がガレージか学生寮の個室で一緒に機械をいじくり、将来を夢見た結果、誕生した。スティーブ・ジョブズとスティーブ・ウォズニアックはアップルを、ビル・ゲイツとポール・アレンはマイクロソフトを、セルゲイ・ブリンとラリー・ペイジはグーグルを、マーク・ザッカーバーグとエドゥアルド・サベリンはフェイスブックを、それぞれに立ち上げた。

第二次世界大戦前にも、そのような非凡な二人組がいた。一九三〇年代後半にスペリー社が雇ったラッセルとシガードのヴァリアン兄弟も補い合う脳の好例といえる。弟のシガードは冒険好きで、退屈だからという理由で大学を中退したとか。ジョブズやゲイツ、ザッカーバーグに似ていなくもない。子どものころ、ディスレクシア（当時はまだ学習障害として知られていなかったため、ただ読み書きができない子どもだと考えられていた）などの学習障害があり、いたずら好きだった。電子機器に対する好奇心が高じて、家に来たお客さんにベッドのバネやドアノブを触らせて電気ショックを与えたという。兄ラッセルは弟シガードの正反対――内気でアスペルガー症候群の特質をもっていた。

シガードが飛行に関心をもち、兄弟は夜間飛行の飛行機を探知するテクノロジーを開発しようと考え、二人でヴァリアン・アソシエイツを創業した。この会社は、のちにマイクロ波と放射線治療装置の開発で先駆的企業になる。ラッセルの理論と技術の知識、シガードの機械いじりの能力を土台に、二人は何キロも離れた飛行機から跳ね返る信号を探知できる装置の開発に取り組んだ。

兄弟はやがてパロアルトにあるスタンフォード大学の工業団地に会社を移し、同社はシリコンバレー草創期のハイテク企業の一つになる。ここで、二人はクライストロン管と呼ばれる真空管を開発した。初期の地球物理学の機器で、今日ではレーダーと考えられるものの先駆けだ。管は小型なので飛行機に取り付けることができ、飛行機はマイクロ波の技術を使って曇りの日でも夜でも飛行できる。この技術は送信機に動力を供給するマグネトロンと組み合わされ、第二次世界大戦中に連合国が制空権を確立するのに重要な役割を果たした。

内向的な兄と外向的な弟。兄は詳細にこだわって掘り下げ、弟は危険に挑んだ。典型的な空間視覚思考タイプと物体視覚思考タイプ。まさに補い合う脳だ。

思考タイプの混合チームは強い

物体視覚思考者は、科学研究における実験の手順一つとっても細かい相違に注意を怠らず、結果に影響を与えることがある。たとえば、次のような事例がある。

アメリカの西海岸と東海岸で二つの研究グループが、まったく同じ方法でがんの研究をしたのに、違う結果が出たのだが、その原因がわからなかった。まるまる一年かけて調査して、結局、試料を混ぜる方法の違いに気づいた。一つの研究所では、マグネット攪拌《かくはん》機で数時間、試料を強くかき混ぜ、もう一つの研究所の攪拌機では、回転する台に試料を載せ、一日かけて優しく揺らした。実験を再現しようとありとあらゆる努力をしたにもかかわらず、混ぜる方法に疑問をもった人は一人もいなかったのだ。

しかし、このような細部は、物体視覚思考者の目には飛び込んでくる。細部が大切なのだ。全体像は詳細がなければ意味をなさず、逆もまたしかり。方法を正確に、わかりやすく説明するのは、どんな科学論文でも大切なことだ。研究グループには必ず物体視覚思考者を入れて、ほかのタイプの思考者を補い、科学研究の方法の説明を再検討するべきだ。

共同作業が成功する第一歩は、本章の冒頭でも述べたように、異なる考え方の存在を認識することだが、自分の考え方を見直したり、相手の気持ちになったりすることは、たやすくない。自分の流儀にしがみつくのは、それが思考タイプから生まれているからだ。単なる習慣や訓練の問題ではないが、考え方は習慣や訓練でますます定着する。

ネイチャー誌によると、科学の分野の垣根を超えた共同作業が、ほかより多く見られる分野がある。たとえば、保健学者は、分野外の研究者と協力することが臨床医学の専門家よりはるかに多い。理由の一つは必要性だ。

イギリスの研究評価制度というプロジェクトで、さまざまな分野の研究の実力が評価された。その結果、学術研究が学界外に与える影響が大きいほど、複数の分野にわたる共同作業が必要になることが明らかになった。それでも狭い専門分野内での昇進を重視して、こういう共同作業をためらう学者が少なくない。出世の妨げになるのを恐れているのだろう。

共同作業に関するもう一つの研究では、物体視覚思考者と空間視覚思考者を組み合わせると好ましい成果が得られるかどうか調べた。ハーバード大学とスタンフォード大学の研究者は二人一組のチーム百組に、コンピューターゲームで迷路を通り、そのあいだに双子のキャラクター――パックマン風の小型の人形――にタグをつける課題をさせた。思考タイプが同じチームもあれば、違うチームもあった。迷路を通り、タグをつけるには空間視覚思考が必要で、キャラクターがいる場所を記憶するには物体視覚思考が必要だ。

思考タイプが違うチームでは、空間視覚思考者がゲーム機のコントローラーを操作して、物体視覚思考者はキーボードを使ってキャラクターにタグをつける傾向があった。その結果、思考タイプの混合チームは一つのタイプだけのチームより成績がよく、「タスクに特化された多様な能力をもつ人がいるチームは有利であることが証明された」。実際に、思考タイプが一つだけのチームは、協力するほど成績が悪くなり、結果につながらない会話をする時間が増えた。

ほかにも、成績のいいチームにはさまざまな脳の強みをもっている人がいるという説を裏付ける研究結果がある。コロンビア大学地球研究所の研究者キム・ケイスタンスは、地球科学の分野で空間視覚思考の研究をしていて、物体視覚思考と空間視覚思考の両方の価値を認めている。物体視覚思考者は、一般に、衛星の画像解析、岩や鉱物の特定、ソナーの画像解釈が得意だ。もっと数学が得意な空間視覚思考者は、三次元のデータの視覚化に向いている。データは数字やグラフで示されるからだ。

NASAでの成功例

NASAにも共同作業のすばらしい例が二つある。一つは、宇宙開発エンジニアと裁縫師のコラボレーションで、もう一つには、無名の聡明なコンピューター・エンジニアが関わっている。

初のアポロ宇宙飛行士が着る宇宙服のデザインと製作のコンペが一九六五年に行なわれ、インターナショナル・ラテックス・コーポレーション（ILC）の子会社プレイテックス（ブラジャーやガードルのメーカー）が競争相手の二社を破って優勝した。この話は、当時あまり知られていなかったが、デザイナーで作家のニコラス・ドゥ・モンショーが二〇一一年にアポロの宇宙服の歴史を語る本で紹介して、広く知られるようになった。

宇宙服のデザインには、大きな課題が二つあった。一つは、宇宙服は膨張するので内側からの圧力と、宇宙の厳しい温度差に耐えられなければならない。二つめとして、やっかいなことに、柔軟性も必要だった。ファスト・カンパニー誌の記事によると、「グローブは宇宙飛行士が十セント硬貨をつまめるくらい柔らかくなければならない」そうだ。CBSのニュースは「政府御用達のリットン・インダストリーズやハミルトン・スタンダードなどの大企業の試作品は、固くて分厚い宇宙服の典型で、まるで鎧《よろい》をまとったガラハッド卿《きょう》と見た目のごついバズ・ライトイヤーのかけ合わせだった」と報じた。

プレイテックスの宇宙服は、もっと柔軟性があったため、コンペで優勝した。当時NASAに充満していたマッチョな雰囲気からすると、ブラジャーのメーカーが契約を勝ち取って、製品に「プレイテックス宇宙服」なんて名前をつけられるかもしれないと思うと、男性エンジニアはぞっとしただろう。

ところが、プレイテックスには柔軟性のある素材のほかにも秘密兵器があった。ベテランの裁縫師だ。プレイテックスが問題の解決に取り組む方法は、NASAの数学好きなエンジニアとまったく違っていた。両者はしばしば衝突する。エンジニアは完成品と寸分違わぬ設計図を求め、裁縫師は厚紙の型紙を使い、縫っているあいだに型紙からそれることもあった。ある裁縫師は「型紙で見たら問題ないでしょうけど、型紙を縫うわけじゃありませんから」とNASAのエンジニア・チームに言った。

CBSによると「宇宙服はクモの糸ほど薄い素材を二十一枚重ねた布で作られ、誤差〇・四ミリ以内で縫われている」という。ある裁縫師は、宇宙飛行士の命がこの仕事にかかっているのだと思うと、毎晩泣きそうになったと打ち明けた。のちにようやく、細心の注意を払って月面着陸用の宇宙服を縫ったプレイテックスの裁縫師の功績が認められた。空間視覚思考の宇宙開発エンジニアと物体視覚思考の裁縫師という二種類の視覚思考者のチームのおかげで宇宙服が完成したのだ。

もう一つの例は、アポロ11号に関係する。

ハル・レイニングは、化学工学と応用数学の学位をもつコンピューター科学者で、いつもMITの散らかったオフィスで研究していた。世間の注目を浴びるのがいやで、めったに論文を発表しない。この人物の発明でアポロ11号の月面着陸が成功したことは、一般の人には知るよしもなかっただろう。

NASAで活躍した数学者のキャサリン・ジョンソンと同様に、レイニングは幼い子どものころから数字の魅力にとりつかれていた。毎週日曜日には、教会の掲示板に書かれた聖歌の番号を使って、算数の問題を作った。同僚のドナルド・フレイザーは「データの十六進ダンプを、私が小説を読むのと変わらないくらい簡単に読んでしまう。いつ求められても、円周率の少なくとも最初の三十桁を暗唱できる」と言う。

アポロ11号の場合、二つの革新がミッションに不可欠だった。チップの小型化と代数コンパイラーだ。レイニングはシリコン製の集積回路のチップを使った。小型で軽量のチップだ（このチップが登場して以降、今では当たり前になっているマイクロチップのテクノロジーが急速に進む）。それまでのコンピューターは冷蔵庫数個分の大きさだった。宇宙船を自動制御するシステムのプログラムは、ドーナツ型をした小さな金属製の「コア」がビーズのように連なって作られていて、ワイヤがドーナツ型の外側を通れば「0」、内側を通れば「1」を表した。興味深いことに、小さな金属のコアを縫い付けたのは、かつての軍需製品メーカー、レイセオンの女性従業員で、織物の経験を買われたのだ。

レイニングが提案したのは比較的初歩的なコンピューターシステムだった。月面着陸船にとって必要な代数方程式を処理し、実際には、方程式を理解可能なコンピューター言語に置き換えるコンパイラーを作成するというものだ。レイニングはほかの人がプログラミングすることも十分に認識していたが、三重の処理システムがあったからこそ、アポロ11号の船長ニール・アームストロングは、タスクの優先順位を決めて、システムがオーバーロードしたときに宇宙船を部分的に制御し、レーダーの設定を修正し、接続を切ってコンピューターにそれ以上の負荷がかかるのを防げたのだ。

レイニングのコンパイラーは、基本的に代数方程式を読んで解釈し、次にほんの一瞬でタスクを切り替えることで複数のタスクをこなす方法をコンピューターに教える。代数コンパイラーは革新的なアイデアで、コンピューターは限られたメモリで作動するようになった。これがなければ月面着陸は成功していなかっただろう。

二つのまったく異なるタイプの思考者は、ＮＡＳＡのミッションに不可欠だった。まさに空間視覚思考の科学者と物体視覚思考の縫製従業員だ。

有能な人物には相棒がいる

現代の最先端企業の中にも、補い合う脳の例を見つけることができる。スペースXとアップルだ。私はNASAオタクで、以前から気づいていたのだが、NASAの宇宙ステーションは何もかも機能一辺倒で、かっこよく見せようという努力はみじんも見られない。それどころか、まるで廃品置き場。モニターやワイヤ、ケーブル、プラグ、パネルがいっしょくたに置かれて、嵐が通ったあとのように見える。宇宙飛行士用のトレーニングマシンは、だれかが日曜大工で作ったのかと思ってしまう。美しさに関心のない宇宙開発エンジニアが設計したのは明らかだ。

ここでイーロン・マスクの登場だ。マスクが二〇二〇年にスペースXのクルードラゴン宇宙船を打ち上げて、国際宇宙ステーションにドッキングする準備をしているというニュースを聞いて、どんなに胸を躍らせたことか。一分一秒も逃さず放送を見た。

ジェットブリッジを見たとたんにわかった。私たちは別の宇宙、まったく異なる視覚思考者の世界にいるのだ、と。クルードラゴンに通じるブリッジは、まるで映画〈2001年宇宙の旅〉のセットのよう。それにひきかえNASAのジェットブリッジときたら、組み立て玩具で作った建設現場の足場に見えてしまう。クルードラゴンの内部は白一色で、計器盤の代わりに大型のタッチパネルがそなえられている。NASAが使っているヘルメットは、戦闘機パイロットのヘルメットにそっくり。一方、マスクのヘルメットはエレクトロ音楽デュオのダフト・パンクから着想を得ており、そのヘルメットと宇宙服をデザインしたのはハリウッドの衣装デザイナー、ホセ・フェルナンデス。マーベルのいくつものヒーロー映画で衣装を担当した人物だ。

マスクはクルードラゴンがローンチパッド39Aから発射されることにこだわった。アポロ宇宙船が初めて月に行くときに使われた発射台だ。そして、外観の一つひとつに気を配っていた。歴史とつながりたかったのだ。私は無我夢中でクルードラゴンの打ち上げを見た。

マスクは視覚思考者どころではないだろう。設計と組み立ての両方ができる類い稀《まれ》な頭脳の持ち主であることは明らかだ。建築家のウィリアム・ル・バロン・ジェニーと同様に、先見の明があるだけでなく具体化するスキルももっている。仕事をしている時間の八〇パーセントをスペースXとテスラのエンジニアリングと設計の部署で過ごし、次世代の製品の開発に取り組んでいるそうだ。マスクいわく「仕事をしている時間のほとんどをエンジニアリングのチームと過ごします。外観や雰囲気なんかを確認して」。自分のロケットのすみずみまで知り尽くしているのだろう。きちんと作動する良質のものを作ることが重要なのだ。

スペースXやテスラを経営しながら、どうやって仕事をしている時間の大半をエンジニアリング・チームと過ごせるのか。そう、片腕になる人物がいるのだ。グィン・ショットウェルという女性で、スペースXの七人目の社員。二〇〇二年に入社し、現在は社長兼COO（最高執行責任者）だ。日常的な業務を行ない、予算や法律問題にも携わる。

気まぐれな性格のマスクを操縦することが数多くの記事で称賛されているが、彼女が操縦しているのはマスクの脳だろう。というのも、機械工学士の学士号と応用数学の修士号をもっているからだ。科学を理解し、マスクのビジョンに傾倒しているが、愛してやまないのはロケットを予定通りに飛ばすこと。「私には創造力がまったくありません。分析する人間です。でもそれが大好きなんです」とＮＡＳＡのジョンソン宇宙センター口述歴史記録プロジェクトのインタビューで語った。オタクは一人より二人のほうがいいのだ。

もう一つ、スティーブ・ジョブズとスティーブ・ウォズニアックも、よく知られた名コンビと言えるだろう。

ジョブズの美しさへのこだわり、優れた形と性能を兼ね備えることに対するこだわりはｉＰｈｏｎｅで頂点に達したが、そもそもの始まりはフォント（書体）に魅せられたことだ。「美しく、歴史があり、芸術的といっていいほど繊細で、ある意味、科学ではとらえられない。すっかり心を奪われてしまいました」。これは、ジョブズがスタンフォード大学の卒業式で行ない、今では有名になったスピーチからの引用だ。ジョブズはリード大学を中退したあと、カリグラフィーの授業を非正規に受講した。お仕着せのカリキュラムに反発して、自分で選択したこの授業でその後の人生が大きく変わったことを強調している。

カリグラフィーの美しさは、アップルの初期のコンピューターについてジョブズがもっていたデザイン哲学に大きな影響を与えた。コンピューターは美しく、しかも使いやすい。「アップルの設計の基本方針は、見てすぐにわかるものを作ること」と卒業生に語ったとおり、ジョブズはコンピューターを、趣味にしている人しか使えない装置からだれでも使える一般消費者向けの製品にした。

優れたデザインのコンピューターを作動させるには、電子回路を設計できる技術屋が必要だ。スティーブ・ウォズニアックはジョブズにとって申し分のない相棒だった。ジョブズは十六歳のときにウォズニアックと出会う。二人は、ある男が「ブルーボックス」という装置を使って電話電信会社AT&Tの電話を無料でかけられる不正な電話を作ったという話を耳にした。巨大なインフラに入り込むことができる装置を作れるとわかると、自分たちのブルーボックスを三週間で組み立てた。ジョブズは「ブルーボックスを作っていなかったら、アップルのコンピューターは生まれていなかったと思う」と語る。

「ウィリアム・ヒューレットがデイヴィッド・パッカードのガレージを訪れてから三十二年ぶりの、シリコンバレーのガレージでもっとも重要な出会いだっただろう」と伝記作家ウォルター・アイザックソンは記している。ウォズニアックは、自分がしたかったのは回路の設計で、「賢いアイデアを思いつき、回路に応用すること」だったと自著で述べている。

アイザックソンは二人のコラボについて「ジョブズは鼻っ柱が強く、それがカリスマ性にもなり、人を虜《とりこ》にすることもあったが、冷淡で残忍になることもあった。それに引きかえウォズニアックは、恥ずかしがり屋でつきあい下手。そのせいで子どもっぽい可愛いらしさがあった」と記している。さらに、このパートナー関係についてジョブズは「ウォズはある分野ではすばらしく聡明だけど、サヴァン症候群みたいなところがあって、知らない人と関わるとなったら緊張しまくっていた。僕たちはいい相棒だった」と語ったという。

プログラミングとウェブデザイン

コンピューターだけでなく、ウェブサイトやソフトウェアのデザインも重要だ。新型コロナウイルスが猛威を振るっているあいだ、私はもっぱらオンラインだけの生活をした。授業もオンラインで行ない、オンラインの科学会議に出席したこともある。

ある科学会議で講義をしようとしたら、プログラムの使い方について一時間も説明があり、ログインにも三十分かかってしまった。このように、ユーザーインターフェイスにはややこしすぎるものが多い。数学コードがどんなに優れていて美しくても、ホームページの見た目がごちゃごちゃしていて使いづらければ失敗する。使いやすいユーザーインターフェイスにするには、どう使われるのか正確に想像できる物体視覚思考者が必要だ。グーグルが検索エンジンで一位になった理由の一つは、シンプルな白い画面に検索ボックスが一つしかないからだ。私は最初にこれを見たときに思った。「へえー、何もおぼえなくていいんだ」

これは、新型コロナウイルスのパンデミックのあいだ、Ｚｏｏｍがビデオ会議のアプリで人気ナンバーワンになった理由でもある。使い方をおぼえる必要がないのだ。Ｚｏｏｍの成功は、従来の企業が革新を怠って、代わりにスタートアップ企業が躍進した典型的な例だ。創業者のエリック・ヤンは、シスコシステムズで人気の高かったＷｅｂＥＸ《ウェブエックス》ビデオ会議システムのチーフエンジニアだった。ＷｅｂＥＸの改良を提案したが却下され、そこで、より優れた使いやすいサービスを目指して起業すると、パンデミックが始まった最初の六か月で百二十億ドル稼いだ。何千万もの人がＺｏｏｍに押し寄せるのは、とても使いやすいからだ。使い方の説明に一時間もかかるアプリに興味のあるユーザーなど、どこにもいない。

ユーザーが最初にアクセスするウェブサイトのホームページを作る仕事は、「美しさや可愛らしさにこだわり」「本物のプログラミングではないと見下げられる」ことがよくあると、サイエンスライターのクライブ・トンプソンは著書『Ｃｏｄｅｒｓ《コーダーズ》――凄腕ソフトウェア開発者が新しい世界をビルドする』で述べている。数学の好きな人（空間視覚思考者）はプログラミング、つまり抽象的なものに魅力を感じる。今日では、女性はホームページのデザイナーになり、男性はプログラミングをする傾向があるとトンプソンは述べている。

ところがニューヨーク・タイムズ紙にトンプソンが寄せた記事「プログラミングで活躍した女性の秘められた歴史」によると、プログラミングの草創期には、コンピューターの設計に関わった女性はその数十年後よりも多い。一九五〇年代には、プログラミングの世界にジェンダーの壁や偏見はまだ存在しなかったのだ。「プログラマーが必要だった機関は、適性検査だけ行ない、論理的に考える能力を評価した」からだとトンプソンは言う。経営者はパターン認識テストを行ない、論理的に考え、数学が得意な注意深い人を探した。本当に求めていたのは、もちろん、ジェンダーとは何の関係もない空間視覚思考者だったのだ。

思考の多様性を活かす経営者

私のキャリアは、元海兵隊大尉のジム・ウルと出会って本格的に始動した。ジムは私が大学院で作成した製図を何枚か見て、気に留めていたらしい。私が卒業したころ、アリゾナに所有する家畜取り扱い施設の設計をする人を探していて、声をかけてくれた。最初、私は仕事を引き受けるのをためらった。ジムは、設計だけでなく、セールスも手伝ってほしいと言うのだ。私はまったくの口下手で、裏方の設計の仕事をするほうが気楽だった。

当時は、雇用の場で「多様性」という言葉が使われることはなかったが、ジムは相手が障害をもっているかどうかなど、まったく気にしていなかった。自閉スペクトラム症を話題にしたことなど一度もなく、それよりも私の設計の質を高く評価し、表に出て売るべきだと考えた。そこで私は、新規の客に売り込むには、設計図の作品集と完成した設備の写真を見せるのがいちばん効果的だとすぐに学んだ。百聞は一見にしかずだ。

一九七〇年代の半ばに初めてジムとチームを組んだとき、私は異なるタイプの思考が存在することをまだ理解していなかった。実りの多い協力関係を振り返ると、ジムと私が異なる方法で問題を解決していたことは明らかだ。現在、私がもっている知見からすると、ジムは、ほぼ間違いなく言語思考タイプだった。新しい工場の仕様書を作成するときには、何もかも順番通りに並べて眺め、何日もかけてゲートの蝶番《ちょうつがい》まですべてを目録にし、さらに数日かけて数字を書き込む。

一方、私は、以前に携わった仕事を思い浮かべて見積もる。たとえば、作業員の人数やコンクリートの量なら、ローンマウンテンでした仕事の二つ分とか、レッドリバーの設備の仕事の四分の三というように。どちらの方法も正確で、協力関係はうまくいった。ただし、なぜそれぞれの方法が違うのか、そのわけは二人ともまったく知らなかった。

ジムは、高潔な倫理観をもつ、すばらしい経営者だった。私だけでなく、地元の企業を定年退職した元会社員や、事務所があった地域のアメリカ先住民の人びと、マーク・アダムスという高卒の若者など、さまざまな思考タイプの人を集めることをとても大切にした。アダムスは今では会社の副社長になっている。ジムの才能は統率力にあった。多様性のある人間を雇って事業計画を立てる。アダムスのほかにも腕の立つ若い男性がいて、私が請け負った事業のほとんどで組み立てを担当した。荒っぽいところがあり、衝突事故を起こして会社のトラックをつぶしてしまったことがある。そんなときでさえジムは、有能だからクビにしないと私に打ち明けた。

思考の多様性で成功する

これまで仕事を通じて思考タイプのさまざまな組み合わせを見てきたが、私自身もその中の一人だったことがある。

中央トラック・コンベヤー・システムという家畜取り扱い装置の設計は、多様な脳が補い合った典型的な例で、一九七〇年代にコネチカット大学で研究プロジェクトとして始まった。家畜をコンベヤーベルトにまたがらせるというアイデアを思いついたのは、試験場の作業部門で働いていた物体視覚思考タイプの男性で、何でも組み立てることができた。彼の名前は特許の原本に記載されているが、筆頭執筆者は大卒の機械設計エンジニアで、二人の学術研究者とともに研究を行ない、家畜の行動とストレスホルモンのレベルから、この方式が家畜を拘束するのにストレスの少ない動物福祉的な方法であることを証明した。

しかし、コンベヤー・システムを開発している段階でコンベヤー入口の設計上のミスが見つかり、私が解決することになった。ある日、幅を調節する装置の実物大模型を合板で作っているときに、突然、一つの絵が頭の中に現れた。問題の解決策が見えたのだ。これは、視覚思考の脳の働き方を示す典型的な例で、関連するイメージをすべてボトムアップ方式で照合すると、すっかりできあがった解決策を示してくれる。それに従って、家畜がつねに安定してコンベヤーにまたがれるように、脚の位置を調整するバーを正しく設計しなおした。

このとき私は、もう一つの多様な脳としてチームに参加したというわけだ。このプロジェクトが成功したのは、何よりも、装置を思いついた試験場の男性、実験をした研究者、装置を組み立てた作業員、重大な欠陥を見つけて修正した視覚思考者がいたからだ。装置を修理し維持管理して、順調に作動させた職員は言うまでもない。

それから四十年間、私はアメリカとカナダの大手食肉加工会社の飼養場や家畜取り扱い装置をいくつも設計してきた。詳細な設計図を描き、家畜の拘束装置の部品を設計した。グループのほかのメンバーは、油圧装置や鋼鉄製の外枠を設計する。物体視覚思考タイプの工業デザイナーは、パック詰機のような込み入った装置の設計をすべて行なう。空間視覚思考タイプの機械設計エンジニアは数学の得意な脳を使って構造仕様を考案し、ボイラーや冷蔵装置を設計する。みんなで集まって、大規模で多面的な食肉加工工場を作り出すのだ。

営業vs現場

技術屋には視覚思考タイプの人が多い一方で、ビジネスパーソンには言語思考タイプの人が多いようだ。長年いろいろな会社で仕事をしてきたが、社内で発生する問題をつきつめると、たいていがビジネスパーソンと技術屋のバトルだった。私は技術屋だが、ビジネスパーソンともいつもうまくつきあってきた。つねに意見が合うわけではないが。

仕事が失敗する原因は、ほとんどが自我のぶつかり合いではないだろうか。社会に出て間もないころに気づいたのだが、仕事を成し遂げる秘訣は「任務に忠実」であること。どんな自我より大切なのは、最高の仕事をして、成し遂げることだ。私たち技術屋はトレーラーの中で輪になって座り、現場監督がなんて間抜けなんだと愚痴をこぼすが、機械はちゃんと動かす。私は、仕事をきちんと成し遂げるために必要なら、頭も下げる。自我でなく、仕事に対する忠誠心に駆り立てられるのだ。

多くの場合、技術屋はビジネスパーソンを毛嫌いし、ビジネスパーソンは技術屋に我慢している。技術屋がビジネスパーソンを嫌うのは、物の作り方を知ろうとしないからだ。とにかく仕事を片付けてほしいと思っている言語思考のビジネスパーソンは、えてして一般化しすぎるが、それが視覚思考の技術屋には何よりも腹が立つ。一般化は、技術屋にとって死に等しい。取るに足りないような詳細がことごとく重大な結果を招くからだ。一般化でいちばん困るのは、事業の完了にかかる時間を少なく見積もること。ビジネスパーソンの自我が大きくなるほど、台無しになることが増える。

もう一つ、ビジネスパーソンが技術屋と違うのは、金儲《もう》けのために働くことで、これはもちろん、会社の経営を安定させるためには必要だ。けれども、ビジネスパーソンが利益目標を達成するよう上からプレッシャーをかけられて、経費節減のために安全基準の違反をくり返し、やがて倫理観が失われてしまうことは、あまりにもよくある。製造を急がされたときや安全基準が故意に無視されたときに、作業員が事故で手や足を失うのを、私は何度も見てきた。とかく技術屋のほうが社会的正義感が強いのも、この目で見てきた。何かに違反するのは、ビジネスパーソンにとって抽象的で正当化しやすいが、技術屋にとっては機械の故障や仲間の作業員のケガにつながるので、抽象的なところは一つもない。

最悪の事態を招いた例がある。ある営業スタッフが昇進して、建設部門の管理者になった。人当たりがよく、口が達者で、どんなことでも人を説得し、延々としゃべることができる人だった。昇進したのも、きっとこの才覚があったからだろう。

経営者側は経費の節減を望み、元営業スタッフはそれができると請け合った。ある工場では、視覚思考の工員の警告に耳を貸さず、経費を節約するために排水処理システムを適切に拡充しなかったため、排水の処理が追いつかなくなった。市から工場の閉鎖を命じられ、何百万ドルもの損失が出た。この人はすばらしい営業スタッフだったのに、建設管理者になったら最悪になってしまったのだ。人には向き、不向きがある。ましてや言語思考タイプと視覚思考タイプには。

言語思考者と視覚思考者の出会い

長年の仕事仲間といえば、書籍の編集者も忘れるわけにはいかない。著書を出版するにあたって、じつに実りの多い共同作業を経験できた。

一九九五年、私が『自閉症の才能開発――自閉症の天才をつなぐ環』を執筆していたとき、編集者のベッツィー・ラーナーのデスクと床が書類の山で埋まり、壁のあちこちに付箋が貼り付けられていたのを今でもおぼえている。私はまったくの絵で考える人間で、彼女は言葉の世界の住人だ。私が考えていることをきちんと順番に並べるのは、ベッツィーにとって超難問だった。

私は絵で考えるだけでなく、連想する。視覚化された情報が塊になり、連想が生まれる。言語思考タイプの人にしてみれば、こういう連想は出まかせに思えるかもしれないが、私は頭の中でイメージをたえまなく分類している。一方、ベッツィーは厳密に筋道を立てる言語思考タイプ。文章は文法的に正確であるべし。そこで初めて文章を理解し、次の文章に移る。私たちはまったく違う方法で考えていることがわかったが、相違はそれ以後の共同作業の土台になった。言語思考タイプの新米編集者だったら、私の原稿は脈絡のない話の羅列に見えただろう。今では相違を理解しているベッツィーだからこそ、話を順番に並べることができるのだ。

作業はこんなふうに進める。私はテーマごとに原稿を書く。ベッツィーはそれを並べ替えて章にする。情報整理の達人だ。私が書いた文の背後にある物語を引き出すのがうまく、私はとても気に入っている。ベッツィーはあれこれ質問する。とくに、物が作動する仕組みについて。こういうことは私には明明白白だが、ベッツィーの質問を聞いていると、言語思考タイプの人が情報を処理する方法が明らかになり、科学やエンジニアリング関係のことをどう説明したらいいのかがわかる。

言語思考タイプの人の考え方が自分と異なることを理解するのは、いい学習体験だった。ベッツィーのおかげで、説明するのが上手になった。くり返しになるが、あらゆる種類の脳には、それぞれ独自の問題解決や知識探究の方法があり、これを、ベッツィーと私のように互いに受け入れることが大切だ。

ひらめきが訪れるとき

ある問題を解決しようと苦心惨憺しているとき、降ってわいたように解決策が思い浮かんだという経験はないだろうか。このようなひらめきは解決の糸口として大事だが、それぞれの思考タイプによってひらめき方は異なるようだ。

ロンドン大学の研究グループは、ひらめきの瞬間について研究し、脳のどの信号が問題解決をつかさどるのか明らかにするため、二十一人のボランティアの脳波図から、脳が文章題に取り組む方法を調べた。その結果、被験者の多くが壁、つまり「思考の行き詰まり」にぶつかったことがわかった。原因の一つは、「柔軟性のない考え方にとらわれ、脳が自由に働かなくなり、目の前にある問題を再構築することができなくなったから」と研究者は述べる。

言語思考者にひらめきの瞬間が訪れるのは、頭がぼんやりしているときではないかと私は思う。これについては、次の章で述べる。たいていの場合、言語思考者は、言語に基づく説明をして解決にたどり着こうとするため苦境に陥り、迷ってしまう。私の場合、ひらめきの瞬間はすぐにやって来ることが多い。すでにイメージで考えていて、脳が画像をトランプのカードみたいにすばやく並べ替えて、解決策を見せてくれるからだ。

物体視覚思考者は、ほかのタイプの脳の持ち主なら、やたらと複雑にしそうな解決策をシンプルな形で思いつくのが得意だ。シンプルな解決策というのは、次のようなものだ。デザイン研究者サラ・ヘンドレンが、『体は何ができるのか（*What Can a Body Do?*）』で指先を失った女性の話を紹介している。女性は、特注の高価なロボット義手より、自分で考えた間に合わせの単純な解決策のほうが役に立つことに気づいた。たとえば引き出しの取手には結束バンドをつけ、トランプ用カードホルダーやジャムの蓋《ふた》を開ける粘着式壁掛けフックなど、手作りの解決策を使う。これが物体視覚思考タイプの発想だ。一方で、ハイテクの義手は何でもできるように設計されているが、上手にできないこともけっこうあるらしい。

工場でロボットが利用されるようになり、ロボットの用途を広げて革新を起こす優れた技術者の需要が高まっている。アメリカの食肉業界では、人が手でナイフを使う作業をロボットにさせる動きが出てきた。多くのロボットエンジニアは、ロボットの腕に道具を取り付けて、人間がするように作業させようとするが、人間が使うのと同じ道具を選ぶところからして、そもそも間違っている。

これまでに私が見た本当に革新的な道具は、同じ仕事をまったく新しい方法でするように設計されている。よりシンプルで、よりよく作動し、メンテナンスもより簡単なことが多い。こういう成果を得るには、道具を作る物体視覚思考者とロボットをプログラムする空間視覚思考者の両方の頭脳が必要だ。

補い合う脳の将来性

将来のテクノロジーについて決断しなければならないときにも、異なる思考タイプのコラボレーションが必要になる。たとえば、クリーンエネルギーを生産するために核融合を使うことについて決断するときだ。核融合は温暖化防止に役立つ究極のエネルギー源になり、原子力発電所や化石燃料発電所の代わりになりうる。

現在、理論物理学を現実の世界に応用してクリーンエネルギーを生産するために、空間視覚思考の数学好きの頭脳が奮闘している。民間企業は、すでに四種類の設備の設計に資金を提供している。設備はまるでメガヒットＳＦ映画の次回作のセットのように見え、どれも強力な磁気を利用して太陽より高温のプラズマを発生させる。問題は、競合する四つの設計のどれが最終的に商用発電に適しているかだ。

私ならどれに投資するだろう。大口投資家は、すでに二つの設計に数百万ドル出資している。グーグルの画像で検索してわかったのだが、どちらも標準的な工業用機械工場の方式で簡単に建造できる。三番目の設計は、ステラレーター型と名付けられ、外観が美しい。バネのおもちゃにコイルを巻いたように見える。ぴかぴかの新しいおもちゃだ。ところが、形態が複雑なため、従来の金属工場の方式で建造するのはきわめて難しい。四番目の最古参の設計はトカマク型。「トカマクはプラズマを高温で保つのに優れ、ステラレーターは安定させるのに優れている」と国際原子力機関（IAEA）の機関誌が伝えている。安定性は実際の商用システムでは必須だ。

長い目で見れば、美しいステラレーターには利点がいくつもある。珍しい形の金属部分が建造の障壁になっていても、私ならこれに賭ける。金属部分は3Dプリンターで作ることができる。このようなすばらしい機械には二種類の視覚思考者が必要だ。空間視覚思考者が作成するコンピュータープログラムは、思いつくものをほぼなんでも、楽器から義足や住宅丸ごと、それにステラレーターに必要な複雑な形の金属部品まで作ってしまう。けれども、機械は維持に手がかかる。大切に扱われなければならない。厳密な金属部品の取り扱いに物体視覚思考者が必要なことは間違いない。

今日の複雑な世界では、異なるタイプの脳が一緒に問題を解決する必要があり、そうすればクリーンなエネルギー源を見つけられる。人類の未来は思考タイプの多様性をうまく活かせるかどうかにかかっているのだ。

第5章　天才と脳の多様性《ニューロダイバーシティ》——視覚思考と特異な才能が結びつくとき

私たちはつねに天才に魅せられてきた。バッハのゴールドベルク変奏曲やアイザック・ニュートンの万有引力の法則、シェイクスピアの詩や戯曲に驚嘆する。こういうみごとな業績はどうやって生まれたのだろう。文化のどんな力が貢献したのか。個人のどんな能力が芸術や科学の革新の原動力になったのだろう。

天才と言われる人の没後に、その人がもっていた創造性の源泉はどこにあったのか探るのは難しい。根拠となるものは経験的証拠や事例証拠しかないが、それでも芸術から科学の分野にまでわたる天才の特徴を説明しようとする伝記や研究にはこと欠かない。アインシュタインの脳は死後七時間後に取り出され、数えきれないほどの研究が行なわれた。モーツァルトやベートーヴェン、レオナルド・ダ・ヴィンチ、ミケランジェロ、ニュートン、ケプラー、ダーウィン、シェイクスピアなどの非凡な才能を解説する試みも数限りなく行なわれてきた。

この章では、天才、脳の多様性、そして視覚思考の接点を探る。さらに、きわめて創造力豊かで聡明な視覚思考者《ビジュアル・シンカー》に目を向ける。エジソンのように、学校では成績不振で惨《みじ》めな思いをした人たちだ。そして、聡明な人びとの中には物体視覚思考者や空間視覚思考者が少なくないことや、創造性と遺伝に関する諸説、ある種の天才は視覚思考タイプなのかどうかも見ていく。世界のアインシュタイン君たちを診断しようというのではない。何人かを紹介して脳の多様性が、とくにそれが視覚思考を示しているとき、天才と思われている人にどんな形で表れているのか明らかにしたい。

エジソンの機械好きな頭脳

天才と言われる人びとの中には発明家もいる。小学校時代に有名な発明家を集めた本に夢中になって何度も読み返し、発明家の物語と発明品に心を奪われた。発明家の多くが私と同じように「問題児」で、成績不振、コミュニケーション障害、一つのことに集中できないのにほかのことなら信じられないほど熱中するといった、今の時代ならアスペルガー症候群や自閉スペクトラム症、注意欠如・多動症（ＡＤＨＤ）、ディスレクシアなどと診断されそうな特質を示していた。私と同じように、子どものころに、何かを分解してはもと通りに組み立てるのが好きだった発明家も少なくない。

とくにライト兄弟に親しみを感じた。兄弟は飛行テストを千回近くも行ない、空飛ぶ機械を修正したり改良したりして、ようやくライトフライヤー号の特許を取得する。私は、「ふつう」の子ならとっくに飽きてしまうほど長い時間をかけて、紙飛行機や手作りの凧《たこ》を何度も調整し、紙を折っては広げ、また折っては実験をくり返し、いちばん高くまで飛ばした。まだ自閉スペクトラム症の診断を受けていなかったし、視覚思考者との自覚もなく、自分が「みんなと違う」わけはわからなかったが、ある種の特質がライト兄弟と同じだとあとになって気づいた。それは、何かに一心に集中する、機械のようなものに強い関心がある、感情より論理に動かされるという特質だ。

いちばん感銘を受けた発明家はトーマス・エジソン。電球や一般の家庭に電気を届ける発電所を考案し、発明品で千九十三件という記録的な数の特許を取って二十世紀初頭に時代の寵児《ちょうじ》となり、アメリカの近代化に最大級の貢献をした。驚異的な想像力をたゆまぬ起業家精神と結びつけたのだ。その能力の将来性は子どものころから明らかだった。

エジソンは、さまざまな伝記から察するに、自閉スペクトラム症の特質がいくつかあったようだ。丸く張り出した額（平均より大きい頭はしばしば自閉スペクトラム症の特徴とされる）。住んでいる町の通りをすべて記憶し、次から次へと際限なく質問する。好奇心が強く、家の納屋を全焼させてしまったこともあり、また、一緒に遊んでいた友達が川で溺れたときに見捨てようとしたという共感など感情の反応に限界があることをうかがわせる事件もある。成績はクラスの最下位。世話がやけ、注意散漫で、「発達に遅れがある」と考えられた。「学校ではちっともうまくやっていけなかった。どういうところなのかわからず、成績はいつもクラスでビリ。父には能無しと思われていた」という。

今日の教育制度だったら、アメリカの子どものほぼ七人に一人と同様にＡＤＨＤのレッテルを貼られるだろう。エジソンのような機械いじりの好きな子は、言葉で教える学習が中心の教室では退屈してしまう。こういう子どもたちは、第2章で述べたように、手を使って何かをする必要がある。

元教師だった母親は、小学校の担任がエジソンを「頭が混乱している」と言うので、息子を退学させ、家で勉強を教えた。幅広い分野の本を与え、その中にはリチャード・グリーン・パーカー著の『自然科学と実験哲学概要（*A School Compendium of Natural and Experimental Philosophy*）』もあった。エジソンは、この本で発明家としての人生が拓かれ、当時知られていた六十一の化学元素から六つの基本的な道具（滑車、てこ、くさび、ねじ、斜面、車輪）にいたるまで、科学知識のすべてを学んだ。こういう道具が優れた技術者への道の入口にいる聡明な若者の心に響いたのは、不思議ではない。

エジソンは十二歳のときに、グランド・トランク・ウェスタン鉄道で新聞の売り子として働きはじめた。二度目の退学の理由については諸説あるが、起業家としての才能は教室の外で開花する。デトロイトからポートヒューロンまでの普通列車の乗客に食料品を販売して利鞘《りざや》を稼いだり、電信新聞を編集して一ページの情報紙にまとめ、「ウィークリーヘラルド」と名付け、一部三セントで乗客に売ったりした。また、家の地下室を実験室にして、化学薬品の瓶を二百本以上並べていた。グランド・トランク鉄道の貨物車で化学の実験をして失敗し、火事を出したことはよく知られている。十四歳でいっぱしの発明家と起業家になっていた。

そこへ二人の助言者《メンター》が相次いで登場する。一人はジェームズ・マッケンジーという電信局局長および駅長でもあった人物で、エジソンにモールス信号と電信機の使い方を教えた。もう一人はフランクリン・レナード・ポープという電信技手・電気技師・発明家で特許専門の弁護士だった。業界のバイブルになっている『近代電信実践（*Modern Practice of the Electric Telegraph*）』という教本の著者だ。本の虫だったエジソンがこの本を読み、ポープを探し当てた可能性もある。七歳年上のポープはエジソンに給料と住まいを提供し、助言者でもありパトロンでもあった。やがて二人はポープ・エジソン会社を設立する。

エジソンは二十一歳のときに電気投票記録機で初めて特許を取得し、すぐあとに株式相場表示機でも特許を取った。これが双方向電信機の誕生につながる。この電信機では電流の特性を利用した炭素式マイクの発明によって同時に二つの交信を維持することができ、双方向の会話が可能になった。二人の関係が一年後に破綻したわけについてはよくわからないが、数多くの業績をあげ才能に恵まれた若いエジソンが、発明品の特許を申請する知識を身につけて独立したいと思っただろうことは、想像に難くない。

とはいえ、エジソンの経歴がまぎれもなく示しているのは、天才は何もないところから生まれるのではないということ。助言者の指導や実体験がなければ、どんなに聡明な人でも能力を発揮する場や成功への道を見つけることはできないだろう。エジソンは、母親が教育に関わってくれたおかげで、少年時代に機械や電気機器に直接触れる機会に恵まれた。車内販売や新聞売りの仕事をして高い職業倫理を身につけ、ポープが励まし、資金を提供したからこそ、起業家の情熱をもつようになったのだ。

こういう特色が持ち前の長所としっかり結びついた。旺盛な好奇心（生まれつきだろう）がまわりの世界の見方（ものづくりが好きだという傾向から物体視覚思考者だろう）と結びつき、小学校は退学したが、最後には発明家になり成功する。エジソンが空間視覚思考者ではなく、物体視覚思考者だと私が確信する根拠は彼自身の言葉だ。「私はいつでも数学者を雇えるが、彼らは私を雇えない」。本人が認めているが、エジソンの機械好きな頭脳（才能）は彼の数学の能力にはるかにまさっていた。

二つの思考タイプの天才ミケランジェロ

芸術家の中にも、視覚思考タイプの特徴をもつ人物がいる。イタリア・ルネサンス期の巨匠ミケランジェロは、こよなく孤独を愛した。六歳で母親を亡くし、乳母と暮らしていたが、石工だった乳母の夫と出会って人生が拓ける。「乳母の乳を飲むだけでなく、ノミやハンマーの使い方を教わった」と同時代の伝記作家アスカニオ・コンディヴィは記している。

十二歳で学校を中退し、十三歳で画家ドメニコ・ギルランダイオの工房に入るが、三年の予定の修業を一年で辞めたのは、学ぶべきことがもうなかったからだ。仲間の芸術家や職人と一緒に働くより独りきりで仕事をした。現代なら自閉スペクトラム症と診断されるのだろうか。仕事にのめり込むことや社会性に乏しかったことを指摘する学者もいる。コンディヴィは「情熱的な孤独がまさに作品の魂《たましい》で、ミケランジェロの才能だった」と評している。

ミケランジェロも、二人のよき助言者に恵まれた。その一人ギルランダイオの工房は最初の一年で辞めてしまったが、もっと続けていたら、フレスコ画の制作や、遠くにあるものほど小さく見える線遠近法などの作図を体験していただろう。十代の聡明なミケランジェロは、こういった画法を直感で学んだのだろうが、フィレンツェで育ったことから大きな恩恵を受けていたのは間違いない。

フィレンツェは芸術の町で、あちこちにフレスコ画の名作があった。もう一人の有力な助言者でパトロンのロレンツォ・デ・メディチは、若きミケランジェロを自分の屋敷に住まわせ、能力が開花する環境を提供した。紀行文作家のエリック・ワイナーが述べているように、ロレンツォはミケランジェロが芸術家として成長するのに多大な貢献をした。「名もない」若者を見つけ、「果敢に行動して育て上げた」のだ。

ピエタ像の制作を依頼されたのは二十代の初めだった。二十六歳でダヴィデ像に取りかかる。教皇ユリウス二世霊廟《れいびょう》の制作を開始したのは三十歳。システィーナ礼拝堂の天井画は三十三歳で、モーセ像は三十八歳。こういった作品は、ミケランジェロの傑作のほんの一握りだ。ミケランジェロは休みなく仕事を続け、頭の中で回転しつづける歯車に駆りたてられていた。

食べるものに関心がなく、必要最小限の食事ですませる。ダヴィデ像の制作に取り組んだ三年間は引きこもりの生活を続け、制作に没頭するあまり、風呂にも入らず、ベッドで寝るときも靴を脱がなかった（不衛生な状態は自閉スペクトラム症の人によく見られる。たいていは感覚過敏のせいで、入浴から連想する感覚が不快だからだ）。「ミケランジェロの生活習慣は信じられないほど荒れていた」ともう一人の伝記作家パオロ・ジョヴィオは記している。

一つのことにのめり込むミケランジェロの集中力は、人づきあいを避ける性格とともに、アスペルガー症候群の証拠ではないかと思われるが、これは推測することしかできない。極端な視覚思考者だったことは、まず間違いなく、万人の認めるところだろう。物体視覚思考者としては、二次元の絵画を写真で撮影したように詳細に描いた。その最たる作品がシスティーナ礼拝堂の天井を飾るみごとなフレスコ画で、三次元の像のように生き生きと描かれている。また、空間認識能力を駆使して、ダヴィデ像などの彫像も生きているかのようにリアルに作っている。この記念碑的作品は、三十歳になる直前に完成し、盛期ルネサンス芸術の最高傑作とされている。これまででわかっているように、たいていの場合、物体視覚思考や空間視覚思考は連続するスペクトラム上にあるが、この二つの思考はまったく異なることが明らかになっている。一人の人間が最高のレベルで両方の思考ができるという場合もあるのだろうか。

いくつもの分野を極めた人、たとえばミケランジェロのような人の驚くべき才能に出合ったとき、私たちが目にしているのは、天才の頭の中で空間視覚思考と物体視覚思考が結合するめったにない例なのだろう。ほかの彫刻家は、ミケランジェロがダヴィデ像を彫るのに使った大理石を使おうとしなかったが、ミケランジェロは大理石の中に彫像が見えると言った。

また、レオナルド・ダ・ヴィンチもやはり稀有《けう》な才能をもっていた。トマス・G・ウェストは『天才たちは学校がきらいだった』で、ダ・ヴィンチは、とてつもない空間認識スキルをもっていて、解剖学、生理学、機械工学、天文学の分野で百年後の科学や技術の進歩を予測していたと述べる。「空間認識スキルは、科学や工学、薬学、数学といった分野で最高レベルの独創的な業績をおさめるのに不可欠だ」

視覚思考とディスレクシア

映画監督のスティーヴン・スピルバーグは、六十歳になって、ようやくディスレクシアと診断されたが、視覚思考者でもあると私は思っている。監督作品（映画三十九本）には〈E・T〉〈シンドラーのリスト〉〈ジョーズ〉などがあり、これは視覚思考の語り部として豊かな才能がある証拠だ。学校では、いつも読むのが遅く、勉強で苦労したが、障害のレッテルを貼られることは決してなかった。中学校は子ども時代でいちばんつらかったとインタビューで語っている。先生たちからは怠けていると思われ、脳の特性のある、いわゆるふつうと異なる脳をもつ多くの人と同様に、いじめの対象になった。

「スピルバーグはカメラを手にしたら、身のまわりで渦巻いている恐怖をすべて遮断できただけでなく、自分なりに恐怖の一つ——嫌われ者だったこと——に向き合えた」と伝記作家のモリー・ハスケルは述べている。家にあった8ミリカメラに興味をもったスピルバーグは、家族の集まりで撮影したことがきっかけになり、やがてカメラを手放せなくなる。

十三歳のときに初めて映画を作り、十八歳で〈ファイアーライト〉という長編を六百ドル足らずで制作した。宇宙人に誘拐される人びとの話で、このテーマがのちに〈E・T〉で掘り下げられ、地球外生命体を受け入れるストーリーになる。苦労して並の成績で高校を卒業したものの、映画の名門校、南カリフォルニア大学の受験に失敗する。その後、カリフォルニア州立大学ロングビーチ校映画学科に入学。映画は現実逃避のすばらしい手段になり、「恥ずかしさから救ってくれた」と語っている。カメラと一体になり、視覚的な言葉で気持ちを表現できたからだ。同じように、芸術やファッション、装飾など視覚スキルを活かす創造の分野で自己表現する人もいる。

ディスレクシアには右脳前頭葉の過剰な活動が関係している。ここは空間視覚をつかさどる部位でもある。ジョセフ・マクブライドは自著のスピルバーグの伝記で「とてつもない視覚スキルは、ディスレクシアの代償かもしれない」と述べている。遺伝情報の代償作用という解釈は、しばしば資産と負債にたとえられる。トマス・G・ウェストは、私たちは知能を一つの型にはめることにとらわれて、スピルバーグのような並はずれた視覚スキルをディスレクシアの代償としか考えられないのではないかと問う。この意見に同感だ。名だたる文豪だったら、文才を乏しい視覚スキルや数学的スキルの代償だとはだれも言わない。

ディスレクシアの人の中には物体視覚思考タイプもいれば、数学の得意な空間視覚思考タイプもいる。空間視覚思考タイプでディスレクシアの人の中には、全体像から考えるのが得意な人がいる。視覚化して、頭の中で三次元の物体を回転させるのだ。ディスレクシアで創造力豊かな金属加工職人と仕事をしたことがある。この人は、大規模で複雑な構造の飼養場を設計し、建設した。物体を視覚化するスキルがあり、コンベヤーやポンプ、飼料混合装置で構成される複雑なシステムを設計するのが得意だった。

もう一人、学校では成績が思わしくなかったディスレクシアの同級生は、今では道路工事で掘削機を操作している。この人は物体視覚思考タイプのようで、空間視覚思考タイプの建築エンジニアが犯すミスをしょっちゅう訂正する。ある建築現場では、彼の知識のおかげで高速道路の崩壊事故を防げたという。道路の下をトンネルが通っていることに気づいたのだ。

ディスレクシアの人は情報探しの名人だと言われる。ディスレクシアをもつビジネス界の有名人には、ヴァージン・グループの創設者で会長のリチャード・ブランソンとセレブシェフのジェイミー・オリヴァーがいる。イケアの創業者イングヴァル・カンプラードもディスレクシアだった。家具のリストを作るために、自分が簡単に視覚化できる命名システムを作った。大型家具にはスウェーデンの地名、机や椅子など中型家具には男性の名前、ガーデニング家具にはスカンジナビア地方の島の名前をつけたのだ。

ディスレクシアと創造性が関連していそうな証拠は、ほかにもある。ピカソは、十歳になるまで字が読めず、アルファベットの正しい順序をおぼえられなかったと言う。伝記によると、学校では読本と算数で落第し、「どういうわけか、芸術の基本は幼いころから身につけていたが、学校の勉強はそうでなかった。生涯を閉じるまでアルファベットが苦手で、つづりはかなり我流だった」そうだ。発達心理学者ハワード・ガードナーは『脳を創造する（*Creating Minds*）』で、ピカソは「幼いころから空間知能をもっていたが、学業知能はきわめて乏しかった」と述べている。私は作家のガートルード・スタインのピカソ評が気に入っている。「ピカソはほかの子たちがＡＢＣと書くように絵を描いた。絵を描くのは、つねにおしゃべりする唯一の方法だった」

芸術専攻の大学生には、ほかの専攻の大学生よりディスレクシアの人が多いことを明らかにした研究もある。トーマス・エジソン、アルベルト・アインシュタイン、フランスの小説家ギュスターヴ・フローベール、アイルランドの詩人ウィリアム・バトラー・イェイツも、ディスレクシアか学習障害の一種をもっていたとトマス・G・ウェストは言う。

芸術家で建築家のマヤ・リンもきわめて創造力豊かな視覚思考タイプと考えられる。一九八一年、イェール大学の二十一歳の建築学部の学生だったとき、千四百二十人の競争相手を破り、ワシントンのベトナム戦争戦没者慰霊碑を設計する権利を勝ち取った。リンが設計した慰霊碑は、幅七五メートル、高さ三メートルの黒花崗岩の二枚の壁で構成され、壁は一二五度の角度でV字型に接している。まったく斬新な発想で、壁にはベトナム戦争で戦死した人と行方不明になった人、五万八千人以上の名前がアルファベット順ではなく、命日の順番に時系列で刻まれている。これは「マヤの設計の才能だ。名前が時系列で並んでいるから、帰還兵はこの壁で戦友といつまでもつながっていると感じる」とベトナム戦争に参加した退役軍人で慰霊碑基金の会長ジャン・スクラッグスは言う。

私も従兄弟《いとこ》がベトナムで戦死しており、記念碑を訪れたことがある。とても感動的な体験だった。名前は黒い字で刻まれ、どれもみな同じ大きさで、階級も記されていない。言語思考者ならこんな設計を考えつかないのではないかと思った。

リンは子どものころ、一人でミニチュアの町を作って遊んだ。「一緒に遊ぶ子がいなかったから、自分だけの世界を作ったんです」と回想する。両親はともに中国系移民で大学教授。父親はオハイオ大学美術学部の学部長、母親は同じ大学で文学と詩を教えていた。リンは父親のアトリエでブロンズ像や陶磁器を作って芸術の世界にいざなわれた。これもまた、幼いころの体験から情熱をかける仕事の道が拓かれた例だ。青春時代にはまわりの人になじめず、デートをしたこともほとんどないそうだ。振り返ってみれば、高校時代の自分は「超オタク」で、コンピューター・プログラミングと数学をこよなく愛したと語る。建築学部では「私が彫刻の学部にいる時間がどんどん長くなるので、建築学部の教授は快く思いませんでした。それに、私は建築家のようにデザイン的にイメージしながら考えたりしません。もっと科学者みたいに分析するのです」と語る。

鑑賞者が歩いて通り抜けられるリンの大作は、あらゆるレベルで視覚的な体験ができるように作られている。飛行機の窓から眺めた川のように見える作品や、草の生えた畝《うね》が何列も並び、波のように見え、歩いて通ると丘のように見える作品もある。全体像を眺めるには、航空写真が必要だ。リンの作品がすばらしいのは、自分の目で見たものを独特な形に解釈するからだろう。建築家と芸術家が同居し、抽象を題材にして具体的に表現する。その反対ではない。

コンピューターの父チューリング

コンピューター・プログラミングには数学的頭脳、とくに空間視覚的な数学脳が必要だ。イギリスのリーズ・ベケット大学心理学教授アンナ・エイブラハムによると、数学者が一目置かれるのは、数学が論理思考で抽象の極致を意味し、優美で、パターン化、発明、創造性などと関連しているからだ。この手の脳の典型はアラン・チューリング。論理の科学と機械の計算機の溝に橋をかけたイギリスの数学者で、現代のコンピューターの基礎を築いた功績は高く評価されている。

チューリングが数学の才能と高い知能をもっていることは、幼いころに通った小学校ですでに明らかだった。子どものころから数字に興味をもち、街灯の通し番号まで調べた。ところが、その後在籍したドーセットのパブリックスクールでは古典的な教育の人文科学が重視され、数学は価値が認められなかった。作文は「かつて読んだことがないほど最悪だ」と評された。校長は親に宛てた手紙で「科学者になろうと思っているのなら、この学校で勉強するのは時間の無駄です」と伝え、また、素行が悪いから社会で大きな問題を起こすことになるとも付け加えた。チューリングは不潔でだらしないと非難され、不衛生な状態はおとなになっても続く。

十六歳になるころには、微積分を学んでいなかったのに高等数学を勉強していた。数学脳を刺激したのは、祖父の贈り物であるアインシュタインの相対性理論に関する本だったと考えられる。ケンブリッジ大学キングズ・カレッジでは、高等数学とともに暗号学を学んだ。バートランド・ラッセルの『数理哲学序説』やジョン・フォン・ノイマンの量子力学の教科書など大きな影響力をもつ書物にも触れる。

数学者で暗号解読者のM・H・A・ニューマンの「数学基礎」という講座で、初めてダフィット・ヒルベルトの「決定問題」に出合った。「形式論理学の演算で行なわれる推理が有効かどうかアルゴリズムを使って決定することは可能か」という問題だ。チューリングはこれが不可能であることを即座に証明した。この若く聡明な学生には二つの大学の教授が指導にあたり、研究を学術誌に発表するよう勧めた。チューリングはプリンストン大学で博士号を取得したあと、数理生物学でも画期的な業績を残し、胎児期の発育中に指がどんなふうに形成されるのかとか、シマウマの縞《しま》模様はどうやってできたのかといった、まったく異なる分野の問題を解明した。

チューリングの能力は理論上のものだけでないことが証明された。第二次世界大戦中にドイツ軍のエニグマ機が作る暗号を解読したのだ。暗号には作戦が詳細に記されていた。エニグマ機はタイプライターに似た装置で、ディスクを回転させて暗号文を作ったり、解読したりする。暗号が解読されてドイツ軍の作戦や動向を予測できるようになり、何十万人ものイギリス人の命が救われた。

チューリングの輝かしい経歴は、四十一歳で突然幕を閉じる。同性愛者であることが発覚して有罪になったのだ。同性愛は、当時のイギリスでは犯罪だった。チューリングは機密情報アクセス権を剝奪され、女性ホルモンの薬を飲まされ、一九五四年に自ら命を絶つ。私は、この一節を書いているときに、無性に腹が立った。これが、第二次世界大戦を終わらせるきっかけを作り、現代のコンピューターの基礎を築いた人物の最期なのだ。「天才」という言葉が、いくつもの分野で最高のレベルの業績を残し、社会に大きな影響を与える能力を意味するなら、チューリングこそ天才だろう。

IT業界のスーパースター

たいていのプログラマーとソフトウェア開発者には、共通点が少なくとも二つある。一つは、幼いころから数学に大きな関心があったこと。もう一つは、プログラムにパターンが見えること。ビル・ゲイツは数学的思考者の典型で（だから空間視覚思考タイプと考えられる）、幼いころから計算が好きだった。初めてコンピューターに触れたのは十代で、場所はシアトルのレイクサイド高校。二〇〇五年に母校を訪れて講演をしたときに「レイクサイド高校にとても感謝しています。理由の一つは、マイクロソフトの創業の歴史をさかのぼると、ここで過ごした日々にたどり着くからです」と述べた。この高校で初めてプログラミングに出合い、友人のポール・アレンとともにレイクサイド・プログラマーズ・クラブを作ったのだ。

二人が通った名門高校では、当時では珍しくGE（ゼネラル・エレクトリック社）のコンピューターを使うことができた。コンピューターを使うには一時間に八十九ドルの高額な費用がかかった。ゲイツは高校の最上級生のときに数学の授業を免除されて、近くのエンジニアリング会社でプログラミングの仕事をする。最初にプログラミングしたのは三目並べのゲーム。次に学校のスケジュール・システムや給料支払いプログラムを作成し、交通量を分析する「トラフォデータ」というスタートアップ企業を立ち上げた。どれも高校を卒業する前の話だ。それから、よく知られているようにハーバード大学を中退する。

ゲイツには社会性の欠如や極端な集中力、一本調子の話し方、アイコンタクトが少ない、体を揺するなど、アスペルガー症候群の人に似た特質がいくつかあり、これはマスコミで広く伝えられてきた。人は不安が高じると体を揺するが、自閉スペクトラム症の人は強い不安を感じやすい。一九九八年、マイクロソフトは独占禁止法の疑いで連邦政府に告訴された。ゲイツが宣誓証言する当時の映像を見ると、質問されているときに体を揺すっている。それから二十年を経た最近では、もっとリラックスしているように見える。自閉スペクトラム症の特質をいくつかもっている人が、頭のデータベースに入れる情報を増やして成熟することができるという好例だ。新しい情報は分類され、いろいろな方法で巧みに処理され、その結果、もっと柔軟に考えられるようになる。

アスペルガー症候群かどうかはさておき、ゲイツが作ったマイクロソフト・ウィンドウズのOSは、世界中でコンピューターの標準になった。ゲイツはインタビューで「つねにテクノロジーを愛しているんですか」と尋ねられて、「いや、愛しているのはソフトウェアだ」と答えている。

ゲイツは別のインタビューで、イーロン・マスクは第二のスティーブ・ジョブズになるのだろうかと尋ねられて、こう答えた。「イーロンはもっと現場で動くエンジニアだよ。スティーブは設計と人選とマーケティングの天才だった。二人を取り違えることはありえない」

前述のとおり、マスクは二〇二一年に〈サタデー・ナイト・ライブ〉にゲスト出演したときに、アスペルガー症候群であることを堂々と公表した。冗談まぎれに一本調子の話し方で、「あまり抑揚や変化をつけないで話すから、本気で言いたいときには、マジなんだって言わなきゃならないし、出演者と目を合わせることもあまりないだろう」と語った。マスクがアスペルガー症候群を「カミングアウト」してから、脳の相違が天分を伸ばすことを世間の人びとが理解するようになってきた。

伝記作家のアシュリー・バンスは、マスクを晩年のトーマス・エジソンになぞらえる。「発明家、セレブのビジネスパーソン、すばらしいアイデアをすばらしい製品にすることができる実業家」。母親メイの話では、マスクはごく幼いころからまわりの世界を遮断することができた。最初は、そのせいで耳が聞こえないように見えたが、一種の深いトランス状態に陥っていることがわかった。「イーロンが自分の頭の中に入っていくと、まったく別の世界にいるように見えます。今でもそうですが、そういうときは放っておきます。新しいロケットか何かを設計しているんでしょうから」と母親はバンスに語った。

マスクは幼いころから高い視覚的知能と起業家の才覚を見せていた。自分の視覚思考について、バンスに次のように語っている。「脳で通常は視覚を処理する部分——目から入ってきた画像を処理する領域——が心の中の思考処理に乗っ取られているような気がする。画像と数字なら、相互関係とアルゴリズム関係を処理できる。加速度や運動量、運動エネルギー——これらが物体にどう影響されるのかが、とても鮮明に現れる」。これはロケット燃料についての視覚思考だろう。頭の中はどうなっているのかと尋ねられて、マスクはこう答えた。「終わりのない爆発だ」

一方、スティーブ・ジョブズは、ゲイツやマスクと違い、のちにテクノロジーの中心地となる土地で育ったシリコンバレーの申し子だ。私はジョブズについて二つの点で驚いた。一つは、小学四年生のときに受けた知能テストで、グラフからはみ出すほど高い点を取ったこと。点数は高校一年生のレベルだった。知能指数は、おとなになったときにはアインシュタインの域に達することを意味し、上位〇・〇一パーセントに相当する。

もっと興味深いのは、養父が機械工で大工だったこと。ジョブズは養父と一緒に工具で作業するより、隣家のガレージで電気製品をあれこれいじくりまわすほうが好きだった。それでも、のちに養父について「何でも、きちんとしたい人だった。表から見えないところの部品でさえ、見た目を気にした」と語っている。ある意味で、これは物体視覚思考の優雅さの極みだ――自分の頭の中にしか見えない部分にも気を配る。ジョブズの養父も視覚思考に長《た》けていたのだろう。

アインシュタインの脳

現代物理学の父と呼ばれるアルベルト・アインシュタインは、だれよりも天才的な空間視覚思考者の特徴を見せていた。さまざまな資料によると、三歳か四歳になるまで言葉をしゃべらず、七歳になってようやく、つかえずに話せるようになったようだ。アインシュタインの妹は「兄は言葉に大きな問題があったので、勉強などできないのではないかとまわりの人は心配した」とウォルター・アイザックソン著の伝記で語る。アインシュタインは友達ができず、身だしなみに無頓着だったため、学校で苦労した。感情を爆発させ、人と目を合わせようともしない。アイザックソンによると、「どこにでもいる注意散漫な生徒の典型だった」という。

アインシュタインは成人して教授になっても、スーツやネクタイを身につけず、やわらかくてゆったりした衣服を好んだ。スーツやネクタイを嫌うのは感覚過敏があったからかもしれない。あるいは、反抗心の現れだろうか。これも自閉スペクトラム症の人にときどき見られる特質だ。

アインシュタインが自閉スペクトラム症だったのかどうかについては、数多くの議論がなされている。グーグルで「アインシュタイン」と「アスペルガー症候群」で検索すると、多数の項目が表示される。しかし、アイザックソンも脳神経科医のオリヴァー・サックスも、アインシュタインがアスペルガー症候群だったとは考えなかった。親密な関係を長く続ける能力があったからだ。それが決定的な違いなのかどうか、私にはわからない。自閉スペクトラム症でも親密な関係を築き、結婚している人はたくさんいる。それでも、アインシュタインは晩年、次のように印象的な言葉を残している。「私は本当に『孤独な旅人』だ。祖国にも、わが家にも、友人にも、身近な家族にも、心からつながりを感じたことは一度もない。つねに距離感をおぼえ、孤独になる必要があった」

アインシュタインは、六歳からバイオリンを習い、のちに「バイオリンを弾くことのない生活など考えられない」と語った。その後の生涯では、問題を解決しようとしているときには、解決策が思い浮かぶまでバイオリンを弾いた。バイオリンの演奏が成功の秘訣だったのかもしれない。

ある研究では、創造的な趣味をもっている科学者のほうが、もたない科学者より高い地位についたり、ノーベル賞など権威ある賞を受賞したりすることが多いとわかった。ノーベル賞を受賞した超一流の科学者は、全体として、そこそこに評判の高い科学者とくらべて創造的な趣味をもっている可能性がおよそ五〇パーセント高いという研究結果もある。その分野でトップに立つ科学者は、しばしば多様な関心をもち、いろいろなものに心を奪われる。アインシュタインと音楽はその最たる例だ。「音楽とバイオリンの演奏のおかげでかの有名な理論を打ち立てることができた」とアインシユタインは述べている。科学について考えながら、音楽の複雑な美しさをとらえようとしていたのだろう。七歳のときから演奏しているプロの演奏家について神経学者のゴットフリード・シュラグが調査したところ、全員の脳梁《のうりよう》がきわめて太かった。脳梁は「軸索《じくさく》〔神経細胞のもつ突起〕の束で、右脳と左脳をつなぐ情報の高速道路の役割をする」。

アインシュタインの脳と天才になったわけについては、数多くの論文が発表されてきた。脳の検査では、プロのバイオリニスト同様、運動野が肥大していたことがわかった。音楽をつかさどる部位は空間視覚思考と同様に右脳にあると考えられている。数学でも音楽でも、パターン化と抽象思考の土台として空間視覚思考が使われる。ある調査によると、楽器の練習をしているか、合唱音楽を勉強している思春期の若者は代数の成績がよかった。数学科では、学生に楽器の練習を奨励するといいかもしれない。

別の研究では、アインシュタインの脳梁も対照群より大きく、とくに頭頂葉間でのコミュニケーションをつかさどる脳梁膨大部が大きいことが明らかになった。脳梁膨大部が大きいと右脳と左脳のあいだのコミュニケーションも高まる。これまでにも述べてきたように、概して右脳はイメージをつかさどり、左脳は言語をつかさどる。アインシュタインの頭頂部は肥大していたという報告もあり、前頭前野と下頭頂小葉（空間認知に関わる）が標準より大きいことも報告されている。これは高度な視覚思考と数学思考の神経学的な根拠を示している。

脳画像から、感覚情報をうまく統合することができると思われる脳の構造の相違も明らかになった。アインシュタインの大脳皮質では、運動と感覚反応をつかさどる部位が標準と違う。これは、アインシュタインが言葉を話せるようになるまでに苦労し、考えるときに好んで感覚印象を使ったことと関係しているのかもしれない。

アインシュタインは、概念は「感覚体験との関連を通してのみ」生まれると言ったが、脳画像を見ても、視覚的に物を識別する部位が肥大していることがわかる。物体視覚思考に関連する部位だ。物体視覚思考の傾向があるから、物理学の概念を視覚化し、列車や光線に乗っている自分の姿を想像することができたのだろう。数学がいくぶん苦手だったという証拠がいくつかあるが、音楽が数学の能力を改善するのに役立ったのかもしれない。

また、自分の思考について次のように述べている。「思考は言葉の形で浮かぶのではない。私は言葉で考えることはまったくない。思考を構成するレンガの役割をするのは、特定の記号やイメージだ。記号やイメージはいくぶん明確で、私は自由に再生したり再結合させたりできる」。アインシュタインは視覚化して相対性理論を打ち立てたのだろう。空間視覚思考と物体視覚思考の両方に秀でた類い稀な人物だった可能性もある。

天才と創造性の脳科学

天才とは何か、科学的に認められた定義はない。歴史を通して見ても、定義は時代とともに変わる。古くは、神から授けられた才能と考えられた。その後、狂気によるものや狂気に等しいものとされる。二十世紀には、おもに高度な知能と創造性が結びついたものと考えられ、とくに大きな金儲けが関係していた。現代では、天才の正体を探すのに、人の心ではなく前頭前野をのぞくことが多い。ニューヨーク大学の神経学臨床教授エルコノン・ゴールドバーグは、著書『創造性と脳システム――どのようにして新しいアイデアは生まれるか』で「創造的なアイデアの誕生は前頭前野で始まる。それは後頭部（頭頂、側頭、後頭）の連合野全体にわたる広範なネットワークの特定の部位を活性化することが引き金になる」と述べている。このネットワーク内には創造の無限の道がある。

ゆったりくつろいで脳を休ませているときに独創的なアイデアが思い浮かぶことはよくある。私も、眠りに落ちそうなときや、シャワーを浴びているとき、広々とした幹線道路を長時間運転しているときに、装置の設計で生じた問題を解決することがよくある。ある問題に対する創造的な解決策は脳が自由にさまよっているときにしばしば思いつくという説は、研究でも裏付けられている。

神経科学者はこれをデフォルト・モード・ネットワークと言う。くつろいでいる状態では、脳の中央部にある大きなネットワークが活性化している。ここでは、広範囲にわたる情報の関連付けが行なわれる。多様で創造的な思考が生まれるのは、前頭前野が実行機能をリラックスさせ、デフォルト・モード・ネットワークが活性化するときだ。画家でも、音楽家でも、文学者でも、さまざまなタイプの創作者は、脳が目覚めて、くつろいでいる状態のときにアイデアを生み出す。

ゴールドバーグは創造性の基本的な要素として、顕著な特性、適切な質問、関連性、新奇なものに対する関心、古い知識を新しい問題に応用する能力、複数の解決策を応用する柔軟性をあげている。また、意欲、根気、精神集中、頭がぼんやりしている状態——思考が途切れることなく流れて、ほとんど謎のように解決策を見つける能力——も加えている。天才と認められている人は「嘆かわしいほど少なく、その脳を画像撮影したり解剖したりする機会はさらに少ない」から、標準テストを使って創造性を測定することになると言う。

もっとも幅広く使われているテストはトーランス創造性テスト。心理学者のエリス・ポール・トーランスが一九六〇年代に開発し、創造性の複数の面を測定するため、評価はもっとも信頼性があると考えられている。基本的には、思考の流暢《りゅうちょう》性、独創性、柔軟性、緻密《ちみつ》性の四つの軸で多様な思考を測定する。心理学教授のアンナ・エイブラハムは『創造性の神経科学（*The Neuroscience of Creativity*）』で、このテストの結果に基づいて選ばれた美術の学生の研究について述べている。美術の学生は、毎月一回、人物像を描き、明暗や錯視による長短などを判断するあいだに脳画像検査を受けた。研究が終わるころには、対照群である化学の学生と比較して、創造思考の多様なスキルが上達し、前頭前野で白質《はくしつ》〔神経繊維の束〕が再組織化されている形跡が見られた。別の研究では、ディスレクシアの学生はトーランス創造性テストの評価で創造性が高いこともわかった。

私は教育者にも親にも「過去に活躍した大科学者や大発明家、大芸術家が、現代の教育制度だったらどうなっていると思いますか」とよく尋ねる。昔よりよくやっているだろうか。音楽や絵画、計算、スペリングコンテストのような分野（どれも記憶力が関係する）ではすばらしい才能を見せるのに、不潔だとか、友達を作れない、一匹狼の傾向があるといったある種の非社交的な行動をする子どもや十代の若者を何人も見てきた。こういう子どもは、自閉スペクトラム症の可能性があり、物体視覚、空間視覚、言語の思考タイプのどれかで特殊な才能をもっているかもしれない。

おもしろいことに、少なくとも現在のところ、自閉スペクトラム症でこうした才能を複数兼ねそなえた子どもはほとんどいないことが研究で明らかになっている。美術・機械が得意な子（何かを作るのが好き）、数学が得意な子（プログラミングやパズル、コンピューターが好き）、あるいは語学が得意な子（物語や歴史、事実が好き）のどれかだ。これに対して、定型発達の人は思考のさまざまなタイプを混ぜ合わせた脳をもつ可能性がより高い。

天才の脳の多様性

脳の多様性という言葉は、自閉スペクトラム症についてだけでなく、ディスレクシア、ＡＤＨＤ、感覚処理障害、学習障害、トゥレット症候群、脅迫性障害、双極性障害、統合失調症などでも使われるようになった。これらの脳の多様性では、症状に大きな幅があり、たとえば、統合失調症で、重症の場合には、偏執的な幻想が生じ、精神の健康が損なわれかねないが、軽症では、とてつもない創造力が見られることがある。

数学者ジョン・ナッシュは統合失調症だった。プリンストン大学で若き数学者として華々しく登場し、二年後に二十二歳の若さで博士号を取得し、ゲーム理論の発展で大きな貢献をした。ゲーム理論は、ある相互作用的な状況で人間はどう行動するのかを分析するのに使われる数学の理論で、どんな分野でも紛争の解決に応用でき、とくに経済と政治で利用される。

ナッシュは非凡な能力に恵まれた数学者の例にもれず、幼いころから才能の片鱗《へんりん》を見せていた。シルヴィア・ナサー著の伝記『ビューティフル・マインド――天才数学者の絶望と奇跡』によると、四歳のときに自分で字の読み方をおぼえ、子ども部屋を研究室にしてラジオなどの電気製品をいじくりまわし、化学の実験をしたという。

また、ファンタジー小説や科学書を読みあさっていたようだ。エジソンと異なり、学校の成績は抜群で、高校時代には、両親の希望で学校の近くの大学で講義も受けた。けれども一匹狼で、友達がなかなかできない。人格が未熟で、人づきあいが苦手、専門的なテーマや自然界について延々と質問する。先生が黒板に化学式の問題を書くと、ほかの生徒は紙と鉛筆を取り出すが、ナッシュはじっと見ているだけで頭の中で問題を解き、答えを口に出して言ったという。

その後、たびたび偏執性妄想に襲われるようになり、共産主義者の陰謀に狙われていると思い込んだ。統合失調症は、たいてい十代で発症し、まだ十分にできあがっていない脳のネットワークに支障をきたすが、ナッシュは三十歳ごろから症状が出はじめた。その後の生涯でずっと神経衰弱に悩まされたものの、ゲーム理論を発展させた功績でノーベル経済学賞を受賞する。若いころの才能が、統合失調症の産物だったのかどうかは、知るよしもない。

フェイスブックを立ち上げたマーク・ザッカーバーグがアスペルガー症候群だと思っている人は少なくない。動きがロボットみたいにぎこちなく、人づきあいが苦手で、一つのことにのめり込むと言われている。毎日グレーのＴシャツを着るのは、意思決定のエネルギーをファッションではなくフェイスブックに集中させたいからだそうだ。ザッカーバーグは世界最大のソーシャルネットワーク（ＳＮＳ）を開発した天才だと考える人もいる。だれでも世界中の人とつながることができる仕組みを編み出したのが、人とつながるのに苦労する人間だったというのは、何とも皮肉に思える。

このところ世界中の注目を集めている意外な人物は、スウェーデン・ストックホルムの少女で、一つのことにのめり込み、アスペルガー症候群をもっている。この少女グレタ・トゥンベリは一本調子で話し、人と目を合わせない。第一印象としては、気候変動対策活動家の新しい世代を鼓舞する能力をもち、世界を変えようとしているようには見えないのだ。本人は、自分の相違を「スーパーパワー」と呼んでいる。

脳の多様性については、自閉スペクトラム症の世界で数多くの議論がなされている。症状のスペクトラムの一方の端には重症の子どもがいて、話すことも、自分で服を着ることもできず、生活の基本的なスキルも上達しない。もう一方の端にはマイクロソフトで働く――あるいは創業する――人がいる。スペクトラム上のたいていの人は、その中間のどこかに位置する。脳の多様性は、脳の違いについての考え方を提唱し、スペクトラム上の人が自分たちを肯定的に見る手立てになる。科学ジャーナリストのスティーブ・シルバーマンは『自閉症の世界――多様性に満ちた内面の真実』で、脳の多様性は、診断のレッテルを通してではなく、異なるＯＳ（オペレーティング・システム）として考えられるべきだとして、「かつてオタクだとか頭でっかちと言われていた子が、おとなになって未来の設計者になる」と言う。

遺伝子による影響

天才や脳の多様性は遺伝と関係があるのだろうか。人の発達がどんな要素で決定されるのかについては、心理学や遺伝子学などでも、数えきれないほどの研究が行なわれてきた。人をその人らしくしているものは何か。あるいは、家族の一人が心臓病やがんにかかりやすい遺伝子を受け継ぐのは、なぜだろう。こういう脆弱《ぜいじゃく》性はいつ、どこで、どんなふうに現れるのだろう。さらには、ある一族は全員会計士で、別の一族は全員弁護士になり、同じ家族のきょうだいでも、一人は金持ちになり、別の一人が貧乏なのはなぜだろう。これは昔から論じられており、その中心にある疑問は、人の能力のどのくらいが遺伝で決まり、どのくらいが学習されたものなのか、だ。

ひと昔前まで、遺伝される性質は、すべてグレゴール・メンデルが唱えた遺伝の法則という単純な原理に従うと考えられた。メンデルがいろいろな種類のエンドウマメを栽培し、その結果、さまざまな形質が遺伝される、つまり、今の時代で遺伝と呼ばれる仕組みがあることが明らかになった。

自閉スペクトラム症は遺伝性の形質と考えられていなかった。それどころか、誤った育てられ方で発症すると長いあいだ考えられていた。その根拠は、子どもと親密な絆を育めない冷淡な母親のせいだという精神分析学者ブルーノ・ベッテルハイムの「冷蔵庫マザー」説で、この説は世間で広く受け入れられた。残酷で事実無根のこの説は、一九四〇年代から六〇年代まで幅をきかせていたが、自身も自閉スペクトラム症の息子をもつバーナード・リムランドという心理学者が自閉スペクトラム症を生物学的素因によるものとして、ようやく異議を唱えた。それからの二十年のあいだに、さらに研究が進められて形勢が変わり、科学者は自閉スペクトラム症に遺伝的な要素があることを確信するようになった。心理学者のウタ・フリスは、自閉スペクトラム症が遺伝による神経生物学的な症状であるという説を発展させる。

ところが、自閉スペクトラム症は単純なメンデルの遺伝の法則に従っていない。つまり、「自閉スペクトラム症遺伝子」なるものがたった一つあるわけではない。それどころか、いくつもの遺伝子がそれぞれに影響して、自閉スペクトラム症の発現に関わっている。今日では、自閉スペクトラム症の診断に関係する可能性のある遺伝子は、千くらいあると考えられている。

生まれか育ちか

遺伝の話をしたら、双子の研究に触れないわけにはいかない。昔から科学者が双子に注目してきたのは、一卵性双生児は一〇〇パーセント同じ遺伝子をもち、二卵性双生児は五〇パーセント同じ遺伝子をもっているため、生まれつきと生育環境が与える影響を観察する完璧な実験台になるからだ。イギリスの遺伝学者フランシス・ゴルトンは双子の科学的な研究に取り組んだ先駆者だ。「生まれか育ちか」という言葉を作り、この言葉は今でも、生まれつきのものと学習したものについての考え方をうまくとらえている。

ゴルトンは一八七五年に発表した研究論文「双子の歴史」で「双子が研究者の注目をとくに集めるのは、生育歴を調べたら、生まれつきの性質と、生後の特殊な環境によって獲得した性質が区別できるからだ」と述べている。一卵性双生児三十五組のデータを集め、身体的な特徴から、物怖《お》じしないか弱気か、激しやすいか穏やかかなどの性格の特徴にいたるまで調査した結果、半分の組はそっくりで、残りの半分は、ほぼ似ていた。この研究結果を自分が提唱する優生学の基盤にしようと考え、優生学は人種や階級で人間の優劣が決まるという誤った考え方を推進した。現在、優生学は非人道的とされているが、ゴルトンは、十九世紀に遺伝子情報の研究の手がかりとして双子に目を向けるという方法を開拓したことは間違いない。

現在、双子の分析データは、ＤＮＡのサンプルや遺伝子判定、脳画像とともに増大している。ベッテルハイムの「冷蔵庫マザー」説から六十年たっても、子どもがかかえている発達上の問題で罪悪感をいだく母親はいる。イェール大学の研究者は母親が非難されるという問題に決着をつけるため、約五十組の一卵性双生児と二卵性双生児の誕生時の胎盤のデータから、発達異常が遺伝性かどうかを調べた。その結果、発達異常に関わる細胞の成長が一卵性双生児では同じような頻度で発生していることがわかった。「この研究から、発達異常は、子どもがもっている遺伝子が原因である可能性が高く、母親の責任ではないと考えられる」と研究の主執筆者は述べている。ただし、こういった「異常」が障害になる人と、特殊な才能になる人がいるわけはまだわかっていない。

遺伝学者のケヴィン・Ｊ・ミッチェルによると、衝動性、言語能力、性的指向、喫煙、反社会的行動、自閉スペクトラム症や統合失調症などの神経精神的な症状など、あらゆる種類の性格的特性は遺伝研究で正確に予測できるという。たとえば、一卵性双生児では、一方が自閉スペクトラム症だと、もう一方もそうなる確率は八〇パーセントで、二卵性双生児では二〇パーセント。この数字は、脳は遺伝子の変異だけで形成されているのではないという説を裏付けている。「ゲノムが人間を直接エンコードしているわけではない。ゲノムは人間を作り出すためのプログラムをエンコードしているだけだ。その可能性は発育の段階で初めて現れる」とミッチェルは述べる。

ミネソタ大学の心理学者は、双子の研究をさらに一歩進め、生まれてまもなく引き離された双子を研究した。このような一卵性双生児と二卵性双生児の事例を百三十七組分集め、論文「人間の心理学的相違の原因――別々に育てられた双子のミネソタ研究」を発表する。調査の結果、一卵性双生児は出生時に引き離されても、性格的特徴、関心、物事に対する考え方が同じで、一つ屋根の下で育った双子とほとんど変わらず、「これまでに調査した行動の特性のほぼすべてが、遺伝的変異と関連していることが明らかになった」という。

とはいえ、育ちが関わってくる脳の部位もある。一九八〇年代にＭＲＩが開発されたばかりのころ、私は二組の一卵性双生児の脳画像を見た。画像はとてもよく似ていたが、脳梁の形がわずかに違った。脳梁には、右脳と左脳をつないで情報を伝える回路がある。環境と経験――育ち――で構造が違ってくるのだ。スウェーデンで行なわれた一卵性双生児の脳を比較した研究では、一人はピアノを習い、もう一人はピアノにほとんどなじみがなかった。ＭＲＩの脳画像を見ると、ピアノの練習をしていた人では、聴覚野と手の動きを制御する部位の厚みが増していた。脳のこういう部位をよく使うと、明らかに脳の組織が増加する。育ちのなせる業だ。

スタンフォード大学で行なわれた研究では、脳の全体と主要な構造物の大きさはたいてい遺伝子で決定されることがわかった。胎児のときに最初に発達する幹細胞の数のせいだ。これは自閉スペクトラム症の一卵性双生児と定型発達の一卵性双生児でも確認できる。

ところが、自閉スペクトラム症の脳は環境の影響を受けやすいことも、研究で明らかになっている。たとえで説明すると、大脳——発話をつかさどる脳の部分——は、道路みたいなものだ。四車線の高速道路にするか一車線の一般道にするかは、遺伝子が決める。私の場合、ＭＲＩの詳細な画像でわかったのだが、話すための道路は狭い「通り」で、これは遺伝的な要素で決められたのだろう。けれども、私が話せるようになるかどうかを決めたのは環境（集中的な言語療法）で、言葉をつかさどる部位を使う回数が増えたせいで道幅が少し広がったのだ。

サヴァン症候群の驚異的な能力

サヴァン症候群の研究も、極端なスキルが遺伝によるものなのか理解しようとする観点から研究者に人気がある（自閉スペクトラム症の十人に一人がサヴァン症候群の特徴をもっているが、一般の人では三百万人に一人）。

サヴァン症候群の人には極端な能力がある。たとえば、いくつもの外国語を短期間でマスターしてしまうとか、たった一度か二度聴いた複雑な曲を演奏するとか、写真で撮影したようなリアルな絵を描くとか、過去や未来の曜日や年月日を即座に計算できる、など。自閉スペクトラム症の疫学研究者Ｄ・Ａ・トレファート博士は、サヴァン症候群のこういう能力を「断片的なスキル」と説明する。記憶の量は膨大だが、能力を発揮するのは狭い分野に限られる。

博士はサヴァン症候群のミュージシャン、レスリー・レムケの研究をした。早産のため生後数か月で失明し、脳も損傷したレムケは、十四歳のとき、チャイコフスキーの〈ピアノ協奏曲第一番〉をテレビでたった一度聴いただけで演奏する。音符を読めず、ピアノを習ったこともなかったが、どんな曲も一度聴いただけで演奏し、その後の生涯でコンサートを開き、すばらしい腕を披露した。話すのは不自由だったが、演奏中にどんな曲でも歌ったのはみごとだった。

心理学者バーナード・リムランドの説によると、こういう場合、脳で何らかの不具合が生じて左脳が遮断され、右脳に能力が集中する。右脳と左脳の均衡が取れていないかのようだ（何やら自閉スペクトラム症を思い起こさせる）。右脳はブレーキがきかなくなって超高速で飛ばし、能力がとてつもないレベルに到達する。こういう能力は、社会性の欠如や極端な孤独など大きな代償を払って生じることもある。言い方を変えると、並はずれたスキルをもつ人は、脳の一部だけで生きている。

サヴァン症候群の人は音楽や絵画を寸分違わずコピーするだけだから、創造力があるわけではないと考える人もいる。でも、もしかしたら、正確な複製を作ったあとに小さな変化を加えるかもしれない。促されたら、音楽や絵画の創造性が高まるかもしれない。たとえば、レムケはその後の人生でアドリブ演奏をするようになった。それでも、知られているかぎりでは、サヴァン症候群の人が傑作を生み出したことはない。

天才に才能を伸ばす機会を与えよう

これまで見てきたように、ある分野で優秀な人は、一般に、幼いころから脳を形成する機会に恵まれていて、教師や手本になる人の指導を受けている。ビル・ゲイツは「十三歳から十八歳までのあいだに取り憑《つ》かれたようにすることは、世界で一流になる可能性がいちばん高い」と語った。石工の家庭で暮らす若き日のミケランジェロ、少年時代にバイオリンを弾くアインシュタイン、隣家のガレージで電気製品をいじくりまわすスティーブ・ジョブズの姿を思い浮かべる。みんな自由に探求した。自由は、粘り強さや、冒険心、好奇心、脇目もふらずに熱中すること――それに多様な思考――と結びついて、天才の顕著な特徴になる。

ミケランジェロやダ・ヴィンチは、もし今の時代に生きていたら高く評価されるだろうか。一つのことに没頭しすぎ、人を遠ざける傾向から疎《うと》んじられ、日の目を見ずに終わるかもしれない。たいていの人が第二のトーマス・エジソンやイーロン・マスクにならないことは確かだ。それでもすべての道が閉ざされてしまったら、第二の天才には登場するチャンスがない。天才は脳の多様性と関わりがあるのか。私の答えは、多くの場合イエス。おそらく視覚思考の天才も数多くいるだろう。

第6章

視覚思考で災害を防ぐ――インフラ管理から飛行機事故の防止まで

二〇一七年にNASAのケネディ宇宙センターに招かれ、少人数の科学者の団体に加わり、スペースXによるロケットの打ち上げを目の前で見た。また、ロケットを組み立てる棟を見学し、建設会社が仕上げをしている新しい発射台の中を歩きまわり、燃料を供給するのに使われる複雑な装置をくまなく眺めた。

そのとき突然、小さな素早い動きに気づいた。振り返って見ると、アライグマが一匹、階段を駆け降りて、茂みに姿を消した。気がついた人はだれもいない。すぐさま私の頭には、アライグマがかじっていたかもしれないものがいくつも浮かんだ。もし、ワイヤがかじられてだれも気づかなかったら、重大な故障につながりかねない。

NASAのような工学に基づく事業には、発生する可能性のある危険を視覚化して問題を解決する人、すなわち絵で考える人が必要だと思う。この章では、危険が発生する可能性のあるところならどこでも、視覚思考者《ビジュアル・シンカー》が必要なことについて述べる。

危険が〝見える〟

まずは、危険と視覚思考の関係について、身近な例をあげよう。幼い子どもを熱いストーブや鋭いナイフに近づけてはいけないことは、親なら知っているが、幼児は危険なものがわかっていない。走っていてテーブルの角や壁にぶつかったり、小さいおもちゃを喉《のど》に詰まらせたりするという危険もある。一方で、赤ちゃんは落下の危険を本能的に恐れる。たいていの動物と同じように、実際にはなくても断崖のように見える「視覚的断崖」を越えようとしない。

心理学者のエレノア・ギブソンとリチャード・D・ウォークは、奥行き知覚の発達を調べるためにチェック柄のアクリル板を使い、急な崖に見えて危険であるかのような錯覚を起こす装置を考案した。実験の結果、生後六か月半から一年二か月の赤ちゃんは、崖と感知している板をあえて渡ろうとしなかった。崖の向こう側におもちゃを置き、母親が「おいで、おいで」と声をかけても、越えようとしない。同じことは、ヒヨコや子ヒツジ、子ヤギでも見られ、「崖」に出合うと凍りついて防御の姿勢をとった。ギブソンとウォークは、どんな種でも、奥行きを識別する生まれつきの能力、あるいはこの能力の発達が、生き残るために不可欠であるという結論を出した。

私たちは成長し経験を重ねながら、危険な状況を予測して避けられるようになる。視覚思考者の私の場合、この能力は精密に調整されている。危険な崖が見えるだけでなく、墜落した結果が一連の鮮明な画像になって頭に浮かぶのだ。言語思考者なら同じ状況を言葉で理路整然と説明するだろうが、私には何枚もの絵がユーチューブの動画みたいに鮮明に見える。

これまで述べてきたように、私の脳は、ＮＡＳＡのアライグマや、牛が警戒するまぶしい日光など、ささいでも災難の原因になったり、混乱を起こしたりしかねないものがよく見えるように働いている。大規模な災害が発生する光景も思い描けるが、こういうものは視覚思考でない人には見えないのではないだろうか。

私は視覚思考で未来を予測するのではない。それでも、この思考のおかげで、対処しなければ災難につながりかねない設計ミスやシステムの不備が目にとまる。たしかに、二十一世紀の問題の解決策を見つけて策定するには、エンジニアや科学者、数学者がどうしても必要だ。けれども、現場の人間も必要だ。建築作業員や機器を取り付ける人、保守管理をする人たちだ。危険は抽象的な概念ではないのだから、必要なのは、物体視覚思考者であるとともに、実務の世界に住んでいる人間だ。

視覚思考と事故の防止

スイッチを押したら明かりがともり、イグニッションキーを回したら車のエンジンがかかると私たちは思っている。世の中は、私たちが当たり前と考える機器であふれている。

けれども故障したり動かなくなったりしたら、たいていの人は修理に四苦八苦するだろう。過熱という単純な原因でも、送電網から、スチームを発生させるボイラーや家電製品にいたるまで破損しかねない。以前、取り引きのあったある会社では、コーヒーメーカーのサーモスタットが故障していたせいでオフィスが全焼してしまった。発電用タービンやモーター、遠心分離機――基本的に高速回転する装置――は、どんなものでも、回転速度が上がりすぎると損傷する。たとえば洗濯機は、脱水中の回転が速くなりすぎると壊れてしまう。

もっと規模の大きな例でいえば、電気を作っている発電所はタービンが停止を続けると損傷する。過度の圧力でボイラーや温水ヒーター、産業廃棄物処理設備が爆発することもある。都市の水道システムでは、ポンプが乾いたままになっていると損傷する。流し台のディスポーザーも、長いあいだ水が流れていないと壊れるだろう。このように毎日の生活でいつ起こってもおかしくない事故の例は、いくらでもある。その多くが、ありふれた風景の中に潜んでいて、目に見えない。脳が物体視覚思考者みたいに働かないなら。

物体視覚思考は危険を予測して事故を防止するのに役立つ。これが最初にわかってきたのは、食肉業界で仕事をしているときだった。一九八〇年代の後半に厳しい安全基準が導入される前、私の職場では事故が発生すると恐ろしい結果につながった。コンベヤーやチェーン駆動装置など機械の操作が原因で、作業員の手足の切断事故が起きたこともある。工業用コンベヤーベルトは何トンもの重量を扱うため、事故の危険性が高い。

食肉加工工場の重いゲートを初めて見たとき、倒れて人の頭をスイカみたいに砕いてしまう光景が、すぐに頭の中に浮かんだ。解決策も思い浮かび、もっと安全なゲートを設計した。新しいゲートのおかげで家畜は外に出ず、操作員が安全面でのリスクに脅かされることはなくなった。

物体視覚思考者なら、ずさんな仕事が目に飛び込んでくる。言語思考者にとっての誤字脱字と文法の間違いだらけの文章のようなもので、意味が通らず、修正すべきものとして映る。視覚思考でない人なら、たとえば、崩れかけた高架を見苦しいと感じるだけかもしれないが、物体視覚思考者は物質の世界と強く結びついているため、危険な結果が目に浮かぶ傾向があるのだ。

原油流出事故とリスク・マネジメント

物体視覚思考者がチームにいなかったために生じる結果は、災害を回避するとき、いわゆる「リスク・マネジメント」では、とくに悲惨だ。

リスク評価の三つの要素は、可能性のあるリスクを見つけること、可能性のある被害を見積もること、被害を減らす対策を講じることと言われている。リスク・マネジメントを脅威という言葉で説明する人もいる。「通常の脅威」「尋常でない脅威」「前代未聞の脅威」だ。さらに災害を、「前例のあるもの」「可能性のあるもの」「最悪の事態」に分ける人もいる。このようにリスクを分類する方法の多くが、言葉を並べ立てただけの、抽象的なもので、何の役にも立たない。「通常の脅威」と「尋常でない脅威」のどこがどう違うのか、さっぱりわからない。「最悪の事態」のほうがまだわかる。その光景がすぐに視覚化できるからだ。

ミシガン州フリントの水道システムで発生した水質汚染問題のニュース記事を読んだとき、市の老朽化した水道管が腐食して鉛が水道水に滲み出る光景を思い浮かべ、鉛中毒の恐ろしい症状をすべて思い描いた。これは抽象でも確率でもない。理論は必要だが、私は、何かがおかしくなる可能性を議論するより、何かを防いだり修理したりするほうに関心がある。現実的な物質の世界に住んでいる現場の人間なのだ。

私がいろいろな会社から受け取る工場や飼養場の完成図は、最高から最悪まで玉石混淆《こんこう》。新しい飼養場の用地を実際に測ってみたら、図の建物の位置が三メートルずれていたこともある。基礎工事をするために掘りはじめたら下水管があった、なんてことにはなりたくない。完璧な記録を保存している会社では、一人の人間が設計図の保管に責任をもっている。設計図がきちんと更新されて保管されていることは、今日では珍しいが、事故の予防では不可欠。リスクの想定で唯一頼りになるのは、過去の正確なデータだ。

リスク・マネジメントに積極的に取り組み、安全に操業して責任をもつという企業文化を育む会社もあれば、問題が起きてから対処する会社もある。二〇一〇年に発生したメキシコ湾原油流出事故（石油掘削施設ディープウォーター・ホライズンによる事故）では、十一人が死亡し、多数の負傷者が出て、流出した原油は史上最大級の環境災害を引き起こした。原因は操作ミスとメンテナンスの不備が重なったことで、経営方針と慣行の食い違いがこれに拍車をかけた。経費節減と効率を最優先する社風の中で、掘削施設の社員四六パーセントが安全面の問題を報告したらどんな報復があるかと恐れていた。

ニューヨーク・タイムズ紙の記事によると、掘削施設の安全システムは設置されていたが機能せず、始動したときには手遅れだったか、まったく始動しなかったかのどちらかだった。「安全専門家の理想」と絶賛された危機管理マニュアルは、いつ行動に出るのかという基本的な疑問に答えておらず、作業員は問題を処理する訓練を受けてはいても、原油の噴出や火災、停電に対処する心構えができていなかった。災害発生時に作業員は緊急停止システムを作動できず、さらに、「一つの緊急システムだけでも、ボタンが三十個あった」と記事は伝えている。停止の責任を負っていた従業員はシステムの使い方を教わっておらず、「どの手順も全然わかりません」と語ったという。

従業員が避難する際も、確実に身の安全を守るべき指令がずさんだった。「救命いかだをふくらませて海に下ろす訓練をしたことがない。いかだをデッキからはずすのに手間取り、水平にするのにもっと手間取り、乗り込むのにさらに手間取った」という。救命ボートでさえ、語り草になるほどお粗末だったようだ。

施設には噴出防止装置があり、四〇〇トンのバルブが家庭用トイレのタンクにある栓のような働きをする。さまざまな力が原因で原油が噴出している場合、装置は「安全確保の究極の手段」になるが、ニューヨーク・タイムズ紙によると、「メンテナンスの不備で故障していたようだ。調査から多数の問題が見つかっていた。電池切れ、電磁弁の不具合、油圧パイプのもれ。こういった問題が見過ごされるか、無視されるかしていた」ことが明らかになった。何よりも、設備の定期検査が行なわれていなかったのだ。どの報告を見ても、経営側がもっとまともな指示を出していたら、この悲劇は防ぐことができたはずだ。

インフラの危機

二〇二一年にマイアミ北部のサーフサイドで高層住宅が崩壊したかと思うと、テキサスでは停電が発生して何日も電気や暖房が使えず州が麻痺状態に陥った。こういう事態を国民は信じられない気持ちで眺めたが、そのはるか昔から、アメリカのインフラは危険にさらされ、脆弱なことは明白だった。一般道や橋、高架道路、送電網をぐるりと見まわせば一目瞭然だ。

インフラの危機に私が初めて警戒心をもったのは、二〇一二年、母校のアリゾナ州立大学で名誉博士号を授与されたときだ。授賞式の挨拶《あいさつ》で、かつて私の論文指導教官で建築学部の学部長だった人が、突然、次のような発言をした。「フォスター・バートンと申します。この老人の話をよく聞いてください。インフラが崩壊しています。この先、インフラを再建したり、修理したりする人が不足するでしょう」

その言葉を裏付けるように、国内のあちこちでインフラの問題を見聞きするようになった。ニューヨークからフィラデルフィアに行ったとき、列車が駅の手前で速度を落とすと、操車場に立ち並ぶ老朽化した変電所の変圧器が目にとまった。新品の装置が、配電用の錆《さ》びた部分に取り付けられている。アメリカでは、一九五〇年代から六〇年代に建てられた送電施設をまだ使っていて、一般の家庭や事業所に電気を送っている。変電所はゾンビが徘徊する終末の世界のように見え、民主主義誕生の地で、アメリカのインフラの現状を物語っていた。

二〇二〇年にカリフォルニアで発生した大規模な山火事は、送電線の管理不行き届きが原因だった。私はショックを受けたが、驚きはしなかった。前年の二〇一九年にカリフォルニアの一地区を訪れて、現状を見聞きしていたからだ。主要な高圧送電線は、電力会社パシフィック・ガス・アンド・エレクトリック・カンパニーの保守が行き届かないため、風速二〇メートルを超える風が吹くたびに電気が止められる。電線が鉄塔から落下して火事の原因になる恐れがあるからだ。電線を検査して修理する代わりに電気を止めるとは、何とも情けない。修理する意思がないのか、経営陣が経費を節減したくて現場の声に耳を貸さないのか、どちらかだ。

高圧の電気を遠くまで送る巨大な送電塔を見上げれば、メンテナンスの不備がどんな影響をおよぼすのか簡単にわかる。塔に絶縁体を取り付け、絶縁体に電線を取り付ける支持具と連結装置は、旋回して動くように設計されていて、支持具は、錆びたりすり減ったりしたら取り替える必要がある。電線がはずれてぶら下がり、金属製の塔やほかの電線に触れたら、高電圧のせいで火花が散り、火事になるかもしれない。とくに地面と植物がからからに乾いている地域では。私は送電塔を見たとき、山火事が次つぎと発生する光景が思い浮かび、めらめらと燃え上がる炎が見えた。

パシフィック・ガス・アンド・エレクトリック・カンパニーなど、いくつかの大手電力会社は、おもに「メンテナンス先送り」方式で電線を修理する。実際には、何かが壊れたときに初めて修理するということ。つまり、メンテナンスしないと遠回しに言っているのだ。命を救える治療をあとまわしにするようなものだ。あるいは、車の十二か月点検を先延ばしにして部品の摩耗や損傷をほったらかし、機能と安全を犠牲にするようなものだ。メンテナンスの先送りは、医療であれ、家庭であれ、地域社会であれ、決してやってはいけない。

政府はいつも、崩壊しかけているインフラを再整備すると約束するが、たとえ約束を守るつもりがあっても、修理する技術をもつ人びとが減っていることには、たぶん気づいていないだろう。それでも、人手不足の穴を埋めることのできる視覚思考者は、私たちのまわりにいくらでもいる。

高校で劣等生だった知り合いがいる。技術の授業が好きで、高校を卒業すると電力会社に就職し、溝掘りという下積みの仕事からスタートした。今では電力会社で修理部門のトップになっている。物体視覚思考タイプだから、高圧線から変電所の変圧器、各家庭に送電する接続箱にいたるまで電力ネットワークの全体が見える。停電になったときには、どこに不具合があるのかわかっている。こういう現場で働く人を見つけ、訓練し、雇い、正しく評価しなければ、ますます災難が増える。緊急事態に必要なのはこういう人たちなのだ。

インフラ事故の原因

インフラで生じる事故の原因は、四つのタイプに分類できる。設計ミス、操作ミス、メンテナンスの不備、リスク・マネジメント不足。そのうちのいくつかが重なっている場合もある。

私が大学院生だった一九七〇年代の工学の授業では、一九四〇年にワシントン州で発生したタコマナローズ橋崩落事件を取り上げて、設計ミス、つまり、たった一つの細部が全体の機能に重大な影響を与えることを説明した。

この吊り橋には、「ギャロッピングガーティ」というあだ名がつけられていた。強い風が吹くと、ギャロップする馬に乗っているみたいに大揺れするからだ。ギターの弦をはじき、その振動が急に何倍にもなると考えたら、橋全体が強風にあおられて揺れる光景が想像できるだろう。

吊りケーブルは工学上の問題がなく、振動に耐えられると思われた。ところが、橋桁はゴールデン・ゲート・ブリッジのような幅が広く、風通しのよい三角形の橋桁ではなく、固い金属で覆われており、これが空気の流れを遮断した。そのため橋を安定させるどころか、たっぷり風をはらんだ帆の役割を果たし、風による振動を起こした。もう一つの問題は、橋桁の枠が狭すぎて道路を十分に安定させられなかったこと。橋は強風にあおられて曲がり、波のようにうねり、やがて崩落する。幸い、事故での死亡者はいなかった（飼い主と一緒に避難しなかった犬が一匹、橋に停車していた車の中で死んだ）。

タコマナローズ橋よりはるかに優れた設計のゴールデン・ゲート・ブリッジは、一九八七年、開通五十周年を祝っている最中に、まったく別の種類の災難に見舞われたが、災難は回避された。市は橋の開通五十周年を記念して三十万人が車道を歩いて渡ることを許可し、さらに五十万人が待機していた。人出は予想の十倍にのぼり、全長二・七キロメートルの橋の上はどこもかしこもすし詰め状態だった。その結果、橋板はゆうに二メートル以上たわみ、歩行者は退避させられ、橋からあふれんばかりの群衆は幸い難を逃れた。

原因はメンテナンスの不備ではなく、橋の保守管理は行き届いていた。そのおかげで災難が回避されたのだ。吊り橋なので、曲がったり揺れたりする柔軟構造で設計されていた。このときに支えた重量はそれまでで最大だったが、最大積載量を超えていないはずだった。問題は積載量の計算ミスで、実際は超えていたのだ。マーキュリーニュース紙によると、橋の上にいた人のそれぞれの体重はわからなくても、「平均体重を約七〇キログラム、群衆で一人が占める面積を〇・二三平方メートルとすると、群衆の重さは、同じ広さを占める車の倍以上になる」ことがわかった。運よく崩落はまぬがれたが、それ以上の人が通行を許可されていたら最悪の悲劇になっていただろう。

国内を車であちこち走りまわっているあいだに、橋の保守管理は州によって大きな差があるのを目撃してきた。ある州ではコンクリートがはがれ落ち、錆びた鉄筋が剝《む》き出しになっていて、州境を越えると、同じような橋がペンキ塗りたてで、コンクリートの小さなひび割れは補修されている。メンテナンスの不備は橋の大事故につながる。吊りケーブルは腐食するとワイヤの束を持ち堪えられず、伸縮継ぎ手は錆びると気温が変化しても伸びたり縮んだりできない。物体視覚思考者にとっては一目瞭然だ。

目に見えないところで発生する災難もある。マサチューセッツ州のメリマックバレーでは、一九〇〇年代初頭に最初に設置された鋳鉄《ちゅうてつ》製の古いガス管を、時間をかけて最新の素材の管に取り替えていた。ガスを分配する古いシステムはいくつもの複雑な調整器と感知器で構成されている。調整機と感知器で本管から出てくるガスの圧力を大幅に下げて、家庭用の分配管にガスを送るのだ。二

○一八年の交換作業時、工事会社は、古い管を切断する前に、圧力調整システムの感知器を新しい管に移し変えていなかった。そのため、古い管が切断されたとき、古い管の圧力感知器が圧力低下に即座に反応してバルブを開き、新しい管にガスを最大限まで送り込んでしまった。その結果、多くの家庭用ガス管の圧力が平常のおよそ百五十倍の最大値にまで跳ね上がる。ガス管は破裂し、家庭や会社にガスが充満した。

このミスの結果、住宅三十九戸が火事になり、いくつものビルが崩壊した。一人が死亡し、家や会社から避難した人の数は五万人にのぼる大惨事となった。コロンビア・ガス社は、被害に対して一億四千三百万ドルの賠償金だけでなく、天然ガスパイプライン安全法違反で史上最高の罰金も支払った。

国家運輸安全委員会によると、事故の原因は「管理不行き届き」。調査報告書は、設計図を更新するべきだったと述べている。問題の一つは、古いシステムが新しいガス分配システムと比べて複雑だったこと。ガス管は何年もかけて少しずつ交換され、改修されてきた。ガス業界では、システムで大幅な変更や交換が行なわれたときに設計図を更新するが、これは工学のよい習慣だ。そうしなければ、過去の正確なデータが不足して、メリマックバレーで発生したような災害につながる。

こういった事故は、避けることができたのだろうか。あとになったらよく見えるという言い方もある。完璧に予測するのは不可能だろうが、危険性が高いときに、視覚的に問題を解決する人をチームに入れることは、とても重要だ。数学など抽象的な解決法や言葉による解決法は、いくつかの業務では重要かもしれないが、これを優先させると、必要不可欠な物体視覚思考を除外するという危険を犯す。ほかの人には予測できない結果を頭の中でシミュレーションして、その場で解決策を思い浮かべる人が必要なのだ。

メルトダウンを防ぐ

二〇一一年と二〇一八年に、二つの悲劇的な大惨事が起き、私は一時そのことで頭がいっぱいになった。一つは原子力発電所に、もう一つは航空機に関連する。これから、この大惨事と、防止できた可能性について述べてみたい。

原子力発電所では、原子炉で発生した高熱を利用して水蒸気を発生させ、この水蒸気でタービンを回転させて発電機をまわし、電気を作る。これが原子力発電の原理だ。「原子炉は基本的にはハイテクのやかんで、効率よく湯を沸かして電気を作る」というサイエンティフィック・アメリカン誌の説明が私は気に入っている。

原子力発電所の事故は命に関わる大規模な破壊をともなう最大の人災だ。人の生活と環境に、恐るべき壊滅的な影響を与えるが、事故の大半は防げるはずだ。

どんな緊急事態でも、核反応を止める制御棒を炉心に挿入すれば原子炉は緊急停止される。こうなると、原子炉は発電するための熱を作れなくなる。

一つだけ問題がある。制御棒を挿入しても、炉心で熱が発生するのを完全に止められるわけではないのだ。正確に言うと、制御棒を挿入したら熱の発生がほとんど止まる。制御棒を挿入したあとに残っている熱は「余熱」と呼ばれる。メルトダウン（炉心溶融）を防ぐには、冷却水を使って冷やさなければならない。停電で原子炉が緊急停止されたら、緊急冷却装置を作動させるために構内のディーゼル発電機などの電源が必要になる。だから原子力発電所には、緊急時に電力を供給する大型のディーゼル発電機がいくつもあるはずだ。

旧ソ連・ウクライナのチェルノブイリ（現チョルノービリ）で一九八六年に発生した原発事故は、たいていの人がおぼえているだろう。当時もっともよく知られた原発事故で、放射線中毒が広がらないように一つの市の住民が全員避難させられ、市は廃墟と化した。皮肉なことに、事故が発生したのは安全確認のテストをしている最中だった。テスト中に炉心が過熱して連鎖反応を起こし、その結果、水蒸気爆発が発生し、放射性物質が約十日間にわたって放出され、大気を汚染した。その後の数週間で三十一人が死亡し、十三万五千人が強制避難させられる。

被曝《ひばく》した人の長期的な健康被害を正確に測定するのは困難だが、最終的には、発電所に関わっていたか周辺に住んでいた四千人が放射線障害で死亡したと見積もられている。付近の松林は枯れはて、今では〝赤い森〟と呼ばれている。繁殖しなくなった動物もいる。馬は甲状腺が破壊されて死に、動物の痛ましい奇形が報告された。被害は地球規模で拡大し、海洋生物も影響を受ける。事故は国際原子力事象評価尺度で最高のレベル７と評価された。

アメリカでは、一九七九年のスリーマイル島の事故でそれまでで最大のメルトダウンが発生した。

最初に不具合が生じたのは給水ポンプだった。これに対して自動安全装置が作動する。ここまでは問題ない——閉められているはずの加圧器逃し弁が開放されたままになるまでは。このあと制御室のセンサーが誤作動して、この弁が閉められていると表示する。これに対して、制御室の作業員は、ボタンを押し間違えるなど多数のミスを重ねた。圧力計は巨大な計器盤のうしろに置かれていて、表示が見にくかった。制御室の設計はずさんで、しかも警報音が鼓膜《こまく》をつん裂くように鳴り響き、安全基準に従って落ち着いて行動するなど実質的に不可能だった。

ありがたいことに、スリーマイル島事故の場合、原子炉格納容器は設計されたとおりの役割を果たした。炉心は部分的に溶融し、炉を損傷させたが、分厚いコンクリート製の格納容器の中に収まっていて、周辺の環境には何の被害も与えなかった。

計器の表示やセンサーを過信していると、非常事態が発生したときに準備不足になる。センサーは人間と同様に、間違えることもある。物体視覚思考者は、どんな出来事も頭の中の映像で見る。弁が開放されっぱなしになりそうな状況を視覚化できる。私だったら、危険な状態にならないうちに、真っ先に弁を見に行っただろう。

福島第一原発事故から学ぶ

二〇一一年三月、日本の観測史上最大の地震が東日本で発生した。ハーバード・ビジネス・レビュー誌によると、「地震学者がかつて見たことのないほど大規模な断層すべりで、恐怖の六分間に地殻が五〇メートル移動した」という。

地震は海底を動かすため、津波が発生する原因の八〇パーセントを占める。地震からほぼ五十分後、巨大な津波が東日本の太平洋沿岸部を襲い、二万人近い人が命を奪われ、あるいは行方不明になり、さらに多くの人が負傷し、家屋やビル、道路、鉄道、通信インフラなどが破壊された。これだけでも十分すぎるほど恐ろしかったが、津波はさらに、福島第一原子力発電所に到達し、取り返しのつかない、壊滅的な事故を次つぎと引き起こした。チェルノブイリ事故に匹敵し、同様に評価尺度でレベル7と評価された原子力事故が発生したのだ。

日本から届いた第一報を読んで、何があったのか想像するのは難しくなかった。原子力発電所の設計の基本知識を総動員して作られた動画を見ているかのように、一連の出来事を思い浮かべたのだ。地震が最初に福島第一原発を激しく揺らしたとき、自動制御装置が作動して原子炉は緊急停止した。制御棒が自動的に炉心に挿入され、核分裂反応の速度が遅くなる。送電網から電気を供給する送電線が地震で切断されると、非常用ディーゼル発電機のスイッチが自動的に入る。揺れがおさまったときには、非常設備はどれも申し分なく作動した。

この時点で被害は何もなかった。きっと（数学が得意な）空間視覚思考のおかげだろう。建屋、原子炉、ポンプから発電機、制御室にいたるまで、どの構成要素も正確に計算されて設計され、地震によりコンクリートや鉄骨、パイプ、電線などさまざまな資材にかかる力が考慮され、耐震構造になっていた。この点では、プラントエンジニアはすばらしい仕事をしていた。

最悪の事態はそれから発生する。福島第一原発は巨大津波に襲われ、水浸しになり、十三台あった非常用ディーゼル発電機は一台を除いて破壊された。この状態を専門用語で「全電源喪失」と言う。ほぼすべての機器が停止し、一号機と二号機の制御室は漆黒の闇に包まれた。そのため、原子炉の過熱を監視できなくなる。唯一、固定電話だけが使えた。職員は自分の車のバッテリーを使って制御盤に電力を供給しようとした。冷却ポンプや電気開閉器、予備のバッテリーなどの必需品は水に浸かってしまった。発電所に通じる道路が遮断されたか、あるいは押し流されていたため、備品の補充はほぼ不可能だった。

私は一つの疑問にとりつかれた。どうして、こんなことになるのだろう。日本は津波の襲来がもっとも多い国である。発電所をすっかり水浸しにした津波の高さは約一五メートルで、発電所が耐えると想定された高さの二倍以上だった。

もう一つ、福島第一原発を損傷させた設計上の問題と思われる箇所が気になった。冷却装置が浸水に耐えられる防水性の扉と壁で保護されていたら、メルトダウンは避けられたのではないだろうか。防水扉は昔からある科学技術で、船舶で長年使われ、潜水艦にも取り入れられている。船では、船体に穴があいたときに損傷を受けた区分を密閉し、沈没を防ぐ安全装置になる。

原子力発電所が高度な科学技術を取り入れて運転されていたにもかかわらず、防水区分は重要項目に入っていなかったのだろうか。これさえあれば、冷却装置や非常電源を浸水から守ってメルトダウンを防ぎ、事故を避けることができたのではないかと私は思う。メルトダウンが発生したのは、非常用の冷却ポンプと原子炉の運転に必要な発電機がほぼすべて水没したからだ。物体視覚思考者なら、波が防波堤を越えて発電所に押し寄せる光景を思い浮かべ、事前に対処したのではないだろうか。

福島第一原発がもっと高い場所に建設されていたら、事故は起こらなかったかもしれない。同じ系列の原子力発電所は、およそ一〇キロメートル離れたわずかに高い場所にあり、被害がはるかに小さかった。この福島第二原発は浸水の被害が少なく、外部の送電網と三台の非常用ディーゼル発電機で限定された電力を確保することができた。もっとも重要なことは、制御室——原子炉を監視する計器盤がある部屋——にまだ電気が通じていて、操作でき、メルトダウンが発生しなかったことだ。

福島第二原発の増田尚宏所長は、二十九年間原子力発電所で働いた経験があり、原発のすみずみまで知り尽くし、職員の信頼も厚かった。職員は指示に従って被害の調査に取りかかり、超人的な努力をして原子炉を冷却した。すべてが混乱を極めた状況で行なわれたことは、忘れてはいけない。家族の安否や自宅の被害状況も不明な職員が少なくなかった。しかも、四基の原子炉のうち三基で非常冷却が行なえず、冷却は時間との戦いだった。

増田所長は、炉心のメルトダウンが発生する前に、稼働しているたった一台の発電機から太くて重い電力ケーブルを冷却ポンプにつなげなくてはならない、とわかっていた。作業チームは最終的に総延長九キロメートルに及ぶケーブルを敷設する。所長は制御室の計器を読みながら、どの原子炉の冷却を優先するか決定する。別の炉で圧力の上昇がもっと速くなると、すぐに対処してケーブルをその炉につなげた。原発の全体と細部を正確に視覚化できたからこそ行なえた離れ業だと思う。その結果、周辺に放射性物質をまき散らしてしまう危険なメルトダウンを防ぐことができた。

メルトダウンを防いだもう一つの要因は、増田所長の管理手腕だった。所長は津波と発電所が受けた被害に関する情報をすべて職員に伝えた。これで職員の不安がやわらいだだろう。人は状況がわかれば、行動する勇気がわいてくる。また、原子炉の冷温停止という明確でわかりやすい目標を職員に示した増田所長は、のちに福島第一原発の廃炉対策の最高責任者に抜擢される。

私は、どんなときにも現場にいる人間を信頼する。システムを設置したり修理したりできる人、過去のデータなど現実のものを頼りにし、その環境で発生する可能性のある、あらゆるものを考慮する人がいなければ、安全は確保できない。

ボーイング737MAX墜落事故

飛行機事故より交通事故で死ぬ確率のほうがはるかに高いという話は聞いたことがあるだろう。ある調査によると、交通事故で死ぬ確率は七七〇〇分の一だが飛行機の墜落事故では二〇六万七〇〇〇分の一。それでも、たいていの人が車に乗るのは何とも思わないが、飛行機に乗るときにはとても心配する。私は上空一万メートルを飛ぶ飛行機の中で墜落事故の記事を平気で読める。事実に基づいて考える人間だから、感情に振りまわされないのだ。

二〇一八年十月、ライオン・エア610便がインドネシアの沖合で墜落した。壊滅的な事故で、百八十九人の死亡者の中には子ども一人と乳児二人も含まれていた。私は、こんな規模の大惨事がどうして発生したのか解明したい衝動に駆られた。頭の中では、イメージが次から次へと再現される。事故のニュースを聞いて真っ先にしたのは、インターネットで検索して、多くの情報を手に入れること。すると、重大な事実が二つ見つかった。一つは、事故を起こしたボーイング７３７ＭＡＸが製造されてほんの数か月しかたっていなかったこと。実質的に新品同様だったのだ。もう一つは、離陸後、地上レーダーで追跡した上昇経路が異常だったこと。高度は安定して徐々に上げていかなければいけない。ところが、レーダーで追跡した６１０便の上昇経路は急な高度変更が何度もあり、上昇と下降をくり返してまるで心電図を見ているみたいだ。正気でそんなことをするパイロットは、どこにもいない。

最初に考えたのは、この新型の飛行機には何かとんでもない欠陥があるのではないかということ。ボーイング社が新発売してわずか一年半後に墜落したのだ。その時点で私が７３７ＭＡＸについて知っていたのは、ライオン・エアが燃料効率を考慮して購入したことだけだった。

私の頭の中の視覚ファイルは、どこまでも広がるアコーディオンファイルかスマホの写真フォルダのようなもので、まわりの世界からつねに新しい情報が入ってきて、分類される。画像が重要か興味深いものなら、脳が自動的にその〝写真を撮る〟。

言葉の場合、たいていの人がおぼえる単語の数には限界がある。フロンティアーズ・イン・サイコロジー誌に掲載された研究によると、英語を話すアメリカ人は二十歳までにおよそ四万二千語をおぼえ、その後、中年になるまでは二日ごとに一語か二語おぼえ、中年になったら語彙《ごい》に新しい単語が加わることはない（それでも、もちろん、すでに知っている単語の組み合わせは際限なくある）。これに対して、私の視覚的な語彙は増えつづけ、つねに新しい情報が加わる。画像が加わるほど、すでにある画像とリンクして、問題解決のスキルが向上する。

そのような視覚のファイルによって、マーカーペンサイズの小さな装置が737MAX墜落の原因ではないかと思った。そして、ニュース記事で一枚の写真を見たとき、これまでに航空機について学んだ一切合切の画像を頭の中で検索して、不具合があったとしたらセンサーではないかと直感したのだ。こうしてマーカーペンサイズの装置とセンサーが頭の中で結びついた。視覚思考で問題を解決するときの主役は連想だ。

このマーカーペンサイズのセンサーは「迎角センサー」と呼ばれ、コックピットの窓の下の胴体部分に取り付けられ、気流に対する飛行機の角度を測定する。何よりも驚いたのは、737MAXには迎角センサーが二つ取り付けられていたのに、一つしか使われていなかったこと、それが飛行機の飛行制御コンピューターに直接、接続されていたことだ。

迎角センサーはとても壊れやすい。たった一つの繊細なセンサーを頼りにするのは、工学上好ましくない。このセンサーは通常、パイロットのフライトディスプレイの計器に接続され、パイロットを補助し、機首が上を向きすぎて飛行機が失速する危険があるときに警告するが、操縦でパイロットより優先されることはない。ところが、737MAXの欠陥センサーは、正常に飛行しているのに失速しているとみなしてコンピューターに信号を送り、コンピューターがこれに応じて機首を下げた。

コンピューターが機首を下げて飛行機が急降下すると、不幸なパイロットは操縦桿《かん》を引いて上昇させ、またコンピューターが機首を下げ……ということをくり返す。ほかにどうしようもなかっただろう。一人のパイロットがコンピューターと格闘しているあいだ、もう一人は死に物狂いで操縦マニュアルをめくっていた。

私の脳は自動的に一連の視覚的なシミュレーションをして、センサーが損傷した原因をつきとめようとした。整備員のはしごがセンサーに寄りかかっていたり、搭乗ブリッジがセンサーを押しつぶしたりする光景が見える。荒れ模様の天候か清掃員のせいで壊れていたのかもしれない。センサーは空気に触れなくてはならないから、風雨にさらされる。ある意味では、人間や動物の触覚器官や聴覚器官に似ている。風圧や音波、圧力などの物理現象は、電気的な信号に変換されてコンピューター、あるいは脳が解釈できるようになる。人体の感覚器官でも工学のセンサーでも、それがまわりの環境とどう関わり合うのかを見るのは、物体視覚思考者にとってお安い御用だ。

経費削減の落とし穴

事故にはさまざまな原因が重なっていたと思うが、７３７ＭＡＸの航空エンジニアもミスを犯している。飛行機が正常に飛行しているときにコンピューターが急降下させたなら、パイロットが水平安定装置を手動で作動させてコンピューターシステムを停止させるものと思い込んでいた。しかし、そうではなかった。７３７ＭＡＸはセンサーが壊れた状態でテスト飛行したことがなく、パイロットはコンピューター化された新しいシステムの情報を十分に与えられていなかったのだ。ソフトウェアの設計がずさんで、センサーも正常に作動しない。最悪の事態だ。ハドソン川にジェット機を無事に着水させたパイロット、チェズレイ・サレンバーガー機長も、７３７ＭＡＸの故障を再現したシミュレーションで飛行した際、自動化されたシステムを「死の落とし穴」と呼んだ。

私は長年、設計畑で仕事をしてきたから、設計では何の知識もない人を基準にしなくてはいけないことがわかっている。だれが操作しても腕をはさまれないように装置を設計してきたのは、操縦する人の腕が装置の動いている部分と壁のすき間にはさまれる光景が頭の中で見えるからだ。航空エンジニアは必ずしもこれがわかっていないという気がする。自分自身が現場に出ないから、飛行機を操縦する人の能力を過大評価してしまうのだろう。７３７ＭＡＸも、ベテランではなく、並のパイロット向けに設計されるべきだったのだ。

最初に７３７ＭＡＸの事故原因を探ったときには考えもしなかったことが一つある。金銭問題だ。ボーイング社には節約の社風があった。ピーター・ロビンソンは著書『やみくもに飛ぶ（*Flying Blind*）』で、ボーイング社のエンジニアはもはや主要な決定をせず、会社の関心は株主に尽くすことに切り替えられていたと述べている。

燃料費は人件費とともに航空会社の支出で大きな割合を占める。新しい低燃費のエンジンは、消費燃料が既存の７３７機より一四〜一五パーセント少ない。そして、まったく新しい型の機体を設計するより、現存する７３７機に新型エンジンを搭載するだけのほうが、手間ひまかからない。それればかりか、同じ機体なので、航空会社もパイロットを再訓練する必要がなくなる。７３７ＭＡＸの設計はその場しのぎだった。

たちまち重大問題が二件発生した。一つは、大型で低燃費のエンジンは地面に触れない最低限の高さを確保するために、もっと前方に取り付けられなければならないこと。そうすると、機体は不安定になり、失速しやすくなってしまう。もう一つは、新型エンジンは幅が広いため、翼のような役割をして揚力を高めること。これで機首が上を向きやすくなり、飛行機は失速しかねない。ボーイング社はこの問題を解決するために新しいソフトウェアを作って、７３７ＭＡＸの操縦感覚を以前の７３７機と同じようにした。ボーイング社も、またほかのだれもが満足する対策だった。航空会社は燃料を節約でき、パイロットはシミュレーターの訓練を受けずにすむ。７３７ＭＡＸは飛ぶように売れ、ライバルのエアバスと熾烈《しれつ》な販売競争を繰り広げた。

じつは、ライオン・エアで墜落事故を起こした７３７ＭＡＸは、以前にも迎角センサーの故障で急降下していた。そのときは、たまたま三人目のパイロットが乗客として搭乗し、この飛行機の扱い方を知っていたため、ことなきを得た。壊れた迎角センサーは、ジャカルタに着陸したときに、通称「ガラクタコーナー」と呼ばれる中古部品業者から仕入れた中古品と交換された。一流の航空会社なら、もうこの飛行機は飛ばさなかっただろう。ところが、ライオン・エアには安全面での恐ろしい過去があり、メンテナンス記録のごまかしもぞろぞろあった。会社はこのヒヤリハット後に当機の飛行を許可し、最後の致命的な飛行に向かわせたのだ。

ライオン・エアの墜落事故から数か月後、今度はエチオピア航空の737MAXが同じような誤作動で墜落する。時速およそ一一〇〇キロメートルで垂直に落下して、地面に突っ込んだのだ。調査団が発見した残骸は、地中一〇メートル近い深さまでめり込んでいた。この惨事のあと、ボーイング737MAXはすべて飛行停止になった。センサーを二つとも使っていたら、パイロットが正常に作動しないシステムの対処法を十分に教えられていたら、飛行停止になることはなかっただろう。

この事故で、三十を超える国の人びとが命を落とした。一つの痛ましい光景が私の脳裏に焼きついて離れない。葬儀のとき、死亡した乗務員の写真が椅子に置かれていた。埋葬する遺体が見つからなかったのだ。

身近に迫るサイバー攻撃

最近は、自動車や産業機器、家庭用品の多くがコンピューターで制御されるようになってきた。コンピューター化されたシステムは、みんながいっせいにエアコンのスイッチを入れたら送電網が電気を流す量を制御するようになっている。スマホで玄関の鍵を開け、暖房や冷房の温度を自動的に調節してくれる。とても便利だが、私たちの使っている機器の多くがインターネットにつながっていることで、災難に見舞われるリスクが倍増している。ハッカーはすでに、車を動かすコンピューターをリモートコントロールで操作できるし、家庭のセキュリティ・システムに侵入して住人の生活をのぞき見している。

近年では、コンピューターネットワークを利用した犯罪はもう珍しくない。身代金を要求する不正プログラム、ランサムウェアを使ったサイバー攻撃がすでに数えきれないほど発生している。コンピューターの日常的な不正侵入で、会社や学校、病院、地方自治体の行政は、ときに機能不全に陥る。ハッカーはコンピューターシステムに侵入し、保存されているファイルをすべて暗号化する。その結果、請求や顧客への配達、給料の支払い、病院のカルテ、車両登録など重要なシステムにアクセスできなくなり、ファイルを回復するために、市や会社は法外な身代金を払う。ハッカーの目的は金稼ぎだ。

いちばん怖いのは、ハッカーが目的を金稼ぎから事業の妨害に切り替えたら、どんな事態が発生するかだ。二〇一九年、ノルウェーのアルミニウム製造企業ノルスク・ハイドロがランサムウェア攻撃を受け、生産管理システムなどが感染し、工場は一部で生産停止に追い込まれた。もう一歩先に進んで、工場のコンピューターがすべて乗っ取られていたら、もっと深刻な事態に陥っていただろう。アルミニウムを溶かす溶鉱炉や、高価で取り替えるのが困難な装置が勝手に制御されていたかもしれない。実際に、ノルスク・ハイドロはこのときのサイバー攻撃で六千万ドルの被害を受けた。

二〇二一年には最大級のランサムウェア攻撃が相次ぎ、石油供給会社コロニアル・パイプラインと食肉大手JBSが被害を受けた。コロニアルでは東海岸への石油の輸送が停止され、ガソリンスタンドでガソリンが底をつき、航空会社は燃料不足に陥った。ＪＢＳでは、アメリカやオーストラリア、カナダの工場が閉鎖された。

一連の事件を見て、設備や装置などの機器をサイバー攻撃から守ることが非常に大切だと痛感した。コロニアル・パイプラインが機器に重大な損傷を受けていたら、修理に何か月もかかっただろう。あちこちのガソリンスタンドで大混乱が発生している光景が目に浮かぶ。ガソリンを国の端から端までトラックで運ばなければならないのだから。いちばん先にガソリンを手に入れようとして、タンクローリーのあとについて走る車の姿が目に浮かぶ。

こうした状況で物的インフラを守る方法を知っているのは、パイプラインや食肉加工工場の地下の工場で働いている物体視覚思考者だ。こういう人たちに相談してみたら、大災害を避けることができるかもしれない。

この章を書いているとき、まさに最大の悪夢が発生しようとしていた。二〇二一年二月五日、フロリダ州オールズマーでハッカーが市の水道システムを乗っ取ったのだ。ハッカーは、あるバルブを全開にして、危険なほど大量の化学物質〔水道水には酸性度微調整のため、微量の水酸化ナトリウムが加えられる〕が水道水に混入するよう操作した。幸い、怪しい矢印がモニター上で動きまわるのを目ざとい職員が見つけ、設定を安全な状態に戻した。

これは運がよかったが、サイバー攻撃自体を防止する対策のほうがもっと安全だ。物体視覚思考者なら、たとえば、タンクから流れ出る化学物質の量を制限できるような細いパイプが取り付けられている光景が思い浮かぶだろう。こうすれば、コンピューター制御のバルブが全開になったとしても、化学物質は安全な量の最大限までしか通せない。実際、オールズマーの水道システムでは、化学物質が流れ出る量を制御するパイプが、すでにタンクに取り付けられていたようだ。

有効な防止策

この先、もっとも危険なサイバー攻撃は、産業活動を妨害するものになるだろう。たとえば、発電機を停止させるとか、重要なバルブを操作してダムの放水路のゲートを開く、製油所を爆発させるなどだ。こういう災難を防ぐには、悪意のあるコンピューター・メッセージが機器に危険な指令を出しても、コンピューター化されていない制御装置で機器を停止できるようにすること。こうした制御装置は、インターネットにつながっていないからハッカーに狙われる心配がなく、サイバー攻撃の防止になる。

このような制御装置は、視覚思考の私には頭の中で絵のようにはっきり見える。金属製の丸い計器で、表示板に針がついていて、ひと昔前の車の速度計に似ている。表示板には危険領域が赤い色ではっきり示され、針が危険領域に入ったら機器は停止するのだ。私は技術革新に対抗するラッダイト主義者ではないが、サイバー攻撃のニュースを見聞きすると、電子制御されているため攻撃に対して脆弱な電力網のことが心配で、夜も眠れないときがある。

交換するのが困難で高価なインフラをサイバー攻撃から守り、ひいては人命を救う基本的な方法は三つある。一つは、電子機器を利用していない、旧式で電動の制御装置を使うこと。これは、機器がやたらと加熱したり、回転が速くなったり、ポンプが乾燥するようになったりして危険な状態になったら自動的にスイッチを切ってくれる。たいていの人は、家にあるヒューズやブレーカーのスイッチにすでになじみがあるだろう。これも、そういう安全装置だ。電子機器を利用しない制御装置をそなえつければ、サイバー攻撃を受けても回路の負荷が過剰にならないため、過熱で家が焼け落ちたりするのを防げる。

もう一つは、完全に自動化された機器をインターネットに接続しないこと。工場で箱を積み上げるロボットアームや、空港のターミナル間で乗客を運ぶ電車などだ。こういうシステムは、サイバー攻撃から保護する必要があり、インターネットから完全に遮断されていなければならない。ケーブルで接続する有線ＬＡＮでもワイヤレスのＷｉ－Ｆｉでも、遮断すること。この状態は「エアギャップ」と呼ばれる。

そして三つめは、Ｗｉ－Ｆｉ内蔵のコンピューターを産業システムや機械装置に接続しないこと。これは、くれぐれも注意しなければならない。こういうコンピューターは、つねにＷｉ－Ｆｉの接続を探している。元アメリカ副大統領のディック・チェイニーはテロリストのサイバー攻撃を恐れて、心臓近くに植え込まれていた除細動器のＷｉ－Ｆｉ機能を無効にしていた。心臓専門医のジョナサン・ライナー博士は次のように述べた。「ホテルの隣の部屋や階下からロープを伝って侵入されるような、つまりハッカーに乗っ取られるかもしれないような機器を副大統領が身につけるのは、まずいでしょう」

最近、大規模な工場を視察しているときに、コンピューターが無造作に折りたたみ椅子に載せられているのに気づいて、ぎょっとした。尋ねてみると、制御室から特定の機器を操作できなくなり、近所の電気店からコンピューターを買ってきて作業を続けたのだと言う。Ｗｉ－Ｆｉも内蔵されていた。このような見落としは多大な脆弱性を生じかねない。このコンピューターがハッカーに乗っ取られたら、製造が停止するかもしれない。輸送システムの場合、電車を乗っ取って衝突するようハッカーが指令を出したら、大事故になるかもしれない。

同じ理由で、自動運転の車にはサイバー攻撃対策が必要だ。非常時に運転者が操作でき、インターネットにつながっていない機械式の強制停止スイッチを装備するとか。コンピューターが制御不能になった場合を考えて、車に非常用の機械式ブレーキを取り付け、ハンドルを手動で操作できるようにすれば、ドライバーが車を制御できる。私たちはコンピューターに頼りすぎ、やみくもに信じているから、コンピューターがもともとかかえている危険が見えなくなっている。たいていの人は、自分が使っている機器の仕組みがわかっていない。ほとんどの人にとって、インターネットは抽象的な仕掛けだ。それが危険なのだ。

ＡＩがかかえる問題

このところ、アメリカ国内での携帯電話の５Ｇ（第5世代移動通信システム）の導入が航空機の安全にとってリスクになるかもしれないことが明らかになっている。5Gの携帯電話と基地局から発信される信号が飛行機のレーダー高度計に干渉する恐れがあるというのだ。レーダー高度計は霧が濃くて滑走路がよく見えないときに、飛行機を安全に着陸させる。そのため、高度を正確に測定しなければならない。

5Gはヨーロッパではすでに利用されていて、安全に関する問題は発生していない。それでは、どうしてアメリカでこんなに騒ぐのだろう。何が違うのか。私は視覚思考者なので、まず映像が思い浮かぶ。飛行機がニューヨークから離陸してパリに向かって飛んでいる。同じ飛行機はアメリカ国内でもヨーロッパでも飛びまわっている。また、どちらでも、同じ周波数を多数のユーザーが同時に使える5Gの周波数共用というシステムが使われている。次に過去の映像、これまで自分が作成してきた動物の福祉の基準、たとえば北アメリカ食肉協会の家畜取り扱い、および監査推奨指針に関する映像が思い浮かぶ。

こんなふうに映像を思い浮かべるうちに、映像から基準というルールを連想する。そこから、おそらく、ヨーロッパとアメリカでは無線周波数の共用を管理する基準が違うのだろうと思いいたる。この基準を実際に探してみると、基準の相違を説明している論文を見つけ、やはり無線周波数共用の基準が異なるため、アメリカでリスクが増大することがわかった。この本を書いている時点で存在するレーダー高度計の技術と5Gでは、滑走路と飛行機の侵入経路付近で高出力の5Gアンテナを除去する必要がある。視覚思考者なら、こうやって連想し、解決策を見つける。

このような映像に基づく視覚思考の考え方は、ときに幻覚を起こしているように思われるかもしれない。視覚思考の話をしたときに、幻覚を見ているのかとよく尋ねられるが、答えはノー。視覚思考は、現実に存在するものが頭の中で本当に見える。ヒルトン・ホテルでライオンに襲われるのは、現実ではなく幻覚だ。私がイメージの中で見るものは、すべて現実だ。最近、そのイメージ力で何度も視覚化して心配するのは、人工知能（ＡＩ）を制御するシステムがハッカーに乗っ取られたらどうなるのかだ。

グーグルは二〇一五年にディープドリームを導入した。これはコンピューターの映像プログラムで、人工知能のアルゴリズムを使用し、パターンを見つけて画像を作成して、精度を高める。通常の使用例としては、インターネット上で犬の写真を見つけることなどがある。このプログラムは、意図された目的で使用されるときには、視覚思考に似ている。ところが、データにないものを強制的に探させると、統合失調症の人と同じように幻覚を起こす。犬が写っていない画像の中に犬の要素を探すようにくり返し強制すると、プログラムは犬の要素に注目しはじめる。木になっているリンゴは変形して犬の目に変わっていくかもしれない。プログラムが作成した画像は不気味だ。たとえば目がいくつもある怪獣や、目だらけの空、目がいくつも食料品と並んでいるスーパーマーケットの棚などだ。ＡＩが作成する画像は「美しいものから、ぞっとするようなものまである」とガーディアン紙の記者は述べている。

ＡＩは二〇一六年に転機を迎えた。囲碁《いご》で初めて人間に勝ったのだ。囲碁はチェスより複雑で、数学の好きな空間視覚思考者はしばしばチェスや囲碁が得意とされる。どちらも抽象的な戦略ゲームだ。ネイチャー誌の記事によると、ＡＩが使った戦略は、「囲碁の伝統的な知識の枠を超えていた」という。

ＡＩはコンピューターゲームや衛星から送られてくる画像の分析など、さまざまな分野で研究され、応用され、劇やエッセイを創作する訓練まで受けている。対話型ＡＩであるＣｈａｔＧＰＴのもとになった文章生成ＡＩプログラムＧＰＴ－３は、シェイクスピアの文体をそっくり真似た戯曲を作り、言語学者はその戯曲が偽物だとなかなか見抜けなかった。ＧＰＴ－３はインターネットから人間の知識を大量に吸収して、さまざまなテーマで文章を書く。物議をかもすようなテーマを指示されると、不快だという結論を出すこともある。電子工学専門誌によると「ＧＰＴ－３のミスは何であれ、人間から学んだものだった。不快なものが出てくる確率は一〇〇パーセント」とある。

ＡＩのアプリはシミュレーションや分析をするために、産業、運輸、サイバーセキュリティ、軍事の分野で開発されているが、安全対策はどうなっているのだろう。ＡＩのプログラムに原子炉の運転をさせたいと思う人がいるだろうか。メルトダウンが発生していないのに、高圧や高温を強制的に感知するようハッカーが遠隔操作してＡＩの「運転員」が幻覚を起こしたら、どうなるのか。たぶん、実際にメルトダウンを発生させてしまうだろう。私たちは、ＡＩが作動する仕組みを完全に理解しているわけではないと言うコンピューター科学者も出てくるだろう。物理学者のアーサー・Ｉ・ミラーによると「グーグルのディープドリームで重大な問題は、プログラムされていない画像を作成していたことだ」という。そんなことが、温度や水流、圧力、産業機器の運転速度を監視するシステムで発生したら、どうなることか。

大学生のころに見た映画〈２００１年宇宙の旅〉を思い出す。一九六八年のこの名作ＳＦ映画では、高度な知能をもつＨＡＬ９０００という名のコンピューターが登場し、謎の物体モノリスを探査するという密かな任務を帯びて宇宙飛行に同行する。ＨＡＬ９０００は、目的地に到着するまで宇宙飛行の真の目的を飛行士たちに明かさないようにプログラムされ、しかも絶対に嘘をつかないよう指示されている。宇宙飛行士を殺すのは、このパラドックスを解決する論理的な答えだった。しかしＨＡＬ９０００の動きを止める方法があり、映画がクライマックスを迎えたとき、ただ一人生き残った船長のデイヴィッドは殺されそうになる寸前にＨＡＬ９０００を停止させる。

この映画のすばらしいところは、ＨＡＬ９０００があらゆる点で人間じみていることだ。宇宙飛行士と親しくなり、チェスの相手をし、終盤の直前まで仲間になりきっていた。たとえ赤く点滅する目であってもだ。ＨＡＬ９０００はＡＩのモジュールを取り外さないでくれと泣きつくが、デイヴィッドは自分が生き残るにはモジュールを外すしかない。ＨＡＬ９０００が停止したとき、私はほとんどの観客と一緒に泣いた。ところがそのとき、ＨＡＬ９０００はすでに宇宙船の酸素供給装置を遮断していた。それでもデイヴィッドは手動で非常口を開いて脱出し、宇宙船のコンピューターシステムに打ち勝つ。

映画が公開されて五十年以上たった今でも、この物語が象徴するものには説得力がある。人間とロボットは共生できるのか。酸素供給装置を制御するのは、どちらか。ロボットを停止させるスイッチはあるのか。

言葉に問題あり

「国際原子力事象評価尺度」「設計基準外事象」「二重化」「制御ハザード」「リスク許容度」「直接原因」。私は言語思考者ではないが、エンジニアがリスクを論じるときに使う言葉は、まるでロボットみたいに人間味がないと感じている。墜落は「地面との衝突」で、重大問題は「異常」。ロケットの発射では、何もかも順調なときは「予定通り」と言う。順調でないときには、失敗の段階が四つある。「微小」「些細」「重大」「壊滅的」。ボーイング機の惨事は「共通モード故障」とされた。

施設名やシステムの名前は頭文字で示される。NPSは「原子力発電所(nuclear power station)」。科学誌で原子力発電所の記事を読んだことでもなければ、ちんぷんかんぷんだ。航空機関連の雑誌で墜落にいたった状況を説明するときに出てきたら、「航行誘導システム(navigation and pilot system)」を指すのかもしれない。福島第二原子力発電所に関する記事では、浸水の規模が小さかったことについてPC、MC、RBが水をかぶらず被害を受けなかったと書かれていた。この頭字語が何を指しているのか、さっぱりわからない。インターネットで調べたら、PCは圧力制御装置(pressure controller)あるいはパーソナル・コンピューター(personal computer)、MCは主循環ポンプ(main circulator)か主復水器(main condenser)、RBは原子炉建屋(reactor building)だった。

専門用語や頭字語はどの業界にもあるが、工学の世界では、私がこれまで見てきたどこの業界よりも多い。ＥＰＭはエンジニアリング・プロダクト・マネージャーで、ＰＤはプロダクト・デザイン（製品設計）。イニシャルや頭字語が多すぎると簡単に現実離れしてしまう。縦軸と横軸を交差させて要素の関連を示すマトリクス図では、始点を「きわめて低い重大性」、終点を「きわめて高い重大性」としたり、縦横の軸に「稀少」「可能性低い」「可能性あり」「可能性高い」「確実」という言葉を使ったりする。抽象的でじつにわかりにくい。

人間味のない専門用語や科学用語には、重大な問題を解決する意欲を失わせて問題解決を妨げるという一面がある。これについて考えるのは重要だろう。曖昧な言葉を使うと、自分が犯したミスの結果に対する気持ちが希薄になる。何かが爆発したとか、浸水した、墜落した、人にケガをさせたとか死なせたことを認めるより、「異常」や「地面との衝突」について語るほうが気楽だ。

視覚思考者にとって、災難は決して抽象的ではない。私はこれを書きながら、引きちぎられた遺体や飛行機の残骸が地面のあちこちに散らばっている光景が頭の中で見えるのだ。

第7章　動物も思考する——視覚思考との共通点

視覚思考を理解するうえで最大の妨げになるのは、その存在を知らないことだと本書でずっと訴えてきた。私は動物学者でもあるのだが、動物の精神世界を理解するときにも、視覚思考の場合と同様に、その存在を知らないことが大きな妨げになっている。

視覚思考者《ビジュアル・シンカー》の才能や貢献が過小評価され、十分に活用されてこなかったのと同じように、動物の思考や能力も過小評価され、誤解されてきた。最終章では、言葉をもたない動物の思考と視覚思考の共通点に目を向け、動物の感覚や意識、感情について見ていこう。

動物研究の歴史

はじめに、人間が動物をどう考え、取り扱い、研究してきたのか、その歴史を簡単に説明しよう。

動物考古学者エリカ・ヒルの論文「考古学と動物の性格」によると、古代の狩猟採集者は、動物は「独自の意図的な行動ができる」と考えていた。狩りを成功させるには、動物が通ったことを示すかすかな足跡や折れた枝を見つけなければならず、何よりもまず狩猟採集者自身が視覚に頼る必要があっただろう。狩猟採集者の研究を重点的に行なってきたテルアビブ大学のイヤル・ハルフォンとラン・バルカイによると、狩猟採集者は動物を生活共同体の一員と見なしていたようだ。そこでは人間のメンバーは数人しかいない。アメリカ先住民の信仰体系でも、動物を人間の親戚としているものはいくつもある。

エディンバラ大学の心理学者マッティ・ウィルクスが最近行なった研究から、九歳になる前の子どもは、動物と人間を同等に扱う傾向があることが明らかになった。犬と人間の命を同じくらい大切だと考える子は多く、これに対し、おとなのほぼ全員が、たとえ犬百匹より人間一人を救う選択をした。人命重視は「発達の後期に現れ、社会的に獲得される可能性がある」と研究者は結論を出している。動物をまったくの「別物」と認識する傾向は、個人でも社会でも言語思考が優勢になるにつれて大きくなったのではないだろうか。言葉を話したり書いたりして言語による意識が育まれるとともに、動物に対する敬意が薄れ、理解が変わったとも考えられる。

古代ギリシアの哲学者アリストテレスは、人間が動物より高い地位にあるのは論理的に思考する能力があるからだと考えた。人間は知覚し、合理的に思考することができ、言語で意思を伝えるのに対して、動物は感覚と衝動に駆られると言うのだ。

時代が流れて十六世紀フランスの哲学者ミシェル・ド・モンテーニュは、「人間は動物より優れているわけではない」という随筆で動物の感覚を擁護した。人間は動物より優れていると考えるのは人間の驕《おご》りで、人間は「動物の胸中」をどうして知りうるのだろうかと問い、「憶測は人間が生まれつきもっている特有の病だ」と言う。この点を強調して、「猫と遊んでいるとき、私は猫をからかっているのでなく、猫にからかわれているのかもしれないではないか」と言う。動物と親しい人ならだれでも、同じ疑問をもつのではないか。

それから半世紀後の一六三七年、フランスの哲学者ルネ・デカルトは随筆「動物機械論」でモンテーニュに反論し、人間は肉体と魂でできているが、動物には魂がないから機械と変わらないと唱えた。動物を時計になぞらえ「歯車と重りでできているにすぎない」と言う。この随筆で、動物が思考や感情をもつことができないありとあらゆる理由を並べたて、ついにはこう述べた。「野獣が本物の言語を使用する段階、つまり、自然の衝動ではなく純粋な思考に属するものを言葉や合図で示す段階に達したのは、いまだかつて観察されていない」。デカルトによると「我考える、故に我動物にあらず」となる。デカルトが生体解剖に参加した話は、よく知られている。医学の知識を得るために生きた動物を解剖し、解剖中に動物が出すうめき声は、痛みを表現しているのではなく、本能的なものとして無視された。

動物の行動の研究では、十九世紀にチャールズ・ダーウィンが登場するまでほとんど進展が見られなかった。『種の起源』は自然と人間の関係や動物の認識に大変革を起こした。ダーウィンは「ある種の動物の習性は、調べれば調べるほど、本能ではなく理性に頼っていることがわかり、これは重要な事実だ」と言う。デカルトの二世紀後、ダーウィンは人間の進化について述べた『人間の由来』で生物を分類して階級を定める考え方を痛烈に批判し、「人間と高等動物の脳の相違はそれなりに大きいが、程度の相違で種類の相違でないことは確かだ」と唱えた。

動物の認識能力

それでは、動物の認識能力を見てみよう。言葉をもたない動物は感覚を通して生き、考える。以前に経験したことを視覚や聴覚、嗅覚、味覚、触覚の記憶でおぼえている。感覚に基づく思考と記憶とは、言葉なくして体験を思い出すことだ。

タコは、足にも感覚システムがあり、味覚やにおいだけでなく感触も頼りにする。オオカミから犬までのイヌ科の動物は、嗅覚を頼りに暮らし、高周波を聞き取る聴力もそなえている。犬が木や消火栓のまわりをうろついてにおいをかいでいるときには、リードを無理に引っ張ってやめさせてはいけない。犬はとても社交的な動物で、においのあるもの、とくにおしっこのにおいをかいで情報を手に入れるからだ。だから、私は犬のおしっこを「シーシー・メール」と呼んでいる。犬には嗅覚受容体が三億あり、これに対して人間は六百万。脳の嗅覚中枢は、人間の嗅覚中枢より相対的に四十倍も大きい。二千種のワインを香りで判別できるソムリエがいるという話をどこかで読んだが、これくらいが人間には精一杯だろう。

形の相違を明確に区別して分類する動物もいる。カリフォルニア州立大学の心理学者ジェシー・ペイシグは、ハトが自発的に形を分類することを発見した。通常、人間に固有の認識能力と考えられているスキルだ。

慶應義塾大学名誉教授の渡辺茂は、ハトがモネとピカソの絵を区別できるようになることを発見した。ハトは以前に見たことのない絵でも区別できる。鳥がこのスキルを発達させたわけは、適応ではないだろうか。鳥は、まわりの世界を明確に識別できなければならない。リスは視覚思考を利用して、木の実の隠し場所を「記憶」する。同じように、アリには視覚記憶があり、これを利用して巣に帰る。サセックス大学神経科学センターの研究では、アリが餌探《えさ》しに出かけたときに、途中で立ち止まって新しい食料源の「スナップ写真」をさまざまな角度から視覚記憶としてとどめる（保存）ことが明らかになった。アリはまた、巣に戻るときには、何回も振り返って目印を確かめる。

動物が時間や空間を理解していることはいろいろな形で見られる。哺乳類と鳥類が自分の巣の場所をおぼえているのは明らかで、どちらも餌がたくさんありそうな場所を見つける感覚を発達させる。カラス科の鳥の中には、餌を隠した場所と隠している時間の長さをおぼえている鳥もいる。カケスは、ごちそうの毛虫が木の実より早く腐ることを知っている。毛虫を隠したときには、腐りにくい餌より早く戻ってきて食べなければいけないことがわかっているのだ。人間が戸棚より冷蔵庫にあるものから先に手をつけるのと同じだ。

意識の脳科学

動物の意識についてようやく議論されるようになったのは、認知神経科学が発展し、ＭＲＩが普及した一九九〇年代だった。それからこの二、三十年のあいだに、動物の意識を研究する科学者はさまざまな説を展開し、動物の意識を評価する新たな方法を取り入れてきた。

もっとも原始的なレベルの生物でも、意識をもち、何かを認識するには、ある程度複雑な神経系が必要だ。ハマグリやカキ、ウジムシには意識がない。行動が生じるのは、くり返し与えられる刺激に対する反応か、単なる慣れの結果だ。カキは、さわると反応して殻を閉じるが、この刺激を何回もくり返すと殻を閉じなくなる。神経系が慣れを起こし、反応をやめるか反応のレベルが低くなるのだ。

神経系が複雑になる次の段階には、頭に神経節をもつプラナリアなどの扁形動物がいる。神経のネットワークはすべて集合点を形成し、集合点はあちこちのエリアを結びつける。それがネットワークの本質だ。神経活動が活発な集合点は中枢化してハブになり、組織が形成される。神経学では、この過程を大脳化と呼ぶ。中枢化したハブが入力と出力の回路をいくつもそなえ、意識の要《かなめ》になる。脳は中枢化していない神経のネットワークから大脳皮質を形成するまでに発達する。

神経のネットワークについて考えてみると、タコは興味深い。頭足類《とうそく》（イカなど）に分類されているが、脊椎動物のような特徴を見せる。カナダの比較心理学者ジェニファー・メイザーによると、タコの脳には記憶を保存し学習する特定の領域があり、「足には巨大な神経節があって一つひとつの吸盤を制御する。さらに、遊ぶ能力もあり、さまざまなテクニックを使って二枚貝を開く」。

脳の構造は、分類上の下位の生物から上位の生物になるに従って複雑になっていく。意識が完全になる過程で、目や耳といった感覚器官が形成される。下位の生物では、目は原始的な点として現れ、この点は光を感知し、光源の方向がわかる。次の段階では、像がぼんやり見える。アリは私たち人間ほどよく見えないが、いくつかの重要なタスクで目を使う。前にも述べたように、道案内として視覚記憶をたくわえるのもその例だ。視覚思考はここから始まる。

見たり聞いたりするための感覚器官をもつ生物は、目や耳のない生物と比べると、情報を処理するために中枢化した大量の脳細胞が必要だ。神経学者スザーナ・エルクラーノ゠アウゼルによると、脳では、単なる大きさより、回路の数と接続方法のほうが重要だ。鳥の脳は小さくても、脳細胞に膨大な量の処理能力が詰め込まれている。その処理能力は、場合によっては、大型哺乳類の脳と変わらず、たとえるならスマホのようなものだ。スマホは小型の電子チップに大量の回路が詰め込まれていて、実行する機能の数はデスクトップ・コンピューターとさほど変わらないほど多い。動物でも、処理装置の機能が多いほど行動の柔軟性が高まる。空を飛ぶなら、脳は高性能で軽くなければならない。たいていの哺乳類は空を飛ばないから、鳥とは違い、高性能で軽い脳を発達させるという必要がそれほどなかったのだろう。

エルクラーノ゠アウゼルがさらに行なった研究によると、アフリカゾウの脳は人間の脳よりはるかに大きいが、大脳皮質のニューロン（神経細胞）の数は人間の百六十三億に対してわずか五十六億しかない。人間の脳は、ゾウの脳よりニューロンがぎっしり詰め込まれていて、大脳皮質が分厚い。そのほかの部位は、ほかの哺乳類とよく似ているが、動物の脳と違うところは、大脳皮質にある大量の回路の計算能力だ。ゾウは、大脳皮質で欠けているものを小脳の大きさで補っている。小脳は運動の調整に関わっているから、小脳が大きいのは、ゾウがコミュニケーションをはかるときに低周波の振動を使ったり、長い鼻を制御したりすることと関係しているのかもしれない。

意識は段階的に発達すると考えられている。脳のシステムが複雑になるほど、意識も複雑になり、感情と感覚に関する情報を処理する連合野は、ニューロンがますます密集して、どんどん大きくなる。意識をもつには、フィードフォワードとフィードバックの両方の回路をもつ集中型のハブが必要だ。情報は前頭葉と頭頂葉のさまざまな層のあいだを飛び交う。これには、入ってくる情報をすべて処理し、関連付けて、柔軟な形で反応できるハブも必要だ。

人間でも動物でも、脳の上部にある皮質領域と下部にある脳中枢の多数の領域を接続するネットワークは、中脳水道周囲灰白質にある。中脳水道周囲灰白質は脳の下部にあり、脳のさまざまな部位から受け取る情報を統合して行動や神経活動の情報を発信し、他者との関係で適切な行動をとるための役目をしている。そのおかげで、動物も人間も環境やほかの個体と関わり合うことができる。この部位が損なわれると、人間でも猫でも昏睡状態になり、まわりのものに反応しなくなる。

意識のもう一つのハブ（視床）は、脳の中央下部にあり、どちらの部位（中脳水道周囲灰白質と視床）も感情処理のハブの役割をする。脳にたくわえられた情報は、ここで一つにまとめられ、関連付けられる。

意識はスペクトラム、つまり程度が大から小まである連続体のどこかに位置する。意識が存在するには、神経系だけでなくある種の神経生物学的な特徴も必要だ。意識には生物学的な機能があり、頭の中で考えているものと外の世界とのあいだに関係があることがわかっている。意識は一つのものではなく、「マルチモーダル」（複数の入力情報から生じるもの）であることはほとんどの科学者が認めるだろう。哺乳類の多くは、まわりの環境を感知し、それに対してさまざまな形で反応する。まさに言葉をもたないからこそ、動物の行動は進化の過程を知るすばらしい窓になるだろう。

将来にそなえる

視床は意識と覚醒をつかさどり、感覚と運動の情報の中継基地でもあるが、視床と中脳水道周囲灰白質だけでは意識の全体像を十分に説明できない。情報の大きなハブがもう一つ後頭葉に隣接した頭頂葉にあり、これが感覚と感情の情報を結びつける。人間の脳を解剖すると、神経線維の太い束が、局所的に、あるいは遠い大脳皮質の領域に広範囲にわたって接続されているのがわかる。人間の意識の体験はすべてこの「情報センター」で生じると言われる。

脳が意識をもつように発達するには、情報が入ってくるさまざまな器官で感覚間相互作用《クロスモーダル》をする能力も必要だ。感覚間相互作用とは、目など一つの感覚器官から脳に入ってきた情報を触覚など別の感覚系から入ってきた情報と組み合わせて統合し、理解することだ。人間では、視覚と触覚の感覚入力は生まれたときから結びついていて、年齢とともに発達する。たとえば、コックピットの計器盤には、パイロットが手触りでもわかるように、いろいろな形のハンドルが取り付けられていて、目と手から感覚情報が入ってくるので、操縦ミスを減らせる。自転車の練習をする子どもは、目と、内耳にあって体のバランスをとる前庭《ぜんてい》から同時に入ってくる感覚を利用する。こういったタスクは簡単なものから難しいものまであり、複合的な認知能力を頼りにしている。

脳には意識に必要のないことがわかっている領域が二か所だけある。一つは実行機能をつかさどる前頭前野で、もう一つは運動機能を調整する小脳だ。大きな連合野である前頭前野には、情報を貯めておく場所も運動を制御するシステムもない。人の前頭前野の大部分を切除しても意識は失われないことをルール大学の研究グループが明らかにしている。カナダのある研究グループは、人が空想にふけっているときには、意識に必要な連合野と前頭前野の両方が活性化していることを発見した。こういう大きな領域は、シャワーを浴びているときに新しいアイデアが思い浮かぶ場所だ。

前頭連合野とほかの二つの連合野（側頭連合野と頭頂連合野）は、将来の計画を立てるときにも活性化し、この能力はある種の動物ももっている。ケンブリッジ大学の心理学者ニコラ・クレイトンの研究グループがある実験を行なったが、それは「安ホテルと高級ホテル」と名付けてもいいかもしれない。

実験では、鳥かごの中に部屋（ホテル）を二つ作り、中間にスペースを設けた。鳥かごにアメリカカケスを一羽入れ、日中はどちらのホテルにも自由に行き来できるようにする。夜は、ホテルのどちらか一方に閉じ込められるが、朝食が出てくるのは「高級ホテル」に泊まったときだけ。アメリカカケスはすぐに、朝食が出てこない安ホテルでは餌をよけいに貯めるようになった。どうやら、高級ホテルのような朝食サービスがないことがわかったようだ。私も自宅の庭でリスが将来にそなえるのを目撃した。リスは、木の実が完全に埋まるほど穴が深いか三回も確認して木の実を埋めていた。

鏡に映っているのはだれ?

動物は鏡で自分の姿を見たときに、自分自身を見ているのを認識しているのだろうか。それとも知らない動物を見ていると思っているのだろうか。これは動物が意識の最高のレベル、つまり自己認識することを示す基準とされている。犬を飼っている人なら気づいているかもしれないが、犬は鏡に映った自分の姿を見ると、吠えるか何の反応も示さないかのどちらかで、この段階を越えることはない。

心理学者のゴードン・ギャラップは一九七〇年に鏡の自己認識テストを開発し、チンパンジーが自分自身を認識できるかどうか調べた。チンパンジーを眠らせて、体にペンキで赤い印をつける。チンパンジーが目覚めて鏡でこの印を見て、自分の体で印のついている部分を調べたなら、自己認識があり、自分に関心があると考えられる。これまでに自分自身を認識した動物はわずかで、チンパンジー、ボノボ、ゴリラ、オランウータン、ゾウ、イルカ、カササギがいる。

ニューヨーク市立大学ハンター校のジョシュア・プロトニクとダイアナ・ライスは霊長類学者のフランス・ドゥ・ヴァールとともに、三頭のゾウに対して鏡の自己認識テストをした。テストでは、人間の幼い子どもが鏡に映った自分の姿を初めて見たときに示すのと同じように、段階的な反応が見られた。最初の段階は探索で、ときには鏡のまわりを見て、うしろにだれかが隠れていないか調べる。あるいは鏡に映っているゾウと交流しようとするかもしれない。仲良くしようとしたり、攻撃的になったりするのだ。鏡のゾウに興味がわくにつれて、自分が鏡に映ったり映らなかったりするようにして、鏡のゾウの動きを調べる。最後に、鏡の向こうにいるのは自分自身だとわかる。

ゾウは鏡のゾウを見て自分の口と鼻を調べたが、ほかの高等哺乳類も同じような行動をした。鏡のテストに参加したイルカとゾウは、鏡に映った自分の姿を見ると、よく見えるように体を曲げて奇妙な姿勢になり、自分の体を調べた。自己認識したのだ。人間の赤ちゃんが鏡の像に興味をもつのは一歳半から二歳のころだ。自己認識のこの段階に達すると、きまり悪さや嫉妬《しっと》、共感などもっと複雑な感情が発達する。やがて、恥ずかしいとか罪悪感、うぬぼれといったさらに複雑な感情が芽生える。「子どもは三歳までに、私たちの種に特有だとダーウィンが言ったこうした情動――自己認識――を示す」と発達心理学者のマイケル・ルイスは述べている。

ピューリッツァー賞を受賞した小説家マリリン・ロビンソンは「子どもが成長する姿を見ていると、純粋な意識が現れる。意識の現れは美しく、複雑で、尽きることがない。私は心について多くを学ぶ。言葉が発達し、記憶が生まれるようすがわかる」と語る。ロビンソンの観察は、意識を獲得するというとてつもないプロセスをとらえているが、言語は十分な意識をもつ必要条件であるという一般の通念もほのめかしている。

道具を使う動物

自己認識の次に認知の決定的な証拠となるのは、初めての状況で道具を使うといった柔軟に問題を解決する能力だと唱える研究者もいる。カラス科のある種の鳥は、獲物を手に入れる道具を作る。ニュージーランドの生態学者ギャヴィン・ハントは、野生のカラスが鉤《かぎ》状の道具を作り、あとで使うために取っておくのを目撃した。カラスは短い材料を使って長い道具をこしらえ、餌を手に入れる。三つの材料を組み合わせて長い道具を作るところを観察したという報告もある。

イギリスの動物行動学者ジェーン・グドールは、チンパンジーが小枝を使ってシロアリを釣るのを初めて目撃したが、それを信じたくないと思った人は少なくない。それまでは、人間とチンパンジーの違いは道具を作って使う能力だと信じられていた。ところがグドールは、チンパンジーが木の葉を嚙《か》んでくしゃくしゃのスポンジ状にして水を飲んだり、小石を使って木の実やウリを砕いたり、木切れを尖らせて槍《やり》にしたりするのを発見した。手話をおぼえたチンパンジーとゴリラは、ラディッシュを表す「泣く、痛い食べ物」、嫌いなものを表す「汚いトイレ」など新しい言葉を作り出し、言語を自由自在にあやつってコミュニケーションをはかる能力も見せた。

自閉スペクトラム症の研究者サイモン・バロン＝コーエンは、私たちの霊長類の親戚にそれほど感心していない。著書『ザ・パターン・シーカー――自閉症がいかに人類の発明を促したか』で「チンパンジーと人間が共通の祖先から枝分かれしたのは、八百万年前。私たちは自転車や絵筆や弓矢のような複雑な道具を発明する能力を発達させたが、そこまで発達するのにかかったのと同じくらい長い時間が、チンパンジーにもあったはずだ」と述べている。

とはいえ、私たち人間のＤＮＡの九九パーセントがチンパンジーと共通しているという事実自体、畏敬《いけい》の念を起こさせる。チンパンジーがロケット科学者になるとはだれも思っていないが、ＮＡＳＡは宇宙飛行士の前に身代わりを宇宙に送り出す必要があったとき、いちばん身近な親戚に白羽の矢を立てた。「チンパンジーは遺伝的に人間に似ているのはもとより、信じられないほど賢く、複雑な感情をもっている。ＮＡＳＡには、宇宙船を操縦できることを実際に証明できるほどの知性があり、手先の器用な実験台が必要だった」とディスカバー誌の記事は伝えている。

ＮＡＳＡは、四十四のチンパンジーに宇宙船の高度と速度に耐えられるかどうか重力加速度のテストを行ない、光の合図に反応して正しくレバーを引いたらバナナのご褒美を、間違えると足に電気ショックを与えるという訓練を行なった。

一九六一年一月三十一日、四十四の中から選ばれたハムは初の宇宙飛行チンパンジーとなる。マーキュリー・レッドストーン・ロケットで打ち上げられて弾道飛行を行ない、「アメリカで最初の人間の宇宙飛行士アラン・Ｂ・シェパードの飛行が成功する道を切り拓いた」（ちなみに、ハムが歴史的な宇宙飛行をするほぼ二百年前の一七八三年、史上初の熱気球の打ち上げが行なわれ、最初の乗客となったヒツジとアヒル、ニワトリは無事生還した）。

道具に関して言えば、もちろん人類の祖先も使っていた。棍棒《こんぼう》に石器の刃を取り付けた槍は、言語が進化するはるか前に発明された複雑な道具の第一号であり、人類の太古の偉業は言語と関係ない証拠でもある。視覚思考は動物が何かを認識したり、成し遂げたりするときにも関連するため、一考の価値がある。

人類の祖先はナイフ形石器の作り方をどうやって次の世代に伝えたのだろう。ユニバーシティ・カレッジ・ロンドンのダナ・カタルドの研究グループは、この謎を解く実験を行なった。石器の作り方をまったく知らない被験者を二つのグループに分けて本職の石切工を加え、最初のグループでは、石切工は道具の作り方を実演して、手順を言葉で説明する。もう一つのグループでは、石切工は実演して見せるだけで、言葉で説明しない。被験者は石切工を観察しなければならない。石切工は、石の押さえ方を指で差したり、示したりするなどして言葉を使わずに合図をした。

その結果、言葉を使わないグループのほうが石器の作り方をよくおぼえた。言葉ではなく感覚に基づく学習は、太古の人類の業績で重要な役割を果たしたと考えられる。

感情のシステム

私は一九九五年に出版した『自閉症の才能開発』で、うちのトイプードルのフィフィには本当に感情がある、と言うふつうのおばさんたちが正しいことを最後に科学は証明するだろうと予言した。今日、動物の認知（思考）と情動（気持ち）の両方について数えきれないほど研究が行なわれていることを報告できるのは、とてもうれしい。動物の個性の研究も、野生動物や研究室の動物、家畜を対象に熱心に行なわれている。

動物行動学者のドリーン・カブレラが哺乳類、鳥類、爬虫類《はちゅう》、昆虫の個性に関する研究三十六件を精査したところ、どの研究も、こうした生物には大胆、臆病、好奇心や探求心が強いなど、性格にさまざまな相違があることを明らかにしていた。動物の情動については、国際的な学会も開催され、分野を超えた研究が注目されている。感情があるかないかの二者択一で動物を決めつける段階は過ぎ、すでに情動は、遺伝子や環境とともに、動物の行動に大きな影響を与える要因とされている。動物に個性と感情があることは、認められる方向につき進んでいるのだ。これはこの半世紀に生じた大転換だ。

神経科学者で心理学者のヤーク・パンクセップは、動物の行動を誘発する三つの要因の一つとして感情に注目し、神経生物学と感情の研究を網羅する「感情神経科学」という用語を作った。それまでは、動物の脳は「ブラック・ボックス」のようなものと考えられていたが、パンクセップは、大脳皮質下の感情中枢が行動を起こさせることを明らかにした。

大脳皮質下の特定の領域に電極で刺激（脳電気刺激）を与えると、さまざまな行動が引き起こされる。パンクセップは、ラットの脳に刺激を与えると二種類の攻撃行動が見られることも発見した。ラットは、怒りをつかさどる脳中枢を刺激されると、ほかのラットを攻撃する。探求をつかさどる脳中枢を刺激されると、捕食の衝動に駆られ、「静かに嚙みつく」モードになる。そんなときにケージに小型のマウスを入れたら、静かに嚙みつくモードの大型ラットはマウスを襲うだろう。

ラットは、大脳皮質を取り除いても、社会的な遊びの能力を維持した。おとなの猫は、大脳皮質を取り除くと人間を怖がるようになるが、メスの性行動や子猫の世話、毛づくろいなど、通常の行動には変化が見られなかった。こういう行動やそれに付随する感情は、大脳皮質で生じるのではないのだ。ラットの大脳皮質下にある脳のシステムの作用について、パンクセップは次のように説明した。「これらは第一次感情システムです。人間も動物も生まれつきもっている基本的な感情システムです」

第一次感情システムは、怒り、恐怖（不安）、パニック（悲しみ）、探求、欲望（性衝動）、保護（養育）、遊び（つきあう喜び）の七つに分類される。怒りは生存にとってなくてはならない。これがあるから、動物は襲ってくる肉食動物と戦い、追い払う。恐怖を感じるから襲われるのを避ける。パニックは恐怖と異なり、分離不安の結果として生じる。分離不安とは、人間でも動物でも、幼い子が母親と離ればなれになったときに強い不安をいだくような状態をいう。犬は飼い主が仕事に行って一日中独りぼっちになると、深刻な分離不安に陥ることがある。

探求は「探したり調べたりして、まわりの世界を理解しようという基本的な衝動」だ。哺乳類は探求システムをつかさどる脳の部位を刺激されると、喜びを感じることが研究で明らかになっている。実験した動物は、脳のその部位を刺激するレバーを押しつづけた。

欲望、つまり性衝動は人間でも動物でも思春期になると大きく増加する。また、人間と定温動物は、幼いわが子を育てる。これは母性本能による保護（養育）だ。母親は赤ちゃんを守るだけでなく、育て、世話をしなければならない。パンクセップは、哺乳類のこのシステムがオキシトシンというホルモンとオピオイド系で制御されていることも明らかにした。どちらも人間に幸福感を味わわせ、薬物中毒の原因にもなる刺激物だ。

最後の遊びのシステムを見てみよう。若い哺乳類や子どもはみな、遊びの衝動に駆られる。遊びはつきあい方を学ぶ手立てになり、子どもでは知的発達を促す。子どもは遊んでゲームをおぼえる。遊びの欲求は生まれつきだ。

現在、パンクセップの七つの主要な感情システムをくわしく調べるために、脳電気刺激や機能的ＭＲＩ、ＰＥＴスキャンを使って感情の道路地図みたいなものが作られている。

神経科学者のグレゴリー・バーンズは、「多くの学者が動物の心を知ることはできないとしてきた。たとえ神経科学の先端技術を使ってもできないと言うのだ」と述べて、犬の心を知るための実験を行なった。最初に、犬の意思を尊重し、自分からＭＲＩのスキャナーに入ってじっと横たわっているよう訓練した。犬はいつでもスキャナーから出ていくことができた。スキャナーに対する犬の反応は、人間と同じように、それぞれで大きく異なる。おとなしく横たわるよう簡単に訓練でき、聴力を保護する防音イヤーマフに慣れた犬もいた。スキャナーの騒音に耐えられない犬もいれば、怖がりすぎて試すことすらできない犬もわずかながらいた。

次に、ＭＲＩに耐えられる犬を使って嫉妬心を調べる実験を行ない、餌を本物そっくりの作りものの犬に与えるか、カゴに入れるところを見せた。餌が作りものの犬に与えられるのを見たときには、犬の扁桃体、つまり恐怖と攻撃をつかさどる脳の部位が大きく活性化したが、カゴに入れられるのを見たときには、ほとんど影響が見られなかった。この反応は攻撃的な犬のほうが大きい。

さらにバーンズは、脳の主要な報酬中枢の尾状核《びじょうかく》が、犬でも人間と似たような反応をすることを発見した。尾状核は、犬が大好きな人のにおいをかぐと活性化した。餌や褒められるなどの報酬に対する反応も、個々の犬で違う。餌のご褒美をもらうより、飼い主が言葉で褒めたほうが喜ぶ犬もいた。犬の脳についてわかればわかるほど、「人間の心のいちばん深いレベルでは、犬と共通する点がたくさんある」ことをもっと認めるべきだと、バーンズは唱えている。

研究で使った犬は、ある程度の合図を理解することもできた。手で示すある合図を見たら餌がもらえ、違う合図だと何ももらえないことを犬に教えるのは簡単だった。餌をもらえる合図を見たときには、尾状核が活性化した。犬は言葉を話さなくても、感情のレベルでは、少なくとも神経学的には人間によく似ているのだ。

ウィーン獣医大学で行なわれた研究では、一緒に暮らしている犬の声、知らない犬の声、コンピューターが合成したでたらめの音声を録音して犬に聞かせたところ、それぞれに感情的な反応が違うことが明らかになった。この研究で使った犬は、どれもほかの犬と一緒に暮らしていた。二匹を引き離し、なじみのある犬の悲しそうな鳴き声を再生して聞かせると、しっぽを股《また》にはさむ、録音に向かって悲しそうに鳴く、身を低くしてうずくまるなど、ストレスを示す行動が多くなる。

感情は脳のどこで生まれるのか

神経科学者のジョゼフ・ルドゥーは大学院生のころ、右脳と左脳を接続する神経を切断された癲《てん》癇《かん》患者の感覚間相互作用がすっかり遮断されるのを目撃した。患者は、左の視野に置かれた（したがって右脳で「見ている」）物の刺激に反応して、左手で物を探そうとするが、その名前が言えない（言語処理は左脳の機能）。つまり、右手に乗せられた物の名前は言えるが、左手に乗せられた物の名前は言えない。「右脳と左脳が遮断された患者では、一方の脳に入った情報はその脳にとどまったままで、もう一方の脳には届けられない」とルドゥーは述べる。

その後、感情も同じように影響を受けるのか調べた。恐怖に注目したのは、もっとも原始的な感情と考えられていることと、確かな理由があるからだ。恐怖は、毒ヘビを避けることや暗い夜道を通らないことなど、さまざまな危険を回避する動機になる。動物では、恐怖は肉食動物や肉食動物がいそうな場所に近づかない動機になる。脳の主要な恐怖中枢は扁桃体にある。野生の動物は、扁桃体に損傷を受けると、おとなしくなることがある。ラットは猫を怖がらなくなり、サルは人間や新奇なものにためらわずに近づく。扁桃体とその周辺の部位を取り除くと、恐怖は消えてなくなる。

ルドゥーは脳の基本的な恐怖の回路を区別し、思考を必要としない大脳皮質下にある「近道」（無意識的な情報処理）回路に注目した。この近道は、人間や動物を恐怖でぞっとさせたり、肉食動物などの危険からすばやく離れさせたりするが、ときには、脅威の情報が脳の「幹線道路」（意識的な情報処理）回路を通って完全に処理されるか、あるいは認識される前に行なわれる。ルドゥーは近年の著書では、動物の反応はすべて生存回路にすぎない、と述べている。

マックス・プランク研究所で最近行なわれた研究では、マウスの情動をつかさどる回路は生存回路より複雑なことがはっきり示された。マウスは以前の経験に基づいて恐怖のレベルを低く調整することができる。脳の中央にある島《とう》皮質は、恐怖の反応の強さを調整する主要な中枢で、感覚器官から入ってくる情報を処理する。これは、動物の情動に関するルドゥーの最近の説が間違っているという、さらなる証拠になる。

人間を対象とした研究でも、情動のメカニズムが脳の下部の原始的な部分にあることを明らかにした結果を見つけて、私は驚いた。カリフォルニア大学ロサンゼルス校（ＵＣＬＡ）で行なわれた研究では、生まれつき大脳半球（右脳／左脳）のない子ども四人を調べた。このような損傷があると、通常は一生、植物状態になる。ところが子どもたちは「はっきりした意識」をもち、いくつかの情動と社会的交流を見せた。知らない人や物を怖がり、なじみのある人とない人を区別し、社会的交流や連想学習ができ、音楽の好みもあった。情動を引き起こすものは、大脳皮質にあるのではないらしい。

哲学者のジョナサン・バーチと心理学者のアレクサンドラ・シュネル、ニコラ・クレイトンによると、「何らかの意識」をもつ動物は人間と大型類人猿に限らず、ほかの哺乳類、鳥類、頭足類も含めてもっと増えそうだと考える科学者は少なくない。三人は比較認知科学を研究し、動物がもっているそれぞれの知覚と情動を「豊かさ」という言葉を使って順位で示した。どの知覚が優れているのかを示す「知覚の豊かさ」の順位は動物によって異なるだろう。犬が鏡に映った自分の姿に関心を示さないのは、他者との交流でいちばん頼りにする知覚が嗅覚と聴覚で、視覚は大差をつけられた三位になるからだと考えられる。

知覚の豊かさから見ると、カラス科の鳥は視覚の豊かな世界で暮らし、タコは触覚の豊かな世界で暮らしている。バーチによると、カラスやアオカケスの優れた視覚のように知覚がより豊かな生物もいれば、ゾウのように、感情がより豊かな生物もいて、それは情動の能力で判断される。

フランス・ドゥ・ヴァールは霊長類の行動の研究に半生を捧げ、動物の感情を認識することを長年にわたって推進してきた。科学界と衝突することもたびたびあり、「科学は正確でないことを嫌い、それゆえ、動物の感情の話になると一般の人びとと意見が食い違うことがよくある」と述べている。ペットを飼っている人の大半が、猫と犬と馬に感情があることは疑いないというモンテーニュの言葉に賛成するだろう。ドゥ・ヴァールに言わせると、間違っているのは科学界のほうだ。

ドゥ・ヴァールは、また、人間は言語によるコミュニケーションを偏重するあまり、動物の感情を理解できなくなっていると考える。著書『ママ、最後の抱擁――わたしたちに動物の情動がわかるのか』では、生物学者ヤン・ファン・ホーフが、四十年来の親友だった「ママ」という名のチンパンジーが死ぬときに交わした悲しい抱擁《ほうよう》が感動的に語られている。この悲しい気持ちはどこから生まれるのかとドゥ・ヴァールは読者に問い、「動物が私たちと似た行動をし、生理的な反応や顔の表情が同じで、同じ種類の脳をもっていることを考えたら、心で感じることが極端に異なるというのは、まことに奇妙ではないか」と語りかける。

言葉がなくてもわかる

動物は感覚に基づく世界で暮らし、視覚や嗅覚、聴覚、触覚で考える一方、私たち人間は言葉を重視する世界で暮らす。言葉は感覚をあざむき、感覚情報を素直に受け取る妨げにもなる。幼い子ども（言葉を話す前、思考がはじまる前、理屈をこねる前）と動物は認知機能の点で似ている。フランス・ドゥ・ヴァールは子どもの共感行動について調べ、子どもはまだ一歳半でも苦しんでいる人を慰めようとすると言う。この行動は齧歯類《げっし》（ネズミ、リスなど）、ゾウ、チンパンジーなどさまざまな動物でも見られる。共感の起源は母親の育児行動だとドゥ・ヴァールは唱える。

人間と動物の交流は言葉の垣根を越える。これは謎に包まれていて、美しい。私がこれまでに見てきた最高の調教師は、野生の子馬を二時間たらずで人が乗れるように調教した。その一人レイ・ハントは、どうやって調教したのか言葉で説明できなかった。言えるのは、せいぜい「馬と反《そ》りを合わせるんだ」くらい。勘を頼りに共感しながら、ひたすら調教したのだろう。動物を取り扱う人には、こういう人が少なくない。言葉を使わないコミュニケーションに基づいて、動物と自分の体のあいだで、直接、気持ちのつながりを育み、意識せずに感覚の記憶と視覚思考を利用して動物の行動を観察する。こういうスキルは、言葉では簡単に教えられない。

バド・ウィリアムズとバート・スミスは、牛に〝ささやいて〟言うことを聞かせる正真正銘の牛追いの名人だ。まだ取り扱いに慣れていない牛の群れを牧場の隅や、ときには茂みの奥から連れ出し、野原の中央に集める。カウボーイに叫ばせたりせず、メガホンやジープ、ヘリコプターなど使わずにやってのける。牛は体重がゆうに五〇〇キロあり、群れになってひしめきあいながら回転したりする。牛追いがすることといえば、人間が近づくと不快に感じる牛のパーソナルスペースの境界をジグザグに行ったり来たりするだけ。もの静かに歩くパターンが、寄り集まるという牛の本能的な行動を引き出すのだ。歩き方が速すぎると、牛は散らばってしまう。

その方法を説明してくれないかと頼むと、バートは台所のテーブルで略図を描いて牛を矢印で示した。図は駐車場に引かれた対角線みたいに見える。あるいは、数学の教科書のベクトルの図だったとしてもおかしくない。このとき私は、バートがパターンで考える空間視覚思考者に違いないと気づいた。馬の調教師のレイと同じように、バートも自分のしたことを言葉で説明できなかった。牛を囲いに追い込むのに、幾何の問題と同じようなものを頭の中で解いていたのだ。

私みたいな視覚思考者は、言葉をコミュニケーションの主要な手立てとしないという点で動物に似ている。完璧な言語思考者にとって、言葉を使わない視覚思考は想像するのも至難の業だろう。みなさんは言葉で伝えてもらわなくても、相手の気持ちに確信をもてるだろうか。

何十年も前にある話を聞いてびっくり仰天したことは、いまだに忘れられない。動物行動のシンポジウムで、動物行動科学者ロン・キルガーが飛行機で輸送されたライオンの話をした。飼い主はライオンの檻《おり》に枕を入れた。飛行機が目的地に到着して檻を開けると、ライオンは死んでいて、枕はない。何があったのか。残念ながら、これは謎でも何でもない。ライオンは枕を食べて窒息死してしまったのだ。

この話で痛感したのは、言語思考のせいで、感覚に基づく動物の世界を理解するのがどんなに困難になっているかということだった。ライオンが快適に過ごすのに必要なものは、枕なんかでなく、金属製の檻の固い床に敷くワラだ。さらに、飛行機の離着陸時の騒音や振動でライオンが動揺しないか心配するべきだろう。高度の変化で鼓膜が破れないか、檻に閉じ込められて分離不安を感じないかということも気になる。

動物の感情の研究で長足の進歩が見られるとはいえ、擬人化をタブー視する風潮は、まだこの分野ではびこっている。それでも、動物になったらどんな気がするのか、私は簡単に視覚化できる。拘束装置を設計するときには、動物が拘束されて感じる感覚を視覚化できる。牛が突然の動きを怖がるということも、牛の反応を見た以前の観察に基づいて頭の中で画像が見える。このように感知することで科学者の客観性が損なわれると考えられるのは、どうしても解せない。

アムステルダム大学の研究者アブラハム・ペパーは「動物と人間の認知プロセスは、言語活動を無視すれば、基本的によく似ている」と唱え、感覚から得られるイメージは「生物が新しい環境の情報を体験する手立てではないか」と問いかける。ペパーはこの説をさらに進めて、視覚思考はほぼ際限なく複雑で、話し言葉より明確で、二次元的、三次元的で、「比較にならないほど詳細だ」と述べる。カリフォルニア大学の神経科学者マイケル・ファンスローも同じように考え、動物に怖いという感情があることを否定する人びとに対して、「私に言わせると、こういった人びとの姿勢は、言葉で伝えられる報告をほかのどんな方法よりありがたがる風潮の被害者だ」と語る。

私と動物の関係

動物のように考える能力があると、どうしても動物に大きな共感をおぼえ――とりわけ、ともに視覚思考の脳をもっているという点で――、福祉を促進し、充実させたいと思うようになる。これは動物の福祉にとどまらない。畜産業に携わる長い職業生活では、動物を食料として利用することが環境に与える影響を深く考えてきた。放牧が適切に行なわれ、牧場の管理が行き届き、輪作が効果的に行なわれたら、土壌の健全性が改善され、二酸化炭素の排出量を抑えることができる。知り合いの家族経営の牧場主は、土地をきちんと管理し、本当に持続可能な牛の飼育をしている。

牛が大好きなのに、どうして食肉加工施設の設計ができるのか、とよく尋ねられる。人間は、食料として家畜化した動物が幸せに暮らすことに責任をもたなければならないのだから、動物が苦しまないような加工施設を設計したいのだと私は答える。だから、食肉加工工場で、生産性を上げるために非人道的な繁殖が行なわれた結果、さまざまな問題が発生しているのを見ると腹が立つ。こういう繁殖は、痛みをともなう足の変形や心臓疾患の原因になっているかもしれない。

動物科学者としての研究と、私自身が動物の行動や知覚に共感していることは、切っても切り離せない。私にとって、哺乳類も、鳥類も、タコなどいくつかの頭足類も意識があり、知覚することは明らかだ。動物には、それぞれに個性がある。二十五年前には、生物科学の論文で動物に対して「恐怖」という言葉を使えなかった。「行動上の動揺」と言わなければならないのは、動物に人間の感情をあてはめてはいけないと考えられていたからだ。今日では、「恐怖」を使うことは認められている。人間と動物の違いは、人間の脳に膨大な計算力があることだという結論に少しずつ向かっている。感情に関するかぎり、人間と動物は似ているのだ。

大学院生のころは、科学者らしい客観的な態度で動物の研究に臨むことができた。それはとても筋が通っていた。ところが、初めて牛の食肉加工工場に足を踏み入れ、雄牛の腹に手を当てたときに、すべてが変わった。まるで雷に打たれたような衝撃だった。動物が心配しているのか、怒っているのか、動揺しているのか、それともリラックスしているのか、すぐにわかったのだ。それ以上の証拠は何もいらない。

動物には感情がある。チンパンジーやイルカのように自分を認識している動物もいる。豊かな感情をもつ動物もいる。群れのリーダーの死を悼《いた》むゾウのように。動物は、私たちに気持ちを伝える言葉をもっていないかもしれないが、意識をもっていると私は信じる。ある意味、動物は視覚思考者と言えるだろう。

おわりに

視覚思考者《ビジュアル・シンカー》の能力を伸ばすために

二〇二二年一月二十八日、午前六時三十九分、ペンシルベニア州ピッツバーグ市でファーンホロー橋が谷に崩落した。未明から雪が降り、幸い学校の開始時間が遅れていたため、四車線の橋はいつもほど交通量が多くなかった。死者はなかったが、少なくとも十人が負傷した。橋の崩落でガス管が破裂し、ガスはすぐに止められたが、付近の住民は避難を余儀なくされる。周辺にガスのにおいが立ち込め、もっと深刻な事態になってもおかしくなかったと考えられた。

「もっと深刻な事態になってもおかしくなかった」というのは、これ以上の被害がなくてよかったという意味だが、頭の片隅では、この先、同じことがもう一度起こるかもしれないことは、わかっている。救急車や消防車、警察官が立ち去り、日常に戻る。がれきが片づけられ、橋は修理されるか撤去されるかし、次の事故までは安泰だ。

ご想像のとおり、私はこの崩落事故を知って、真っ先に橋の構造について詳細にインターネットで調べた。橋は鋼鉄製で、K型フレーム工法で設計され、もっと頑丈な支持構造の橋と比べると崩落する可能性は高かったかもしれない。

二〇〇七年に、ミネソタ州ミネアポリス市の繁華街付近でも州間道路の橋が崩落する事故があった。大惨事で崩れ落ちた鋼鉄の写真を見て、すぐに思い浮かべた。鋼鉄は軽すぎ、安っぽい。ボール紙のように曲がる。

インターネットに掲載された報告を読んで、この分析は確証された。橋の鋼鉄の梁《はり》を支えていたガセットプレートの厚さは、必要な厚さの半分しかなかった。橋の両側のミネアポリス市にもセントポール市にも視覚思考者《ビジュアル・シンカー》がいて、こういう橋は安全でないことに気づいたとしても、声を上げるのが恐ろしかったか、あるいは言おうとしたのに無視されたのではないだろうか。

ファーンホロー橋が谷に崩落した日には、偶然にも、バイデン大統領がピッツバーグ市を訪れてインフラについて語り、供給網を改善し、製造を活性化し、高賃金の雇用を創出する必要性を強調する予定になっていた。どれも立派な目標だが、私は、政治家が詳細まで掘り下げるとは期待していない（政治家はたいてい言語思考タイプだ）。

インフラを整備する土木エンジニアや機械工、溶接工、建築家を見つけて訓練するのは、幼稚園や保育園で始まる。積み木やレゴ、工具、精密に描かれた絵に興味をもつ子ども、何かを分解して組み立て直すのが好きな子どもは、視覚思考タイプだ。こういう子どもの存在に気づいて、育成し、投資すれば、おとなになって橋や飛行機、原子炉を作り、修理する人になる。子どもたちにもっと視覚中心の教育をしなければ、才能を無駄にしてしまう。

世界を革新する人たちを調査してよくわかったのだが、最先端のテクノロジーを開発しているのはトーマス・エジソンやアラン・チューリング、イーロン・マスクのような視覚思考タイプの人びとで、成功の出発点は、自由に何かをいじくりまわし、実験ができる地下室やガレージだった。また、能力を伸ばす大きな要因が二つあることもわかった。体験と助言者だ。革新的なテクノロジーは、特別支援教育を受けさせられている子どもやゲームにだけはまっている子どもからは生まれないだろう。たとえ、子どもたちがそれに見合うすばらしい頭脳をもっていたとしても。

将来の設計士や技術者、芸術家を見つけ、育てるには、どうすればいいのだろう。第一に、子どもたちをよく見て、スキルを認め、さまざまな学び方を支援すること。何よりも私が目指すのは、子どもの手助けをすることだ。ここから始めれば、できないことは何もない。

言語思考者に対するように、視覚思考者に対しても広く門戸を開けて受け入れよう。だれもが同じように、おもに言葉を通して情報を受け取って処理するわけではないのだから。橋が崩れ、マンションが崩壊し、飛行機が墜落し、原子炉がメルトダウンを起こすたびに、見て見ぬふりをすることもできる。そうではなく、子どもたちにより豊かな生活を約束し、製造やテクノロジー、激変する世界が抱える複雑な問題の解決を主導するもっと安全で、もっと開かれた、もっと進歩した社会を築きたければ、視覚思考者がすばらしい才能を発揮する場を作る必要があるだろう。

謝辞

この本を作り、出版するお手伝いをしてくださったみなさま、すなわち一緒に作業をしたすばらしい言語思考者と視覚思考者のみなさまに心から感謝する。ノラ・アリス・デミック、アシュリー・ガーランド、マーク・グリーナウォルト、ジェフ・クロスク、シェリル・ミラー、ティリーク・ムーア、ベッキー・セールタン、ジェニファー・シュート、ニック・テイバー、シャイリン・タヴェラ、カタリーナ・トリゴ、オーガスト・ホワイトの方がただ。

訳者あとがき

本書『ビジュアル・シンカーの脳――「絵」で考える人々の世界』は、二〇二二年にアメリカで刊行され、たちまちベストセラーとなった*Visual Thinking: The Hidden Gifts of People Who Think in Pictures, Patterns, and Abstractions*の日本語版です。

著者のテンプル・グランディンはコロラド州立大学の動物科学教授で、自閉スペクトラム症の当事者として啓発活動を行なう世界的第一人者でもあります。これまで、動物学や自閉症に関する数々のベストセラーを世に出してきましたが、本書では、さまざまな思考タイプ、なかでも視覚思考者《ビジュアル・シンカー》をテーマに、社会問題についても深く掘り下げています。

「あの人は考え方が違うから」と口にすることは、日常生活でもよくあります。こういうときの考え方の違いは、生活環境や立場、年齢、信条などによる価値観から生まれる意見や感想の違い、つまり考えている内容の相違を意味しているでしょう。ところがグランディンによると、考える方法自体が人それぞれに違い、世の中には「絵」で考える視覚思考タイプと言葉で考える言語思考タイプがいて、その違いは脳の作りや働き方の相違によるというのです。

絵で考えるとか、言葉で考えると言われても、たいていの人はふだん自分が何で考えているのかほとんど意識しないし、そもそも、そんなことは考えたこともないでしょう。絵で考える（ビジュアル・シンキング）とはどういうことで、絵で考える脳はどんな働き方をするのでしょうか。本書はそんな疑問に答えてくれます。また、簡単な「思考タイプ判定テスト」も収載されているので、試してみると自分の思考タイプがわかるでしょう。

さらに、視覚思考には、物体視覚思考と空間視覚思考の二種類があるといいます。物体視覚思考が具体的なものを思い浮かべて考える方法であるのに対し、空間視覚思考はパターンや抽象的な概念で考える方法で、空間視覚思考タイプは数学が得意でチェスや囲碁《いご》が好きだとのこと。たしかに工学系の知り合いにそういう人が何人かいて、なるほどと思います。

グランディンは自閉スペクトラム症をもち、そのため幼いときに言葉に遅れがありました。今では流暢に言葉を操りますが、それでも考えるときには鮮明なイメージを思い浮かべる典型的な物体視覚思考のビジュアル・シンカーです。

自分の考える方法が大多数の人と違うことをおとなになって初めて知ったグランディンは、絵で考えるという視覚思考に興味をもち、日本では一九九七年に刊行された二作目の著書『自閉症の才能開発』（原題 *Thinking in Pictures*）でこのテーマを取り上げました。それ以後も視覚思考の研究と観察を続ける中で、とかく言語思考者に都合のいい現代社会には、教育現場や就労などで思考の相違という目に見えない違いによる差別や格差があることに気づきます。たとえば、物体視覚思考者は、学校では、得意とする実践的な科目が減らされたり、苦手な代数を押し付けられたりして将来の仕事の道が閉ざされ、就職活動では、もっている能力が正しく評価されないことが多いという現実を目の当たりにしたのです。

そこで、視覚思考者としての長年の人生経験や職業体験を通して見聞きしてきた、視覚思考と脳の多様性《ニューロダイバーシティ》にまつわるさまざまな問題を多岐にわたって取り上げ、解決策を提案して問題を是正するために執筆したのが本書です。さらにグランディンは、思考の相違を多様性ととらえて、さまざまな思考の人が協力して問題を解決したり創造的な活動をしたりすることを提唱し、思考による創造性の極みとしてミケランジェロやアインシュタインなどの天才を取り上げ、脳科学の面からも天才や創造性と視覚思考の関係を探っています。また、インフラの整備や災害の防止での視覚思考の活用法を提案するとともに、デジタル・テクノロジーに依存しがちな現代社会に警鐘を鳴らしています。

従って本書は、視覚思考という新たな世界を紹介し、思考の多様性という未来への提案をする意欲的な作品と言えるでしょう。さらに、自閉スペクトラム症のさまざまな困難を乗り越え、視覚思考の特質を活かして動物科学の研究や動物に配慮した施設の設計に励み、たくましく人生を切り拓いてきた著者の持論やアドバイスも数多く盛り込まれており、グランディンの人生の集大成的な作品でもあります。

グランディンはイリノイ大学で博士号を取得し、マギル大学をはじめ十五を超える有名大学から名誉博士号を授与されました。自閉スペクトラム症をもちながら果敢に生きてきた姿が、ニューヨーク・タイムズやフォーブスなどの新聞や雑誌で紹介され、〈48アワーズ〉〈60ミニッツ〉やNPRなどのテレビ・ラジオ番組にもたびたび出演するなど、アメリカではかなりの有名人です。半生を描いた感動的なテレビ映画〈テンプル・グランディン～自閉症とともに〉(二〇一〇年HBO)は、エミー賞やゴールデングローブ賞などの賞を受賞しました。また、動物福祉を推進する活動や自閉スペクトラム症に関連する活動で各種の賞を受賞し、二〇一〇年にはタイム誌の「世界で最も影響力のある100人」にも選ばれています。

訳書では紙面の都合上、著者の承認を得て本文の一部を割愛したことをお断りいたします。

ほぼ十年ぶりにグランディンと再会し、ビジュアル・シンカーがビジュアル・シンキングを紹介するというこのユニークな作品を訳す機会を与えてくださいましたNHK出版の川上純子さん、訳文をチェックしてくださいました編集者の塩田知子さんにはひとかたならずお世話になり、厚く御礼申し上げます。校正を担当してくださいました鈴木由香さん、医師の小林崇希さんに深く感謝いたします。また、長年にわたって翻訳のご指導を賜りました別宮貞徳先生、いつもながら翻訳の作業の合間に相談にのってくださいました翻訳仲間の八坂ありささんに心から御礼申し上げます。

異なる考え方を理解するには、その存在を認識しなければならないとグランディンはくり返し述べ、さまざまな思考タイプの人が協力してだれもが幸せに暮らせる、よりよい社会の実現を訴えています。日本語版の本書がその一助となり、視覚思考がどういうものなのか、また、絵で考える人が言葉で考える人にはない才能をもっていることを日本の読者の皆さんに理解していただき、ビジュアル・シンカーがもつ豊かな才能が活用され、だれもが幸せに暮らせる社会に一歩でも近づけたら幸いです。

令和五年　梅雨の晴れ間に

中尾ゆかり

おわりに

・American Society of Civil Engineers. Report Card for America's Infrastructure, 2021. https://infrastructurereportcard.org/catitem/bridges.
・Associated Press. "Review Slated for 5 Bridges Sharing Design of Collapsed Span." February 2, 2022.
・Robertson, C., and S. Kasakove. "Pittsburgh Bridge Collapses Hours before Biden Infrastructure Visit." *New York Times*, January 28, 2022.
・Schaper, D. "10 Years after a Bridge Collapse, America Is Still Crumbling." *All Things Considered*, NPR, August 1, 2017.
・Schultheisz, C. R., et al. "Minneapolis I-35W Bridge Collapse— Engineering Evaluations and Finite Element Analysis." CEP Civil Engineering Portal. https://www.engineeringcivil.com/minneapolis-i-35w-bridge-collapse-engineering-evaluations-and-finite-element-analysis.html.
・Treisman, R. "A Bridge in Pittsburgh Collapsed on the Day of Biden's Planned Infrastructure Visit." NPR, January 28, 2022. https://www.npr.org/2022/01/28/1076343656/pittsburgh-bridge-collapse-biden-visit.

＊ URLは2022年10月の原書刊行時のものです。

- Solvi, C., et al. "Bumblebees Display Cross-Modal Object Recognition between Visual and Tactile Senses." *Science* 367, no. 6480 (2020): 910–12.
- Stacho, M., et al. "A Cortex-Like Canonical Circuit in the Avian Forebrain." *Science* 369, no. 6511 (2020). doi.10.1126/science.abc5534.
- Szaflarski, J. P., et al. "A Longitudinal Functional Magnetic Resonance Imaging Study of Language Development in Children 5 to 11 Years Old." *Annals of Neurology* 59, no. 5 (2006). https://doi.org/10.1002/ana.20817.
- Tinbergen, N. "Derived Activities; Their Causation, Biological Significance, Origin, and Emancipation during Evolution." *Quarterly Review of Biology* 27, no. 1 (1952): 1–32.
- von Bayern, A., et al. "Compound Tool Construction by New Caledonian Crows." *Scientific Reports* 8, no. 15676 (2018). https://www.nature.com/articles/s41598-018-33458-z/.
- von der Emde, G., and T. Burt de Perera. "Cross-Modal Sensory Transfer: Bumble Bees Do It." *Science* 367 (2020): 850–51.
- vonHoldt, B. M., et al. "Structural Variants in Genes Associated with Human Williams-Beuren Syndrome Underlie Stereotypical Hypersocialability in Domestic Dogs." *Science Advances* 3, no. 7 (2017): e1700398. doi:10.1126/sciadv.1700398.
- Watanabe, S., et al. "Pigeons' Discrimination of Paintings by Monet and Picasso." *Journal of the Experimental Analysis of Behavior* 63, no. 2 (1995): 165–74.
- Weber, F., et al. "Regulation of REM and Non-REM Sleep by Periaqueductal GABAergic, Neurons." *Nature*, January 24, 2018.
- Weintraub, P. "*Discover* Interview: Jaak Panksepp Pinned Down Humanity's 7 Primal Emotions." *Discover*, May 30, 2012.
- Westerman, G., and D. Mareschai. "From Perceptual to Language-Mediated Categorization." *Philosophical Transactions of the Royal Society B* 369, no. 1634 (January 19, 2014): 20120391. https://doi.org/10.1098/rstb.2012.0391.
- Whalley, K. "Controlling Consciousness." *Nature Reviews Neuroscience* 21 (2020): 181.
- Whiten, A., et al. "Culture in Chimpanzees." *Nature* 399 (1999): 682–85.
- Wilks, M., et al. "Children Prioritize Humans over Animals Less Than Adults Do." *Psychological Science*, January 2021, 27–38.
- Wilson, E. O. "Ant Communication." *Pulse of the Planet: The Sound of Life on Earth* (blog). November 8, 2012. https://www.pulseplanet.com/dailies-post-type/2545-6/.
- Yin, S. "The Best Animal Trainers in History: Interview with Bob and Marian Bailey, Part 1." August 13,2012 https://cattledogpublishing.com/blog/the-best-animal-trainers-in-history-interview-with-bob-and-marian-bailey-part-1/.
- Zalucki, O., and B. van Swinderen. "What Is Consciousness in a Fly or a Worm? A Review of General Anesthesia in Different Animal Models." *Consciousness and Cognition* (2016). doi.org/10.1016/j.concog.2016.06.017.
- Zentall, T. "Jealousy, Competition, or a Contextual Cue for Reward?" *Animal Sentience* 22, no. 4 (2018).

- Raby, C. R., et al. "Planning for the Future by Western Scrub-Jays." *Nature* 445, no. 7130 (2007): 919–21.
- Rahman, S. A. "Religion and Animal Welfare— An Islamic Perspective." *Animals* 7, no. 2 (2017): 11.
- Rand, A. L. "Nest Sanitation and an Alleged Releaser." *Auk* 59, no. 3 (July 1942): 404–9.
- Ratcliffe, V., A. Taylor, and D. Reby. "Cross-Modal Correspondences in Non-Human Mammal Communication." *Multisensory Research* 29, nos. 1–3 (January 2016): 49–91. doi:10.1163/22134808-00002509.
- Redinbaugh, M. J., et al. "Thalamus Modulates Consciousness via Layer-Specific Control of Cortex." *Neuron* 106, no. 1 (2020): 66–75e12.
- Rees, G., et al. "Neural Correlates of Consciousness in Humans." *Nature Reviews Neuroscience* 3 (2002): 261–70.
- Reiss, D. *The Dolphin in the Mirror: Exploring Dolphin Minds and Saving Dolphin Lives.* New York: Houghton Mifflin Harcourt, 2011.
- Robinson, M. "Jack and Della." *New Yorker*, July 20, 2020.
- Rutherford, L., and L. E. Murray. "Personality and Behavioral Changes in Asian Elephants (*Elephas maximus*) Following the Death of Herd Members." *Integrative Zoology* 16, no. 2 (2020): 170–88.
- Schleidt, W., et al. "The Hawk/Goose Story: The Classical Ethological Experiments of Lorenz and Tinbergen, Revisited." *Journal of Comparative Psychology* 125, no. 2 (2011): 121–33.
- Sewell, A. *Black Beauty: His Grooms and Companions, The Autobiography of a Horse.* London, UK: Jarrold and Sons, 1877.（アンナ・シューエル『黒馬物語』阿部和江訳、文園社、2003年）
- Sheehan, M. J., and E. A. Tibbetts. "Robust Long-Term Social Memories in a Paper Wasp." *Current Biology* 18, no. 18 (2008): R851–R852.
- Shewmon, D. A., et al. "Consciousness in Congenitally Decorticate Children: Developmental Vegetative State as Self-Fulfilling Prophecy." *Developmental Medicine and Child Neurology* 41, no. 6 (1999): 364–74.
- Skinner, B. F. *The Behavior of Organisms*. Century Psychology Series. New York: D. Appleton-Century, 1938.
- Skinner, B. F. *Science and Human Behavior*. New York: Macmillan, 1953.（B・F・スキナー『科学と人間行動』河合伊六ほか訳、二瓶社、2003年）
- Skinner, B. F. "The Technology of Teaching, Review Lecture." *Proceedings of the Royal Society of London, Series B Biological Sciences* 162, no. 989 (1965): 427–43.
- Skinner, B. F. "Why I Am Not a Cognitive Psychologist." *Behaviorism* 5, no. 2 (1977): 1–10.
- Smulders, T., et al. "Using Ecology to Guide the Study of Cognitive and Neural Mechanisms of Different Aspects of Spatial Memory in Food-Hoarding Animals." *Philosophical Transactions, Royal Society London Biological Science* 365, no. 1542 (201): 888–900.

Nonhuman Rights Blog, May 4, 2021. https://www.nonhumanrights.org/blog/appeal-granted-in-landmark-elephant-rights-case/.
- Nieder, A., et al. "A Neural Correlate of Sensory Consciousness in a Corvid Bird." *Science* 369 (2020): 1626–29.
- Ohman, A. "The Role of the Amygdala in Human Fear: Automatic Detection of Threat." *Psychoneuroendocrinology* 30, no. 10 (2005): 953–58.
- Olkowicz, S., et al. "Birds Have Primate-Like Numbers of Neurons in the Forebrain." *Proceedings of the National Academy of Sciences* 113, no. 26 (2016): 7255–60.
- "Organismal Biology." Georgia Tech Biological Sciences. https://organismalbio.biosci.gatech.edu/growth-and-reproduction/plant-development-i-tissue-differentiation-and-function/.
- "Our Legacy of Science." Jane Goodall Institute. https://www.janegoodall.org/our-story/our-legacy-of-science/.
- Padian, K. "Charles Darwin's Views of Classification in Theory and Practice." *Systematic Biology* 48, no. 2 (1999): 352–64.
- Panksepp, J. "The Basic Emotional Circuits of Mammalian Brains: Do Animals Have Affective Lives?" *Neuroscience and Biobehavioral Reviews* 35 (2011): 1791–1804.
- Panksepp, J., et al. "Effects of Neonatal Decortication on the Social Play of Juvenile Rats." *Physiology and Behavior* 56, no. 3 (1994): 429–43.
- Pauen, S. "The Global-to-Basic Shift in Infants' Categorical Thinking: First Evidence from a Longitudinal Study." *International Journal of Behavioral Development* 26, no. 6 (2002): 492–99.
- Paul, E., and M. Mendl. "Animal Emotion: Descriptive and Prescriptive Definitions and Their Implications for a Comparative Perspective." *Applied Animal Behaviour Science* 205 (August 2018): 202–9.
- Peissig, J. J., et al. "Pigeons Spontaneously Form Three-Dimensional Shape Categories." *Behavioral Processes* 158 (2019): 70–76.
- Pennartz, C. M. A., M. Farisco, and K. Evers. "Indicators and Criteria of Consciousness in Animals and Intelligent Machines: An Inside-Out Approach." *Frontiers in Systems Neuroscience*, July 16, 2019.
- Peper, A. "A General Theory of Consciousness I: Consciousness and Adaptation." *Communicative and Integrative Biology* 13, no. 1 (2020): 6–21.
- Plotnik, J. M., et al. "Self-Recognition in an Asian Elephant." *Proceedings of the National Academy of Sciences* 103, no. 45 (2006): 17053–57.
- Prior, H., et al. "Mirror-Induced Behavior in the Magpie (Pica pica): Evidence of Self-Recognition." *PLOS Biology* 6, no. 8 (2008): e202. https://doi.org/10.1371/journal.pbio.0060202.
- Proctor, H. S., et al. "Searching for Animal Sentience: A Systematic Review of the Scientific Literature." *Animals* 3, no. 3 (2013): 882–906.
- Quervel-Chaumette, M., et al. "Investigating Empathy-Like Responding to Conspecifics' Distress in Pet Dogs." *PLOS ONE* 11, no. 4 (2016): e015920.

National Academy of Sciences 117, no. 13 (2020): 6976–84.
・LeDoux, J. E., and D. S. Pine. "Using Neuroscience to Help Understand Fear and Anxiety: A Two-System Framework." *American Journal of Psychiatry* 173, no. 11 (2016): 1083–93.
・Lee, DN. "Charles Henry Turner, Animal Behavior Scientist." *The Urban Scientist* (blog), *Scientific American*, February 13, 2012. https://blogs.scientificamerican.com/urban-scientist/charles-henry-turner-animal-behavior-scientist/.
・Lehrman, D. S. "A Critique of Konrad Lorenz's Theory of Instinctive Behavior." *Quarterly Review of Biology* 28, no. 4 (1953): 337–63.
・Lejeune, H., et al. "About Skinner and Time: Behavior-Analytic Contributions to Research on Animal Timing." *Journal of the Experimental Analysis of Behavior* 85, no. 1 (2006): 125–42.
・Lewis, M. *The Rise of Consciousness and the Development of Emotional Life*. New York: Guilford Press, 2014.
・Lorenz, K. Nobel Lecture, 1973. https://www.nobelprize.org/prizes/medicine/1973/lorenz/lecture/.
・Lorenz, K. "Science of Animal Behavior (1975)." YouTube, September 27, 2016. https://www.youtube.com/watch?v=IysBMqaSAC8.
・Maier, A., and N. Tsuchiya. "Growing Evidence for Separate Neural Mechanisms for Attention and Consciousness." *Attention, Perception, & Psychophysics* 83, no. 2 (2021): 558–76.
・Majid, A. "Mapping Words Reveals Emotional Diversity." *Science* 366 (2019): 1444–45.
・Mcnaughton, N., and P. J. Corr. "Survival Circuits and Risk Assessment." *Current Opinion in Behavioral Sciences* 24 (2018): 14–20.
・Mobbs, D. "Viewpoints: Approaches to Defining and Investigating Fear." *Nature Neuroscience* 22 (2019): 1205–16. Contains comments by Ralph Adolpho on verbal language.
・Montaigne, M. de. "The Language of Animals." http://www.animal-rights-library.com/texts-c/montaigne01.htm.
・Morris, C. L., et al. "Companion Animals Symposium: Environmental Enrichment for Companion, Exotic, and Laboratory Animals." *Journal of Animal Science* 89 (2011): 4227–38.
・Motta, S. C., et al. "The Periaqueductal Gray and Primal Emotional Processing Critical to Influence Complex Defensive Responses, Fear Learning and Reward Seeking." *Neuroscience and Biobehavioral Reviews* 76(A) (2017): 39–47.
・Nash, R. F. *The Rights of Nature: A History of Environmental Ethics*. Madison: University of Wisconsin Press, 1989.（ロデリック・F・ナッシュ『自然の権利——環境倫理の文明史』松野弘訳、ミネルヴァ書房ほか、2011年）
・Nawroth, C., et al. "Farm Animal Cognition— Linking Behavior, Welfare and Ethics." *Frontiers in Veterinary Science* (2019). https://doi.org/10.3389/fvets.2019.00024.
・"New York Court of Appeals Agrees to Hear Landmark Elephant Rights Case."

- Jackson, J. C., et al. "Emotion Semantics Show Both Cultural Variation and Universal Structure." *Science* 366, no. 6472 (2019): 1517–22.
- Jacobs, L. F., and E. R. Liman. "Grey Squirrels Remember the Locations of Buried Nuts." *Animal Behavior* 41, no. 1 (1991): 103–10.
- James, W. *The Will to Believe*. New York: Longmans, Green, 1897. Project Gutenberg, https://www.gutenberg.org/files/26659/26659-h/26659-h.htm#58/.
- Judd, S. P. D., and T. S. Collett. "Multiple Stored Views and Landmark Guidance in Ants." *Nature* 392, no. 6677 (1998): 710–14.
- Kerasote, T. A. "Essay: Lessons from a Freethinking Dog," 2008. kerasote.com/essays/ted-kerasote-merle-essay.pdf.
- Khattab, M. *The Clear Quran: A Thematic English Translation*. 2015.
- Klein, A. S., et al. "Fear Balance Is Maintained by Bodily Feedback to the Insular Cortex in Mice." *Science* 374, no. 6570 (2021): 1010–15.
- Klüver, H., and P. C. Bucy. "'Psychic Blindness' and Other Symptoms Following Bilateral Temporal Lobectomy in Rhesus Monkeys." *American Journal of Physiology* 119 (1937): 352–53.
- Knight, K. "Paper Wasps Really Recognise Each Other's Faces." *Journal of Experimental Biology* 220 (2017). doi:10.1242/jeb.163477.
- Koch, C. "What Is Consciousness? Scientists Are Beginning to Unravel a Mystery That Has Long Vexed Philosophers." *Nature* 557 (2018): S8–S12.
- Koch, C., et al. "Neural Correlates of Consciousness: Progress and Problems." *Nature Reviews Neuroscience* 17 (2016): 307–21.
- Kremer, L., et al. "The Nuts and Bolts of Animal Emotion." *Neuroscience and Biobehavioral Reviews* 113 (2020): 273–86.
- Kucyi, A., and K. D. Davis. "Dynamic Functional Connectivity of the Default Mode Network Tracks Daydreaming." *NeuroImage* 100 (2014): 471–80.
- Learmonth, M. J. "The Matter of Non-Avian Reptile Sentience, and Why It 'Matters' to Them: A Conceptual, Ethical and Scientific Review." *Animals* 10, no. 5 (2020). https://doi.org/10.3390/ani10050901.
- LeDoux, J. *Anxious: Using the Brain to Understand and Treat Fear and Anxiety*. New York: Penguin Press, 2015.
- LeDoux, J. *The Emotional Brain: The Mysterious Underpinnings of Emotional Life*. New York: Simon & Schuster, 1996.（ジョセフ・ルドゥー『エモーショナル・ブレイン——情動の脳科学』松本元ほか訳、東京大学出版会、2003年）
- LeDoux, J. "Rethinking the Emotional Brain." *Neuron* 73, no. 4 (2012): 653–76. https://doi.org/10.1016/j.neuron.2012.02.004.
- LeDoux, J., and N. D. Daw. "Surviving Threats: Neural Circuit and Computational Implications of a New Taxonomy of Defensive Behavior." *Nature Reviews Neuroscience* 19 (2018): 269–82.
- LeDoux, J. E., M. Michel, and H. Lau. "A Little History Goes a Long Way toward Understanding Why We Study Consciousness the Way We Do Today." *Proceedings of the*

Turner's Experiments on Honey Bee Color Vision." *Current Biology*, October 19, 2020.
・Goodall, J. "Tool-Using and Aimed Throwing in a Community of Free-Living Chimpanzees." *Nature* 201 (1964): 1264–66.
・Grandin, T. *Temple Grandin's Guide to Working with Farm Animals*. North Adams, MA: Storey, 2017.
・Grandin, T. *Thinking in Pictures*. New York: Doubleday, 1995. Expanded edition. New York: Vintage, 2006.（前掲『自閉症の才能開発』）
・Grandin, T., and M. J. Deesing. "Behavioral Genetics and Animal Science." In *Genetics and the Behavior of Domestic Animals*, 2nd ed., edited by T. Grandin and M. J. Deesing, 1–40. Cambridge, MA: Academic Press/Elsevier, 2013.
・Grandin, T., and C. Johnson. *Animals in Translation*. New York: Scribner, 2005.（テンプル・グランディン、キャサリン・ジョンソン『動物感覚——アニマル・マインドを読み解く』中尾ゆかり訳、NHK出版、2006年）
・Grandin, T., and C. Johnson. *Animals Make Us Human*. New York: Mariner Books, 2010.（テンプル・グランディン、キャサリン・ジョンソン『動物が幸せを感じるとき——新しい動物行動学でわかるアニマル・マインド』中尾ゆかり訳、NHK出版、2011年）
・Grandin, T., and M. M. Scariano. *Emergence: Labeled Autistic*. Novato, CA: Arena, 1986.（前掲『我、自閉症に生まれて』）
・Gray, T. "A Brief History of Animals in Space." National Aeronautics and Space Administration, 1998, updated 2014. https://history.nasa.gov/animals.html.
・Guest, K. Introduction to Anna Sewell, *Black Beauty*. Cambridge, UK: Cambridge Scholars, 2011.
・Hemati, S., and G. A. Hossein-Zadeh. "Distinct Functional Network Connectivity for Abstract and Concrete Mental Imagery." *Frontiers in Human Neuroscience* 12 (2018). doi: 10.3389/fnhum.2018.00515.
・Herculano-Houzel, S. "Birds Do Have a Cortex—and Think." *Science* 369 (2020): 1567–68.
・Herculano-Houzel, S. "Numbers of Neurons as Biological Correlates of Cognitive Capability." *Current Opinion in Behavioral Sciences* 16 (2017): 1–7.
・Herculano-Houzel, S., et al. "The Elephant Brain in Numbers." *Frontiers in Neuroanatomy* (2014). https://doi.org/10.3389/fnana.2014.00046.
・Hill, E. "Archaeology and Animal Persons: Towards a Prehistory of Human-Animal Relations." *Environment and Society* (2013). https://doi.org/10.3167/ares.2013.040108.
・Hunt, G. R. "Manufacture and Use of Hook-Tools by New Caledonian Crows." *Nature* 379 (1996): 249–51.
・Hussain, S. T., and H. Floss. "Sharing the World with Mammoths, Cave Lions and Other Beings: Linking Animal-Human Interactions and Aurignacian 'Belief World.' " *Quartar* 62 (2015): 85–120.
・"In an Ant's World, the Smaller You Are the Harder It Is to See Obstacles." *The Conversation*, April 17, 2018. https://theconversation.com/in-an-ants-world-the-smaller-you-are-the-harder-it-is-to-see-obstacles-92837.

・de Waal, F. B. M. “Fish, Mirrors, and a Gradualist Perspective on Self-Awareness.” *PLOS Biology* 17, no. 2 (2019): e3000112.
・de Waal, F. *Mama' s Last Hug*. New York: W. W. Norton, 2019.（フランス・ドゥ・ヴァール『ママ、最後の抱擁——わたしたちに動物の情動がわかるのか』柴田裕之訳、紀伊國屋書店、2020年）
・Della Rosa, P. A., et al. “The Left Inferior Frontal Gyrus: A Neural Crossroads between Abstract and Concrete Knowledge.” *NeuroImage* 175 (2018): 449–59.
・Denson, T. F. “Inferring Emotion from the Amygdala Activation Alone Is Problematic.” *Animal Sentience* 22, no. 9 (2018).
・Descartes, R. “Animals Are Machines.” Wofford College. Reproduced from unidentified translation at https://webs.wofford.edu/williamsnm/back%20up%20jan%204/hum%20101/animals%20are%20machines%20descartes.pdf/.
・Dona, H. S. G., and L. Chittka. “Charles H. Turner, Pioneer in Animal Cognition.” *Science* 370, no. 6516 (2020): 530–31.
・Douglas-Hamilton, I., et al. “Behavioural Reactions of Elephants towards a Dying and Deceased Matriarch.” *Applied Animal Behaviour Science* 100 (2006): 87–102.
・Duncan, I. J. H. “The Changing Concept of Animal Sentience.” *Applied Animal Behaviour Science* 100, no. 1–2 (2006): 11–19.
・Fang, Z., et al. “Unconscious Processing of Negative Animals and Objects: Role of the Amygdala Revealed by fMRI.” *Frontiers in Human Neuroscience* 10 (2016). doi: 10.3389/fnhum.2016.00146.
・Fanselow, M. S., and Z. T. Pennington. “The Danger of LeDoux and Pine's Two-System Framework for Fear.” *American Journal of Psychiatry* 174, no. 11 (2017): 1120–21.
・Faull, O. K., et al. “The Midbrain Periaqueductal Gray as an Integrative and Interoceptive Neural Structure for Breathing.” *Neuroscience and Biobehavioral Reviews* 98 (2019). https://doi.org/10.1016/j.neubiorev.2018.12.020.
・Favre, D., and V. Tsang. “The Development of the Anti-Cruelty Laws during the 1800s.” *Detroit College Law Review* 1 (1993).
・Feinberg, T. E., and J. Mallatt. “Phenomenal Consciousness and Emergence: Eliminating the Explanatory Gap.” *Frontiers in Psychology*, June 12, 2020.
・Finkemeier, M. A., et al. “Personality Research in Mammalian Farm Animals: Concepts, Measures, and Relationships to Welfare.” *Frontiers in Veterinary Science* (2018). https://doi.org/10.3389/fvets.2018.00131.
・Fortenbaugh, W. W. “Aristotle: Animals, Emotion, and Moral Virtue.” *Arethusa* 4, no. 2 (1971): 137–65. https://www.jstor.org/stable/26307269.
・Foster, C. *My Octopus Teacher*. Directed by P. Ehrlich and J. Reed. Netflix, 2020.
・Freeberg, E. *A Traitor to His Species: Henry Bergh and the Birth of the Animal Rights Movement*. New York: Basic Books, 2020.
・Gent, T. C., et al. “Thalamic Dual Control of Sleep and Wakefulness.” *Nature Neuroscience* 21, no. 7 (2018): 974–84.
・Giurfa, M., and M. G. de Brito Sanchez. “Black Lives Matter: Revisiting Charles Henry

- Cep, C. "Marilynne Robinson's Essential American Stories." *New Yorker*, October 5, 2020, 44–53.
- Ceurstemont, S. "Inside a Wasp's Head: Here's What It Sees to Find Its Way Home." *NewScientist*, February 12, 2016. https://www.newscientist.com/article/2077306-inside-a-wasps-head-heres-what-it-sees-to-find-its-way-home/.
- "Charles Henry Turner." Biography.com, 2014. https://www.biography.com/scientist/charles-henry-turner/.
- Chen, A. "A Neuroscientist Explains Why We Need Better Ways to Talk about Emotions." *The Verge*, July 6, 2018.
- Christianson, J. P. "The Head and the Heart of Fear." *Science* 374, no. 6570 (2021): 937–38.
- Collias, E. C., and N. E. Collias. "The Development of Nest-Building Behavior in a Weaverbird." *The Auk* 81 (1964): 42–52.
- Collins, R. W. "What Does It Mean to be Human, and Not Animal? Examining Montaigne's Literary Persuasiveness in 'Man Is No Better Than the Animals.' " Animals and Society Institute, 2018.
- Colpaert, F. C., et al. "Opiate Self-Administration as a Measure of Chronic Nociceptive Pain in Arthritic Rats." *Pain* 91 (2001): 33–45.
- Cook, P., et al. "Jealousy in Dogs? Evidence from Brain Imaging." *Animal Sentience* 22, no. 1 (2018). https://www.wellbeingintlstudiesrepository.org/animsent/vol3/iss22/1/.
- Costilla, R., et al. "Genetic Control of Temperament Traits across Species: Association of Autism Spectrum Disorder Risk Genes with Cattle Temperament." *Genetics Selection Evolution* 52 (2020): 51.
- Dagg, A. I. *Giraffe: Biology, Behaviour and Conservation*. New York: Cambridge University Press, 2014.
- Danbury, T. C., et al. "Self-Selection of the Analgesic Drug Carprofen by Lame Broiler Chickens." *Veterinary Research* 146 (2000): 307–11.
- Darwin, C. *The Descent of Man*. London: John Murray, 1871.（チャールズ・ダーウィン『人間の由来』［上下］長谷川眞理子訳、講談社、2016年）
- Davis, J. M. "The History of Animal Protection in the United States." Organization of American Historians, *The American Historian*. https://www.oah.org/tah/issues/2015/november/the-history-of-animal-protection-in-the-united-states/.
- Davis, K. L., and C. Montag. "Selected Principles of Pankseppian Affective Neuroscience." *Frontiers in Neuroscience*, January 17, 2019. https://www.frontiersin.org/articles/10.3389/fnins.2018.01025/full/.
- de Molina, A. F., and R. W. Hunsperger. "Central Representation of Affective Reactions in the Forebrain and Brain Stem: Electrical Stimulation of the Amygdala, Stria Terminalis and Adjacent Structures." *Journal of Physiology* 145 (1959): 251–65.
- de Molina, A. F., and R. W. Hunsperger. "Organization of the Subcortical System Governing Defence and Flight Reactions in a Cat." *Journal of Physiology* 160, no. 2 (1962): 200–213.

- ASPCA. "History of the ASPCA." American Society for the Protection of Animals, 2020. aspca.org/about-us/history-of-the-ASPCA.
- Bailey, I. E., et al. "Image Analysis of Weaverbird Nests Reveals Signature Weave Textures." *Royal Society Open Science*, June 1, 2015. https://doi.org/10.1098/rsos.150074.
- Bailey, P., and E. W. Davis. "Effects of Lesions of the Periaqueductal Gray Matter in the Cat." *Proceedings of the Society for Experimental Biology and Medicine* 51 (1942): 305–6.
- Bates, M. "Bumblebees Can Recognize Objects across Senses." *Psychology Today*, February 20, 2020.
- Bekoff, M. "Do Animals Recognize Themselves?" *Scientific American*, November 1, 2016. https://www.scientificamerican.com/article/do-animals-recognize-themselves/.
- Benedictus, A. D. "Anatomo-Functional Study of the Temporo-Parietal-Occipital Region: Dissections, Traceographic and Brain Mapping Evidence from a Neurosurgical Perspective." *Journal of Anatomy* 225, no. 14 (2014). doi.10.1111/joa.12204.
- Bentham, J. *An Introduction to the Principles of Morals and Legislation*. First published by T. Payne and Sons, 1789. Reprinted by Oxford University Press Academic, 1996.（ジェレミー・ベンサム『道徳および立法の諸原理序説』［上下］中山元訳、筑摩書房、2022年）
- Bentham, J. *Of the Limits of the Penal Branch of Jurisprudence*. First published by T. Payne and Sons, 1780. Reprinted, edited by Philip Schofield, by Oxford University Press, 2010.
- Berns, G. *What It's Like to Be a Dog: And Other Adventures in Animal Neuroscience*. New York: Basic Books, 2017.（グレゴリー・バーンズ『イヌは何を考えているか――脳科学が明らかにする動物の気持ち』野中香方子、西村美佐子訳、化学同人、2020年）
- Betz, E. "A Brief History of Chimps in Space." *Discover*, April 21, 2020.
- Birch, J., et al. "Dimensions of Animal Consciousness." *Trends in Cognitive Sciences* 24, no. 10 (2020) 311–13: 789–801.
- Bjursten, L. M., et al. "Behavioural Repertory of Cats without Cerebral Cortex from Infancy." *Experimental Brain Research* 25, no. 2 (1976): 115–30.
- Black, J. "Darwin in the World of Emotions." *Journal of the Royal Society of Medicine* 95, no. 6 (June 2002): 311–13.
- Boly, M., et al. "Are the Neural Correlates of Consciousness in the Front or in the Back of the Cerebral Cortex? Clinical and Neuroimaging Evidence." *Journal of Neuroscience* 37, no. 40 (2017): 9603–13.
- Borrell, B. "Are Octopuses Smart?" *Scientific American*, February 27, 2009. https://www.scientificamerican.com/article/are-octopuses-smart/.
- Breland, K., and M. Breland. *Animal Behavior*. New York: Macmillan, 1966.
- Breland, K., and M. Breland. "The Misbehavior of Organisms." *American Psychologist* 16, no. 11 (1961): 681–84.
- Cabrera, D., et al. "The Development of Animal Personality across Ontogeny: A Cross-Species Review." *Animal Behavior* 173 (2021): 137–44.
- Cataldo, D. M., et al. "Speech, Stone Tool-Making and the Evolution of Language." *PLOS ONE* 13, no. 1 (2018): e0191071.

・Waite, S., et al. "Analysis of Perceptual Expertise in Radiology— Current Knowledge and a New Perspective." *Frontiers in Human Neuroscience* (2019). doi:10.3389/fnhum.2019.00213.
・Washington State Department of Transportation. "Tacoma Narrows Bridge History — Lessons from the Failure of a Great Machine." https://wsdot.wa.gov/tnbhistory/bridges-failure.htm.
・" 'Weak Engineering Management' Probable Cause of Columbia Gas Explosions, NTSB Says." WBZ, CBS 4, Boston, October 24, 2019.
・Webster, B. Y. "Understanding and Comparing Risk." Reliabilityweb. www.reliabilityweb.com/articles/entry/understanding_and_comparing_risk/.
・Weinstein, D. "Hackers May Be Coming to Your City's Water Supply." *Wall Street Journal*, February 26, 2021.
・Wilkin, H. "Psychosis, Dreams, and Memory in AI." *Special Edition on Artificial Intelligence* (blog), Graduate School of Arts and Sciences, Harvard University, August 28, 2017. https://sitn.hms.harvard.edu/flash/2017/psychosis-dreams-memory-ai/.
・Witze, A. "One Telescope to Rule Them All." *Nature* 600 (December 9, 2021): 208–12.
・Wolff, J. "Engineering Acronyms: What the Heck Are They Saying?" 2014. https://www.jaredwolff.com/the-crazy-world-of-engineering-acronyms.
・World Nuclear Association. "Fukushima Daiichi Accident," 2020. https://world-nuclear.org/information-library/safety-and-security/safety-of-plants/fukushima-daiichi-accident.aspx.
・World Nuclear Association. "Three Mile Island Accident." April 2022. https://www.world-nuclear.org/information-library/safety-and-security/safety-of-plants/three-mile-island-accident.aspx.

第7章　動物も思考する

・Abramson, C. I. "Charles Henry Turner: Contributions of a Forgotten African American to Honey Bee Research." *American Bee Journal* 143 (2003): 643–44.
・Allen, C., and M. Bekoff. *Species of Mind: The Philosophy and Biology of Cognitive Ethology*. Cambridge, MA: MIT Press, 1997.
・Alvarenga, A. B., et al. "A Systematic Review of Genomic Regions and Candidate Genes Underlying Behavioral Traits in Farmed Mammals and Their Link with Human Disorders." *Animals* 11, no. 3 (2021): 715. https://doi.org/10.3390/ani11030715.
・Anderson, D. J., and R. Adolphs. "A Framework for Studying Emotions across Species." *Cell* 157, no. 1 (March 2014): 187–200.
・"Animal Consciousness." *Stanford Encyclopedia of Philosophy*. Stanford, CA: Metaphysics Research Lab, 1995, 2016. https://plato.stanford.edu/entries/consciousness-animal/.
・Aristotle. *Nichomachean Ethics*. Edited by R. C. Bartlett and S. D. Collins. Chicago: University of Chicago Press, 2011.

- Smith, R. "U.S. Water Supply Has Few Protections against Hacking." *Wall Street Journal*, February 12, 2021. https://www.wsj.com/articles/u-s-water-supply-has-few-protections-against-hacking-11613154238.
- Solkin, M. "Electromagnetic Interference Hazards in Flight and the 5G Mobile Phone: Review of Critical Issues in Aviation Security." Special Issue "10th International Conference on Air Transport— INAIR 2021, towards Aviation Revival." *Transportation Research Procedia* 59 (2021): 310–18. https://doi.org/10.1016/j.trpro.2021.11.123.
- Sparks, J. "Ethiopian Airlines Crash, Anguish and Anger at Funeral for Young Pilot." Sky News, 2019.
- Sullenberger, C. "What Really Brought Down the Boeing MAX?" Letter to the Editor, *New York Times Magazine*, October 13, 2019, 16.
- Swaminathan, N. "What Are We Thinking When We (Try to) Solve Problems?" *Scientific American*, January 25, 2008. https://www.scientificamerican.com/article/what-are-we-thinking-when/.
- Synolakis, C., and U. Kânoğlu. "The Fukushima Accident Was Preventable." *Philosophical Transactions of the Royal Society A* (2015). doi.10.1098/rsta.2014.0379.
- Tangel, A., A. Pasztor, and M. Maremont. "The Four-Second Catastrophe: How Boeing Doomed the 737 MAX." *Wall Street Journal*, August 16, 2019.
- Thompson, C. "The Miseducation of Artificial Intelligence." *Wired*, December 2018.
- Travis, G. "How the Boeing 737 MAX Disaster Looks to a Software Developer." *IEEE Spectrum*, April 18, 2019.
- Tsuji, Y., et al. "Tsunami Heights along the Pacific Coast of Northern Honshu Recorded from the 2011 Tohoku and Previous Great Earthquakes." *Pure and Applied Geophysics* 171 (2014): 3183–215.
- Tung, S. "The Day the Golden Gate Bridge Flattened." *Mercury News*, May 23, 2012.
- Turton, W. "Breakthrough Technologies for Surviving a Hack." *Bloomberg Businessweek*, July 27, 2020, 50–53.
- US Department of Labor. "Number and Rate of Fatal Work Injuries, by Private Industry Sector," 2021. https://www.bls.gov/charts/census-of-fatal-occupational-injuries/number-and-rate-of-fatal-work-injuries-by-industry.htm.
- US Government Accountability Office. "James Webb Space Telescope: Integration and Test Challenges Have Delayed Launch and Threaten to Push Costs over Cap." *GAO Highlights* 18-273 (2018), a report to Congressional Committee.
- US Nuclear Regulatory Commission. "Backgrounder on the Three Mile Island Accident." https://www.nrc.gov/reading-rm/doc-collections/fact-sheets/3mile-isle.html.
- US Nuclear Regulatory Commission. *NRC Collection of Abbreviations, NOREG-0544 Rev 4*. Washington, DC: US Government Printing Office, 1998.
- Vance, A. *Elon Musk: Tesla, SpaceX, and the Quest for a Fantastic Future*. New York: Ecco, 2015.（前掲『イーロン・マスク』）
- Vanian, J. "Why Google's Artificial Intelligence Confused a Turtle for a Rifle." *Fortune*, November 8, 2017.

September 15, 2015.
・Perrow, C. "Fukushima, Risk, and Probability: Expect the Unexpected." *Bulletin of the Atomic Scientists* (April 2011). https://thebulletin.org/2011/04/fukushima-risk-and-probability-expect-the-unexpected/.
・"Perseverance's Selfie with Ingenuity." NASA Science, Mars Exploration Program, April 7, 2021.https://mars.nasa.gov/resources/25790/perseverance-selfie-with-ingenuity/.
・Peterson, A. "Yes, Terrorists Could Have Hacked Dick Cheney's Heart." *Washington Post,* October 21, 2013.
・Phillips, M., et al. "Detection of Malignant Melanoma Using Artificial Intelligence: An Observational Study of Diagnostic Accuracy." *Dermatology Practical and Conceptual* 10, no. 1 (2020): e2020011.
・Pistner, C. "Fukushima Daini—Comparison of the Events at Fukushima Daini and Daiichi." Presentation, 1st NURIS Conference, Vienna, April 16–17, 2015.
・Rahu, M. "Health Effects of the Chernobyl Accident: Fears, Rumors and Truth." *European Journal of Cancer* 39 (2003): 295–99.
・Rausand, M. *Risk Assessment: Theory, Methods, and Applications*. Hoboken, NJ: Wiley, 2011.
・Razdan, R. "Temple Grandin, Elon Musk, and the Interesting Parallels between Autonomous Vehicles and Autism." *Forbes*, June 7, 2020.
・Rice, J. "Massachusetts Utility Pleads Guilty to 2018 Gas Explosion." *ENR, Engineering News-Record*, March 9, 2020.
・Robison, P. *Flying Blind: The MAX Tragedy and the Fall of Boeing*. New York: Doubleday, 2021.
・Ropeik, D. "How Risky Is Flying?" *Nova*, PBS. https://www.pbs.org/wgbh/nova/planecrash/risky.html/.
・Rosenblatt, G. "When We Converse with the Alien Intelligence of Machines." *Vital Edge* (blog), June 27, 2017. https://www.the-vital-edge.com/alien-machine-intelligence/.
・"Safety Measures Implementation at Kashiwazaki-Kariwa Nuclear Power Station." Tokyo Electric Power Company Holdings. Last updated February 14, 2018. https://www.tepco.co.jp/en/nu/kk-np/safety/index-e.html.
・Schaper, D., and V. Romo. "Boeing Employees Mocked FAA in Internal Messages before 737 MAX Disasters." *Morning Edition*, NPR, January 9, 2020.
・Shuto, N., and K. Fujima. "A Short History of Tsunami Research and Countermeasures in Japan." *Proceedings of the Japan Academy, Series B Physical and Biological Sciences* 85, no. 8 (October 2009): 267–75. https://www.jstage.jst.go.jp/article/pjab/85/8/85_8_267/_article.
・Silver, D., et al. "Mastering the Game of GO without Human Knowledge." *Nature* 550 (2017): 354–59.
・Singh, M., and T. Markeset. "A Methodology for Risk-Based Inspection Planning of Oil and Gas Pipes Based on Fuzzy Logic Framework." *Engineering Failure Analysis* 16 (2009): 2098–2113.

- "Lion Air: How Could a Brand New Plane Crash?" BBC News, October 29, 2018. www.bbc.com/news/world-asia-46014260/.
- Lithgow, G. J., et al. "A Long Journey to Reproducible Results." *Nature* 548 (2017): 387–88.
- Lopes, L., et al. "174— A Comparison of Machine Learning Algorithms in the Classification of Beef Steers Finished in Feedlot." *Journal of Animal Science* 98, issue supplement (November 30, 2020): 126–27.
- Massaro, M. "Next Generation of Radio Spectrum Management: Licensed Shared Access for 5G." *Telecommunications Policy* 41, no. 5–6 (2017): 422–33.
- McCartney, S. "Inside the Effort to Fix the Troubled Boeing 737 MAX." *Wall Street Journal*, June 5, 2019.
- McNutt, M. K., et al. "Applications of Science and Engineering to Quantify and Control the Deepwater Horizons Oil Spill." *Proceedings of the National Academy of Sciences* 109, no. 50 (2012): 20222–228. https://www.pnas.org/doi/full/10.1073/pnas.1214389109.
- Miller, A. *The Artist in the Machine*. Cambridge, MA: MIT Press, 2019.
- Miller, A. "DeepDream: How Alexander Mordvintsev Excavated the Computer's Hidden Layers." *MIT Press Reader*, July 1, 2020.
- Mohrbach, L. "The Defense-in-Depth Safety Concept: Comparison between the Fukushima Daiichi Units and German Nuclear Power Units." *VGB PowerTech* 91, no. 6 (2011).
- Mullard, A. "Half of Top Cancer Studies Fail High-Profile Reproducibility Effort." *Nature*, December 9, 2021. https://www.nature.com/articles/d41586-021-03691-0.
- Naoe, K. "The Heroic Mission to Save Fukushima Daini." Nippon.com, April 7, 2021. https://www.nippon.com/en/japan-topics/g01053/the-heroic-mission-to-save-fukushima-daini.html.
- National Transportation Safety Board. "Preliminary Report: Pipeline Over-pressure of a Columbia Gas of Massachusetts Low-pressure Natural Gas Distribution System [September 13, 2018]." October 11, 2018.
- Niler, E. "NASA's James Webb Space Telescope Plagued by Delays, Rising Costs." *Wired*, June 27, 2018. https://www.wired.com/story/delays-rising-costs-plague-nasas-james-webb-space-telescope/.
- Norman, C. "Chernobyl: Errors and Design Flaws." *Science* 233, no. 4768 (September 5, 1986): 1029–31.
- "NRC Nears Completion of NuScale SMR Design Review." *World Nuclear News*, August 27, 2020.
- Onyanga-Omara, J., and T. Maresca. "Previous Lion Air Flight Passengers 'Began to Panic and Vomit.' " *USA Today*, October 30, 2018.
- Pasztor, A. "Air Safety Panel Hits Pilot's Reliance on Automation." *Wall Street Journal*, November 18, 2013, A4.
- Pasztor, A., and A. Tangel. "FAA Gives Boeing MAX Fix List." *Wall Street Journal*, August 4, 2020, B1–B2.
- Perkins, R. "Fukushima Disaster Was Preventable, New Study Finds." *USC News*,

New Civil Engineer, October 7, 2019. https://www.newcivilengineer.com/latest/fatal-taiwan-bridge-collapse-is-latest-example-of-maintenance-failings-07-10-2019/.
- Hsieh, T., et al. "Enhancing Scientific Foundations to Ensure Reproducibility: A New Paradigm." *American Journal of Pathology* 188, no. 1 (2018): 6–10.
- Hubbard, D. W. *The Failure of Risk Management*. Hoboken, NJ: Wiley, 2009.
- "Injury Facts: Preventable Deaths: Odds of Dying." National Safety Council. https://injuryfacts.nsc.org/all-injuries/preventable-death-overview/odds-of-dying/.
- Jensen, A. R. "Most Adults Know More Than 42,000 Words." *Frontiers*, August 16, 2016.
- Johnston, P., and R. Harris. "The Boeing 737 MAX Saga: Lessons for Software Organizations." *Software Quality Profession* 21, no. 3 (May 2019): 4–12. https://asq.org/quality-resources/articles/the-boeing-737-max-saga-lessons-for-software-organizations?id=489c93e1417945b8b9ecda7e3f937f5d.
- Kaiser, J. "Key Cancer Results Failed to Be Reproduced." *Science* 374, no. 6573 (2021): 1311.
- Kalluri, P. "Don't Ask If AI Is Good or Fair, Ask How It Shifts Power." *Nature* 583 (2020):169.
- Kansai Electric Power. "Nuclear Power Information: Measures against Potential Tsunami." 2019. https://www.kepco.co.jp/english/energy/nuclear_power/tsunami.html.
- Kawano, A. "Lessons Learned from Our Accident at Fukushima Nuclear Power Stations." Global 2011, Tokyo Electric Power Company, PowerPoint presentation, 2011.
- Kennedy, M. "Federal Investigators Pinpoint What Caused String of Gas Explosions in Mass." NPR, November 16, 2018. https://www.wnyc.org/story/federal-investigators-pinpoint-what-caused-string-of-gas-explosions-in-mass.
- Keshavan, M. S., and M. Sudarshan. "Deep Dreaming, Aberrant Salience and Psychosis: Connecting the Dots by Artificial Neural Networks." *Schizophrenia Research* 188 (2017): 178–81.
- Kitroeff, N., et al. "Boeing Rush to Finish Jet Left Little Time for Pilot Training." *New York Times*, March 17, 2019, 1, 26.
- Koenig, D. "Messages from a Former Boeing Test Pilot Reveal MAX Concerns." Associated Press, October 18, 2019.
- Komatsubara, J., et al. "Historical Tsunamis and Storms Recorded in a Coastal Lowland, Shizuoka Prefecture, along the Pacific Coast of Japan." *Sedimentology* 55, no. 6 (2008). https://doi.org/10.1111/j.1365-3091.2008.00964.x.
- Koren, M. "Who Should Pay for the Mistakes on NASA's Next Big Telescope?" *Atlantic*, July 27, 2018.
- Lahiri, T. "An Off-Duty Pilot Saved Lion Air's 737 MAX from a Crash the Day before Its Fatal Flight." *Quartz*, March 19, 2019. https://qz.com/1576597/off-duty-pilot-saved-lion-airs-737-max-the-day-before-its-fatal-flight/.
- Langewiesche, W. "System Crash—What Really Brought Down the Boeing 737 MAX? A 21st Century Aviation Industry That Made Airplanes Astonishingly Easy to Fly, but Not Foolproof." *New York Times Magazine*, September 22, 2019, 36–45, 57.

https://www.nytimes.com/2010/05/11/science/11blowout.html/.
- Fowler, J. T. "Deepwater Horizon: A Lesson in Risk Analysis." American Public University, EDGE, March 13, 2017. https://apuedge.com/deepwater-horizon-a-lesson-in-risk-analysis/.
- Freed, J., and E. M. Johnson. "Optional Warning Light Could Have Aided Lion Air Engineers Before Crash: Experts." Reuters, November 30, 2018.
- Funabashi,Y., and K. Kitazawa. "Fukushima in Review: A Complex Disaster, a Disastrous Response." *Bulletin of the Atomic Scientists* 68, no. 2 (March 1, 2012): 9–21. https://doi.org/10.1177/0096340212440359.
- Furchtgott-Roth, D. "Canada Limits 5G to Protect Air Travel." *Forbes*, November 21, 2021.
- Garrett, E., et al. "A Systematic Review of Geological Evidence for Holocene Earthquakes and Tsunamis along the Nankai-Suruga Trough, Japan." *Earth-Science Reviews* 159 (August 2016): 337–57. dx.doi.org/10.1016/j.earscirev.2016.06.011.
- Gates, D., and D. Baker. "The Inside Story of MCAS: How Boeing's 737 MAX System Gained Power and Lost Safeguards." *Seattle Times*, June 22, 2019. https://www.seattletimes.com/seattle-news/times-watchdog/the-inside-story-of-mcas-how-boeings-737-max-system-gained-power-and-lost-safeguards/.
- Gibson, E. J., and R. D. Walk. "The 'Visual Cliff.' " *Scientific American* 202, no. 4 (1960): 64–71.
- Glantz, J., et al. "Jet's Software Was Updated, Pilots Weren't." *New York Times*, February 3, 2019, 1, 18.
- "The Great, Late James Webb Space Telescope." *Economist*, November 27, 2021, 76–78.
- Greene-Blose, J. M. "Deepwater Horizon: Lessons in Probabilities." Paper presented at PMI Global Congress 2015—EMEA, London. Newton Square, PA: Project Management Institute.
- Gulati, R., C. Casto, and C. Krontiris. "How the Other Fukushima Plant Survived." *Harvard Business Review*, July–August 2014. https://hbr.org/2014/07/how-the-other-fukushima-plant-survived.
- Harris, R. "Elon Musk: Humanity Is a Kind of 'Biological Boot Loader' of AI." *Wired*, September 1, 2019.
- Herkert, J., J. Borenstein, and K. Miller. "The Boeing 737 MAX Lessons for Engineering Ethics." *Science and Engineering Ethics* 26 (2020): 2957–74.
- Hern, A. "Yes, Androids Do Dream of Electric Sheep." *Guardian*, June 18, 2015.
- Hines, W. C., et al. "Sorting Out the FACS: A Devil in the Details." *Cell Reports* 6 (2014): 779–81.
- Hirsch, C., and S. Schildknecht. "In Vitro Research Reproducibility: Keeping Up High Standards." *Frontiers in Pharmacology* 10 (2019): 1484. doi:10.3389/fphar.2019.01484.
- Hollnagel, E., and Y. Fujita. "The Fukushima Disaster— Systemic Failures as the Lack of Resilience." *Nuclear Engineering and Technology* 45 (2013): 13–20.
- Horgan, R. "Fatal Taiwan Bridge Collapse Is Latest Example of Maintenance Failings."

- Bard, N., et al. "The Hanabi Challenge: A New Frontier for AI Research." *Artificial Intelligence* 280 (2020): 103216.
- Barry, R., T. McGinty, and A. Pasztor. "Foreign Pilots Face More Snags in Landing in San Francisco." *Wall Street Journal*, December 12, 2013, A1, A4.
- Barstow, D., D. Rohde, and S. Saul. "Deepwater Horizon's Final Hours." *New York Times*, December 25, 2010, https://www.nytimes.com/2010/12/26/us/26spill.html.
- Benedict. "Google AI Sees 3D Printed Turtle as a Rifle, MIT Researchers Explain Why." 3D Printer and 3D Printing News, November 2, 2017. https://www.3ders.org/articles/20171102-google-ai-sees-3d-printed-turtle-as-a-rifle-mit-researchers-explain-why.html.
- Bennett, J. "Screws and Washers Are Falling off NASA's Multi- Billion Dollar Space Telescope." *Popular Mechanics*, May 3, 2018.
- Bloomberg. "Lion Air Pilots Battled Confusing Malfunctioning before Deadly Crash." *Fortune*, November 24, 2018. https://fortune.com/2018/11/24/lion-air-plane-crash/.
- Bourzac, K. "Upgrading the Quantum Computer." *Chemical and Engineering News*, April 15, 2019, 26–32.
- Bressan, D. "Historic Tsunamis in Japan." *History of Geology* (blog), March 17, 2011. http://historyofgeology.fieldofscience.com/2011/03/historic-tsunamis-in-japan.html.
- Casto, C. "Fukushima Daiichi and Daini— A Tale of Two Leadership Styles," Chartered Quality Institute, August 9, 2016. https://www.quality.org/knowledge/%E2%80%8B fukushima-daiichi-and-daini-—-tale-two-leadership-styles.
- Catchpole, D. "The Forces behind Boeing's Long Descent." *Fortune*, January 20, 2020. https://fortune.com/longform/boeing-737-max-crisis-shareholder-first-culture/.
- Cho, A. "Critics Question Whether Novel Reactor Is 'Walk-Away Safe.' " *Science* 369, no. 6506 (August 21, 2020): 888–89. https://www.science.org/doi/10.1126/science.369.6506.888.
- Chubu Electric Power. "Blocking a Tsunami: Prevention of Flooding on the Station Site." https://www.chuden.co.jp/english/energy/hamaoka/provision/tsunami/station/.
- Davis, C. "Merrimack Valley Gas Pipeline Contractors Lacked Necessary Replacement Info, Says NTSB." NGI, National Gas Intelligence, October 12, 2018. https://www.naturalgasintel.com/merrimack-valley-gas-pipeline-contractors-lacked-necessary-replacement-info-says-ntsb/.
- Enserink, M. "Sloppy Reporting on Animal Studies Proves Hard to Change." *Science* 357, no. 6358 (September 29, 2017): 1337–38. https://www.science.org/doi/10.1126/science.357.6358.1337.
- Federal Aviation Administration. Air Worthiness Directive. Transport and Commuter Category Airplanes. Docket No. FFA 2021-0953. Project Identifier AS-2021-01169-T.
- Flightradar24.com. JT610 Granular ADS-B Data, 2018.
- Ford, D. "Cheney's Defibrillator Was Modified to Prevent Hacking." CNN, October 24, 2013.
- Foster, C. *My Octopus Teacher*. Directed by P. Ehrlich and J. Reed. Netflix, 2020.
- Fountain, H. "Focus Turns to Well-Blocking System." *New York Times*, May 10, 2010.

Prometheus Books, 2009.（トマス・G・ウェスト『天才たちは学校がきらいだった』久志本克己訳、講談社、1994年）
- Witelson, S. F., D. L. Kigar, and T. Harvey. "The Exceptional Brain of Albert Einstein." *Lancet* 353 (1999): 2149–53.
- Wolff, B., and H. Goodman. "The Legend of the Dull-Witted Child Who Grew Up to Be a Genius." The Albert Einstein Archives, 2007. http://www.albert-einstein.org/article_handicap.html.
- Wolff, U., and I. Lundberg. "The Prevalence of Dyslexia among Art Students." *Dyslexia* 8, no. 1 (2002). doi.org/10.1002/dys.211.
- Wonder, S. Interview with Mesha McDaniel, Celebrity Profile Entertainment, March 23, 2013.YouTube. https://www.youtube.com/watch?v=126ni6rvzPU.
- Wonder, S. Interview with Larry King, *Larry King Live*, CNN. YouTube. https://www.youtube.com/watch?v=VtNLoaT9S24.
- Young, J. B. "Maya Lin's Elegiac Sculptures and Installations Sing a Requiem for the Disappearing Natural World." *Orlando Weekly*, March 4, 2015.
- Zagai, U., et al. "The Swedish Twin Registry: Content and Management as a Research Infrastructure." *Twin Research and Human Genetics* 22, no. 6 (December 2019): 672–80. doi: 10.1017/thg.2019.99.
- Zeliadt, N. "Autism Genetics, Explained." *Spectrum*, June 2017, updated May 28, 2021. https://www.spectrumnews.org/news/autism-genetics-explained/.
- Zhu, W., et al. "Common and Distinct Brain Networks Underlying Verbal and Visual Creativity." *Human Brain Mapping* 38, no. 4 (2017). doi.org/10.1002/hbm.23507.
- Zihl, J., and C. A. Heywood. "The Contribution of LM to the Neuroscience of Movement Vision." *Frontiers in Integrative Neuroscience* 9, no. 6 (February 17, 2015). https://www.frontiersin.org/articles/10.3389/fnint.2015.00006/full.
- Zitarelli, D. E. "Alan Turing in America—1942–1943." *Convergence*, January 2015. https://www.maa.org/press/periodicals/convergence/alan-turing-in-america.

第６章　視覚思考で災害を防ぐ

- Acton, J. M., and M. Hibbs. "Why Fukushima Was Preventable." Carnegie Endowment for International Peace, March 6, 2012. https://carnegieendowment.org/2012/03/06/why-fukushima-was-preventable-pub-47361.
- Ankrum, J., et al. "Diagnosing Skin Diseases Using an AI-Based Dermatology Consult." *Science Translational Medicine* 12, no. 548 (2020): eabc8946.
- "Assessment of C-Band Mobile Communications Interference Impact on Low Range Radar Altimeter Operations." Radio Technical Commission for Aeronautics, RTCA Paper No. 274-20/PMC-2073, October 7, 2020.
- Baker, M., and D. Gates. "Lack of Redundancies on Boeing 737 MAX System Baffles Some Involved in Developing the Jet." *Seattle Times*, March 26, 2019.

Survey Data." *Frontiers in Physiology*, May 8, 2013. doi.org/10.3389/fphys.2013.00098.
・Thaler, L., S. R. Arnott, and M. A. Goodale. "Neural Correlates of Natural Human Echolocation in Early and Late Blind Echolocation Experts." *PLOS ONE* (2011). doi.org/10.1371/journal.pone.0020162.
・Than, K. "A Brief History of Twin Studies." *Smithsonian Magazine*, March 4, 2016. https://www.smithsonianmag.com/science-nature/brief-history-twin-studies-180958281/.
・Tikhodeyev, O. N., and O. V. Shcherbakova. "The Problem of Non-Shared Environment in Behavioral Genetics." *Behavioral Genetics* 49, no. 3 (May 2019): 259–69. doi: 10.1007/s10519-019-09950-1.
・Treffert, D. A. "A Gene for Savant Syndrome." Agnesian Health Care, April 25, 2017.
・Treffert, D. A. *Islands of Genius*. London: Jessica Kingsley, 2010.
・Turing, A. M. "The Chemical Basis of Morphogenesis." *Philosophical Transactions of the Royal Society of London, Series B, Biological Sciences* 237, no. 641 (August 14, 1952): 37–72.
・Turing, A. M. "Computing Machinery and Intelligence." *Mind* 59, no. 236 (October 1950): 433–60.
・Van Noorden, R. "Interdisciplinary by the Numbers." *Nature* 525, no. 7569 (2015): 305–7.
・Vance, A. *Elon Musk: How the Billionaire CEO of SpaceX and Tesla Is Shaping Our Future*. New York: Virgin Books, 2015.
・Vietnam Veterans Memorial Fund. "The Names." https://www.vvmf.org/About-The-Wall/the-names/.
・von Károlyi, C. V., et al. "Dyslexia Linked to Talent: Global Visual-Spatial Ability." *Brain and Language* 85, no. 3 (2003): 427–31.
・Wai, J. "Was Steve Jobs Smart? Heck Yes!" *Psychology Today*, November 7, 2011. https://www.psychologytoday.com/us/blog/finding-the-next-einstein/201111/was-steve-jobs-smart-heck-yes/.
・Wei, X., et al. "Science, Technology, Engineering, and Mathematics (STEM) Participation among College Students with an Autism Spectrum Disorder." *Journal of Autism and Developmental Disorders* 43, no. 7 (July 2013). https://www.ncbi.nlm.nih.gov/pmc/articles/PMC3620841/.
・Weiner, E. *The Geography of Genius*. New York: Simon & Schuster, 2016.（エリック・ワイナー『世界天才紀行――ソクラテスからスティーブ・ジョブズまで』関根光宏訳、早川書房、2016年）
・Weiss, H. "Artists at Work: Maya Lin." *Interview*, August 10, 2017. https://www.interviewmagazine.com/art/artists-at-work-maya-lin/.
・Wertheimer, M. *Productive Thinking*. New York: Harper & Row, 1959.（M・ウェルトハイマー『生産的思考』矢田部達郎訳、岩波書店、1952年）
・West, T. G. *In the Mind's Eye: Visual Thinkers, Gifted People with Dyslexia and Other Learning Difficulties, Computer Images, and the Ironies of Creativity*. Amherst, NY:

3–41. New York: Alfred A. Knopf, 1995.（前掲『火星の人類学者』）
- “Savage, Augusta 1892–1962.” Johnson Collection. https://thejohnsoncollection.org/augusta-savage/.
- Schatzker, E. “ ‘We Must Bring This Pandemic to a Close.’ ” Interview with Bill Gates. *Bloomberg Businessweek*, September 21, 2020, 47–49.
- Seabrook, J. “Email from Bill.” *New Yorker*, January 10, 1994.
- Segal, N. *Born Together—Reared Apart*. Cambridge, MA: Harvard University Press, 2012.
- Sharma, B. “How a Calligraphy Course Rewrote the Life Story of Steve Jobs.” *Million Centers* (blog), May 11, 2018. https://www.millioncenters.com/blog/how-a-calligraphy-course-rewrote-the-life-story-of-steve-jobs.
- Shelton, J. “Study of Twins Shows It’s Genetics That Controls Abnormal Development.” *YaleNews*, May 3, 2021. https://news.yale.edu/2021/05/03/genetics-not-environment-uterus-controls-abnormal-development.
- Shetterly, M. L. *Hidden Figures: The American Dream and the Untold Story of the Black Women Mathematicians Who Helped Win the Space Race*. New York: William Morrow, 2016.（前掲『ドリーム』）
- Shuren, J. E., et al. “Preserved Color Imagery in an Achromatopsic.” *Neuropsychologia* 34, no. 6 (1996): 485–89.
- Sikela, J. M., and V. B. Searles Quick. “Genomic Trade-offs: Are Autism and Schizophrenia the Steep Price of the Human Brain?” *Human Genetics* 137, no. 1 (2018): 1–13.
- Silberman, S. “The Geek Syndrome.” *Wired*, December 1, 2001. https://www.wired.com/2001/12/aspergers/.
- Silberman, S. *NeuroTribes*. New York: Avery, 2015.（スティーブ・シルバーマン『自閉症の世界——多様性に満ちた内面の真実』正高信男、入口真夕子訳、講談社、2017年）
- Simonton, D. K. *Origins of Genius*. Oxford, UK: Oxford University Press, 1999.
- Spielberg, S. *Steven Spielberg Interviews*. Edited by B. Notbohm and L. D. Friedman. Jackson: University Press of Mississippi, 2000.
- Spitkins, P. “The Stone Age Origins of Autism.” In *Recent Advances in Autism Spectrum Disorder*, ed. M. Fitzgerald, vol. 2, 3–24. London: IntechOpen, 2013. Also available as DOI:10.5772/53883.
- Spitkins, P., B. Wright, and D. Hodgson. “Are There Alternative Adaptive Strategies to Human Pro-Sociality? The Role of Collaborative Morality in the Emergence of Personality Variation and Autistic Traits.” *Journal of Archaeology, Consciousness and Culture* 9, no. 4 (2016). doi/full/10.1080/1751696X.2016.1244949.
- “Steven Spielberg Escaped His Dyslexia through Filmmaking.” ABC News, September 27, 2012. https://abcnews.go.com/blogs/entertainment/2012/09/steven-spielberg-escaped-his-dyslexia-through-filmmaking.
- Stevenson, J. L., and M. A. Gernsbacher. “Abstract Spatial Reasoning as an Autistic Strength.” *PLOS ONE* 8, no. 3 (2013): e59329.
- Thaler, L. “Echolocation May Have Real-Life Advantages for Blind People: An Analysis of

PBS, https://www.pbs.org/becomingamerican/ap_pjourneys_transcript5.html.
・Nasar, S. *A Beautiful Mind.* New York: Simon & Schuster, 2011.（シルヴィア・ナサー『ビューティフル・マインド――天才数学者の絶望と奇跡』塩川優訳、新潮社、2013年）
・Nurmi, E. L., et al. "Exploratory Subsetting of Autism Families Based on Savant Skills Improves Evidence of Genetic Linkage to 15q11–q13." *Journal of the American Academy of Child and Adolescent Psychiatry* 42, no. 7 (July 2003). doi:10.1097/01.CHI.0000046868.56865.0F.
・O'Brian, P. *Pablo Ruiz Picasso: A Biography.* New York: W. W. Norton, 1976.
・O'Connell, H., and M. Fitzgerald. "Did Alan Turing Have Asperger's Syndrome?" *Irish Journal of Psychological Medicine* 20, no. 1 (2003): 28–31.
・"Oprah Winfrey Biography." *Encyclopedia of World Biography.* https://www.notablebiographies.com/We-Z/Winfrey-Oprah.html.
・Parker, R. G. *A School Compendium in Natural and Experimental Philosophy.* First published by A. S. Barnes, 1837. Reprinted by Legare Street Press, 2021.
・Patten, B. M. "Visually Mediated Thinking: A Report of the Case of Albert Einstein." *Journal of Learning Disabilities* 6, no. 7 (1973).
・Peters, L., et al. "Dyscalculia and Dyslexia: Different Behavioral, yet Similar Brain Activity Profiles during Arithmetic." *NeuroImage: Clinical* 18 (2018): 663–74.
・Pinker, S. "The Gifted Kids Are All Right." *Wall Street Journal,* September 19, 2020, C4.
・Ravilious, K. "Different Minds." *New Scientist* 212, no. 2387 (2011): 34–37.
・Reser, J. E. "Solitary Mammals Provide an Animal Model for Autism Spectrum Disorders." *Journal of Comparative Psychology* 128, no. 1 (2014): 99–113.
・Richardson, J. *A Life of Picasso.* 4 volumes. New York: Alfred A. Knopf, 1991–2021.（ジョン・リチャードソン『ピカソ』3巻、木下哲夫訳、白水社、2015〜17年）
・Robinson, A. "Can We Define Genius?" *Psychology Today,* November 30, 2010.
・Root-Bernstein, R., et al. "Arts Foster Scientific Success: Avocations of Nobel, National Academy, Royal Society, and Sigma Xi Members." *Journal of Psychology of Science and Technology* 1, no. 2 (2008). doi:10/1891/1939-7054.1.251.
・Rose, C. "Chairman and CEO of Microsoft Corporation Bill Gates Explores the Future of the Personal Computer, the Internet, and Interactivity." *Charlie Rose,* PBS, November 25, 1996.
・Rosen, P. "Neurodiversity: What You Need to Know." Understood.
・Ruthsatz, J., and K. Stephens. *The Prodigy's Cousin: The Family Link between Autism and Extraordinary Talent.* New York: Current, 2016.
・Ruzich, E., et al. "Sex and STEM Occupation Predict Autism-Spectrum Quotient (AQ) Scores in Half a Million People." *PLOS ONE,* October 21, 2015. https://doi.org/10.1371/journal.pone.0141229.
・Sacks, O. "An Anthropologist on Mars." *New Yorker,* December 27, 1993, on the story of Temple Grandin. Published also in Sacks, *An Anthropologist on Mars.* New York: Alfred A. Knopf, 1995.（前掲『火星の人類学者』）
・Sacks, O. "The Case of the Colorblind Painter." In Sacks, *An Anthropologist on Mars,*

- Lesinski, J. M. *Bill Gates: Entrepreneur and Philanthropist*. Springfield, MO: Twenty-First Century Books, 2009.
- Lienhard, D. A. "Roger Sperry's Split Brain Experiments (1959–1968)." *Embryo Project Encyclopedia*, December 27, 2017. http://embryo.asu.edu/handle/10776/13035.
- "Life of Thomas Alva Edison." Library of Congress. https://www.loc.gov/collections/edison-company-motion-pictures-and-sound-recordings/articles-and-essays/biography/life-of-thomas-alva-edison/.
- Linneweber, G. A., et al. "A Neurodevelopmental Origin of Behavioral Individuality in the *Drosophila* Visual System." *Science* 367, no. 6482 (2020): 1112–19.
- Lubinski, D., and C. P. Benbow. "Intellectual Precocity: What Have We Learned Since Terman?" *Gifted Child Quarterly*, July 28, 2020.
- Maggioni, E., et al. "Twin MRI Studies on Genetic and Environmental Determinants of Brain Morphology and Function in the Early Lifespan." *Neuroscience and Biobehavioral Reviews* 109 (2020): 139–49.
- "Maya Lin: Artist and Architect." Interview, Scottsdale, Arizona, June 16, 2000. Academy of Achievement. https://achievement.org/achiever/maya-lin/#interview.
- *Maya Lin: A River Is a Drawing* (notes on exhibition). Hudson River Museum, 2019. https://www.hrm.org/exhibitions/maya-lin/.
- *Maya Lin: Systematic Landscapes* (notes on exhibition). Contemporary Art Museum St. Louis. https://camstl.org/exhibitions/maya-lin-systematic-landscapes.
- "Maya Lin Quotations." Quotetab. https://www.quotetab.com/quotes/by-maya-lin/.
- McBride, J. *Steven Spielberg*. Jackson: University Press of Mississippi, 2011.
- McFarland, M. "Why Shades of Asperger's Syndrome Are the Secret to Building a Great Tech Company." *Washington Post*, April 3, 2015. https://www.washingtonpost.com/news/innovations/wp/2015/04/03/why-shades-of-aspergers-syndrome-are-the-secret-to-building-a-great-tech-company/.
- Mejia, Z. "Bill Gates Learned What He Needed to Start Microsoft in High School." CNBC, May 24, 2018. https://www.cnbc.com/2018/05/24/bill-gates-got-what-he-needed-to-start-microsoft-in-high-school.html.
- Men, W., et al. "The Corpus Callosum of Albert Einstein's Brain: Another Clue to His High Intelligence?" *Brain* 137, no. 4 (2013): e268.
- Miller, G. "Music Builds Bridges in the Brain." *Science*, April 16, 2008.
- Mitchell, K. J. *Innate: How the Wiring of Our Brains Shapes Who We Are*. Princeton, NJ: Princeton University Press, 2018.
- Moffic, H. S. "A Deaf Football Team Sees a Way to Victory!" *Psychiatric Times*, November 18, 2021.
- Moore, C. B., N. H. McIntyre, and S. E. Lanivich. "ADHD-Related Neurodiversity and the Entrepreneurial Mindset." *Entrepreneurship Theory and Practice* 45, no. 1 (December 6, 2019). doi.org/10.1177/1042258719890986.
- Morris, E. *Edison*. New York: Random House, 2019.
- Moyers, B. "Personal Journeys: Maya Lin." *Becoming American: The Chinese Experience*,

（アンドルー・ホッジス『エニグマ——アラン・チューリング伝』［上下］土屋俊、土屋希和子訳、勁草書房、2015年）
- Huddleston, T., Jr. "Bill Gates: Use This Simple Trick to Figure Out What You'll Be Great at in Life." CNBC, March 12, 2019. https://www.cnbc.com/2019/03/12/bill-gates-how-to-know-what-you-can-be-great-at-in-life.html.
- Isaacson, W. *Einstein: His Life and Universe*. New York: Simon & Schuster, 2007.（ウォルター・アイザックソン『アインシュタイン——その生涯と宇宙』［上下］二間瀬敏史監訳、関宗蔵ほか訳、武田ランダムハウスジャパン、2011年）
- Itzkoff, D. "Elon Musk Tries to Have Fun Hosting 'S.N.L.' " *New York Times*, May 10, 2021.
- James, I. *Asperger's Syndrome and High Achievement*. London: Jessica Kingsley, 2005.
- James, I. "Singular Scientists." *Journal of the Royal Society of Medicine* 96, no. 1 (2003): 36–39.
- Johnson, R. "A Genius Explains." *Guardian*, February 11, 2005.
- Kanjlia, S., R. Pant, and M. Bedny. "Sensitive Period for Cognitive Repurposing of Human Visual Cortex." *Cerebral Cortex* 29, no. 9 (2019): 3993–4005.
- Kapoula, Z., and M. Vernet. "Dyslexia, Education and Creativity, a Cross-Cultural Study." *Aesthetics and Neuroscience* (2016): 31–42.
- Kapoula, Z., et al. "Education Influences Creativity in Dyslexic and Non-Dyslexic Children and Teenagers." *PLOS ONE*, 11, no. 3 (2016). doi.org/10.1371/journal.pone.0150421.
- Katz, J., et al. "Genetics, Not the Uterine Environment, Drive the Formation of Trophoblast Inclusions: Insights from a Twin Study." *Placenta* 114 (2021). https://www.sciencedirect.com/science/article/abs/pii/S0143400421001284.
- Kirby, P. "A Brief History of Dyslexia." *Psychologist* 31 (March 2018): 56–59.
- Knecht, S., et al. "Language Lateralization in Healthy Right-Handers." *Brain* 123, no. 1 (2000): 74–81.
- Kyaga, S., et al. "Creativity and Mental Disorder: Family Study of 300,000 People with Severe Mental Disorder." *The British Journal of Psychiatry* 199, no. 5 (2011): 373–79. https://doi.org/10.1192/bjp.bp.110.085316.
- Larsen, S. A. "Identical Genes, Unique Environments: A Qualitative Exploration of Persistent Monozygotic Twin Discordance in Literacy and Numeracy." *Frontiers in Education* (2019). doi.org/10.3389/feduc.2019.00021.
- Le Couteur, A, et al. "A Broader Phenotype of Autism: The Clinical Spectrum in Twins." *Journal of Child Psychology and Psychiatry* 37, no. 7 (1996). doi.org/10.1111/j.1469-7610.1996.tb01475.x.
- Lehman, C. "The Empathy Gap in Tech:Interview with a Software Engineer." https://quillette.com/2018/01/05/empathy-gap-tech-interview-software-engineer/. January 5, 2018.
- Leibowitz, G. "Steve Jobs Might Have Never Started Apple If He Didn't Do This 1 Thing." *Inc.*, 2018. https://www.inc.com/glenn-leibowitz/in-a-rare-23-year-old-interview-steve-jobs-said-this-1-pivotal-experience-inspired-him-to-start-apple-computer.html/.

- Fuller, T. "No Longer an Underdog, a Deaf High School Team Takes California by Storm." *New York Times*, November 26, 2021, A12.
- Gable, S. L., et al. "When the Muses Strike: Creative Ideas Routinely Occur during Mind Wandering." *Psychological Science*, January 7, 2019.
- Gainotti, G. "Emotions and the Right Hemisphere: Can New Data Clarify Old Models?" *Neuroscientist* 25, no. 3 (2019): 258–70.
- Gainotti, G. "A Historical Review of Investigations on Laterality of Emotions in the Human Brain." *Journal of the History of Neuroscience* 28, no. 1 (2019): 23–41.
- Galton, F. "History of Twins." *Inquiries into Human Faculty and Its Development*, 1875: 155–73.
- Gardner, H. *Creating Minds*. New York: Basic Books, 2011.
- Gigliotti, J. *Who Is Stevie Wonder?* New York: Grosset & Dunlap, 2016.
- "The Girl Who Asked Questions." *Economist*, February 29, 2020, 72.
- Gleick, J. *Isaac Newton*. New York: Vintage, 2004.（ジェイムズ・グリック『ニュートンの海――万物の真理を求めて』大貫昌子訳、NHK出版、2005年）
- Goldberg, E. *Creativity: The Human Brain in the Age of Innovation*. New York: Oxford University Press, 2018.（エルコノン・ゴールドバーグ『創造性と脳システム――どのようにして新しいアイデアは生まれるか』武田克彦監訳、新曜社、2020年）
- Grandin, T. *Thinking in Pictures*. New York: Doubleday, 1995. Expanded edition. New York: Vintage, 2006.（前掲『自閉症の才能開発』）
- Grant, D. A., and E. Berg. "A Behavioral Analysis of Degree of Reinforcement and Ease of Shifting to New Responses in a Weigl-Type Card-Sorting Problem." *Journal of Experimental Psychology* 38, no. 4 (1948): 404–11. https://doi.org/10.1037/h0059831.
- Greenwood, T. A. "Positive Traits in the Bipolar Spectrum: The Space between Madness and Genius." *Molecular Neuropsychiatry* 2 (2017): 198–212.
- Griffin, E., and D. Pollak. "Student Experiences of Neurodiversity in Higher Education: Insights from the BRAINHE Project." *Dyslexia* 15, no. 1 (2009). doi.org/10.1002/dys.383.
- Hadamard, J. *The Psychology of Invention in the Mathematical Field*. Princeton, NJ: Dover, 1945.（ジャック・アダマール『数学における発明の心理』［新装版］伏見康治ほか訳、みすず書房、2002年）
- Han, W., et al. "Genetic Influences on Creativity: An Exploration of Convergent and Divergent Thinking." *Peer Journal* (2018). doi:10.7717/peerj.5403.
- Hashem, S., et al. "Genetics of Structural and Functional Brain Changes in Autism Spectrum Disorder." *Translational Psychiatry* 10 (2020).
- Haskell, M. *Steven Spielberg: A Life in Films*. New Haven: Yale University Press, 2017.
- Hegarty, J. P., et al. "Genetic and Environmental Influences on Structural Brain Measures in Twins with Autism Spectrum Disorder." *Molecular Psychiatry* 25 (2020): 2556–66.
- Helmrich, B. H. "Window of Opportunity? Adolescence, Music, and Algebra." *Journal of Adolescent Research* 25, no. 4 (2010): 557–77.
- Hodges, A. *Alan Turing: The Enigma*. Princeton, NJ: Princeton University Press, 2015.

ンの生涯』小林三二訳、東京図書、1980年）
・"Cognitive Theories Explaining ASD." Interactive Autism Network. https://iancommunity.org/cs/understanding_research/cognitive_theories_explaining_asds/.
・Colloff, P. "Suddenly Susan." *Texas Monthly*, August 2000.
・Condivi, A. *The Life of Michelangelo*. Baton Rouge: Louisiana State University Press, 1976.（アスカニオ・コンディヴィ『ミケランジェロ伝』［新装版］高田博厚訳、岩崎美術社、1986年）
・Cranmore, J., and J. Tunks. "Brain Research on the Study of Music and Mathematics: A Meta-Synthesis." *Journal of Mathematics Education* 8, no. 2 (2015): 139–57.
・Cringely, R. X. *Steve Jobs: The Lost Interview*. Apple TV, 2012.
・Cringely, R. X., host. *The Triumph of the Nerds: The Rise of Accidental Empires*. PBS, 1996.
・D'Agostino, R. "The Drugging of the American Boy." *Esquire*, March 27, 2014.
・de Manzano, Ö., and F. Ullén. "Same Genes, Different Brains: Neuroanatomical Differences between Monozygotic Twins Discordant for Musical Training." *Cerebral Cortex* 28 (2018): 387–94.
・Deiss, H. S., and Miller, D. "Who Was Katherine Johnson?" *NASA Knows!* NASA, January 8, 2017, updated January 7, 2021.
・Demir, A., et al. "Comparison of Bipolarity Features between Art Students and Other University Students." *Annals of Medical Research* 26, no. 10 (2019): 2214–18.
・"Diagnosing Bill Gates." *Time*, January 24, 1994, 25.
・Du Plessis, S. "What Are the 12 Types of Dyslexia?" Edublox Online Tutor, November 3, 2021. https://www.edubloxtutor.com/dyslexia-types/.
・Dyer, F. L., and T. C. Martin. *Edison, His Life and Inventions*. 1910; reissue CreateSpace, August 13, 2010.
・Einstein, A. "The World As I See It." Center for History of Physics. https://history.aip.org/exhibits/einstein/essay.htm.
・Engelhardt, C. R., M. O. Mazurek, and J. Hilgard. "Pathological Game Use in Adults with and without Autism Spectrum Disorder." *Peer Journal* (2017). doi:10.7717/peerg3393.
・Everatt, J., B. Steffert, and I. Smythe. "An Eye for the Unusual: Creative Thinking in Dyslexics." *Dyslexia*, March 26, 1999.
・Falk, D. "The Cerebral Cortex of Albert Einstein: A Description and Preliminary Analysis of Unpublished Photographs." *Brain* 136, no. 4 (2013): 1304–27.
・Falk, D. "New Information about Albert Einstein's Brain." *Frontiers in Evolutionary Neuroscience* (2009). doi.org/10.3389/neuro.18.003.2009.
・Felicetti, K., and Monster. "These Major Tech Companies are Making Autism Hiring a Priority." *Fortune*, March 8, 2016.
・Fishman, C. "Face Time with Michael Dell." *Fast Company*, February 28, 2001.
・Folstein, S., and M. Rutter. "Infantile Autism: A Genetic Study of 21 Twin Pairs." *Journal of Child Psychology and Psychiatry* 18, no. 4 (1977). https://doi.org/10.1111/j.1469-7610.1977.tb00443.x.
・Foster, B. "Einstein and His Love of Music." *Physics World* 18, no. 1 (2005): 34.

and Fruitless Concerns Regarding Psychological Well-Being: A 35-Year Longitudinal Study." *Journal of Educational Psychology* (2020). https://my.vanderbilt.edu/smpy/files/2013/02/Article-JEP-Bernstein-2020-F.pdf.
- Bianchini, R. "Apple iPhone Design—from the 1st Generation to the iPhone 12." January 18, 2021. https://www.inexhibit.com/case-studies/apple-iphone-history-of-a-design-revolution/.
- Blume, H. "Neurodiversity: On the Neurobiological Underpinning of Geekdom." *Atlantic*, September 1998.
- Blumenthal, K. *Steve Jobs: The Man Who Thought Different*. New York: Feiwel and Friends, 2012.（カレン・ブルーメンタール『スティーブ・ジョブズの生き方』渡邊了介訳、あすなろ書房、2012年）
- Bouchard, T. J., Jr., et al. "Sources of Human Psychological Differences: The Minnesota Study of Twins Reared Apart." *Science* 250 (October 12, 1990): 223–28.
- Bouvet, L., et al. "Synesthesia and Autistic Features in a Large Family: Evidence for Spatial Imagery as a Common Factor." *Behavioural Brain Research* 362 (2019): 266–72.
- Bradlee, Quinn. "Quinn Interviews Steven Spielberg." Recorded September 2012. *Friends of Quinn*. YouTube, March 14, 2019. https://www.youtube.com/watch?v=jTX0OxE_3mU.
- Brandt, K. "Twin Studies: Histories and Discoveries in Neuroscience." BrainFacts, June 12, 2019. https://www.brainfacts.org/brain-anatomy-and-function/genes-and-molecules/2019/twin-studies-histories-and-discoveries-in-neuroscience-061119.
- Brinzea, V. M. "Encouraging Neurodiversity in the Evolving Workforce— The Next Frontier to a Diverse Workplace." *Scientific Bulletin, Economic Sciences* (University of Piteşti), 18, no. 3 (2019).
- Bruck, C. "Make Me an Offer: Ari Emanuel's Relentless Fight to the Top." *New Yorker*, April 26 and May 3, 2021.
- Bucky, P. A. *The Private Albert Einstein*. Kansas City, MO: Andrews and McMeel, 1993.
- Carey, R. "The Eight Greatest Quotes from Steve Jobs: The Lost Interview." *Paste*, March 6, 2013. https://www.pastemagazine.com/tech/the-eight-most-important-passages-from-steve-jobs-the-lost-interview/.
- Carrillo-Mora, P., et al. "What Did Einstein Have That I Don't? Studies on Albert Einstein's Brain." *Neurosciences and History* 3, no. 3 (2015): 125–29.
- Carson, S. "The Unleashed Mind." *Scientific American*, May/June 2011, 22–25.
- Chavez-Eakle, R. A. "Cerebral Blood Flow Associated with Creative Performance: A Comparative Study." *NeuroImage* 38, no. 3 (2007): 519–28.
- Chen, H., et al. "A Genome-Wide Association Study Identifies Genetic Variants Associated with Mathematics Ability." *Scientific Reports* 7 (2017): 40365.
- Chen, Q., R. E. Beaty, and J. Qiu. "Mapping the Artistic Brain: Common and Distinct Neural Activations Associated with Musical, Drawing, and Literary Creativity." *Human Brain Mapping* 41, no. 12 (2020). doi.org/10.1002/hbm.25025.
- Clark, R. *Edison: The Man Who Made the Future*. Putnam, 1977.（R.W.クラーク『エジソ

・Westervelt, R. G., et al. "Physiological Stress Measurement during Slaughter of Calves and Lambs." *Journal of Animal Science* 42 (1976): 831–37.
・Whitman, A. "Richard Rodgers Is Dead at Age 77; Broadway's Renowned Composer." *New York Times*, December 31, 1979. https://www.nytimes.com/1979/12/31/archives/richard-rodgers-is-dead-at-age-77-broadways-renowned-composer.html/.
・Witt, S. "Apollo 11: Mission Out of Control." *Wired*, June 24, 2019. https://www.wired.com/story/apollo-11-mission-out-of-control/.
・Woolley, A. W., et al. "Evidence for a Collective Intelligence Factor in the Performance of Human Groups." *Science* 330, no. 6004 (September 30, 2010): 686–88.
・Woolley, A. W., et al. "Using Brain-Based Measures to Compose Teams." *Social Neuroscience* 2, no. 2 (2007): 96–105.
・Wozniak, S. *iWOZ: From Computer Geek to Cult Icon: How I Invented the Personal Computer, Co-Founded Apple, and Had Fun Doing It*. New York: W. W. Norton, 2006.（スティーブ・ウォズニアック『アップルを創った怪物――もうひとりの創業者、ウォズニアック自伝』井口耕二訳、ダイヤモンド社、2008年）

第5章　天才と脳の多様性《ニューロダイバーシティ》

・Abraham, A. *The Neuroscience of Creativity*. Cambridge, UK: Cambridge University Press, 2018.
・Amalric, M., and S. Dehaene. "Origins of the Brain Networks for Advanced Mathematics in Expert Mathematicians." *Proceedings of the National Academy of Sciences* 113, no. 18 (2016): 4909–17.
・Armstrong, T. "The Myth of the Normal Brain: Embracing Neurodiversity." *AMA Journal of Ethics*, April 2015.
・Arshad, M., and M. Fitzgerald. "Did Michelangelo (1475–1564) Have High-Functioning Autism?" *Journal of Medical Biography* 12, no. 2 (2004): 115–20.
・"Attention-Deficit/Hyperactivity Disorder (ADHD)." Centers for Disease Control and Prevention. https://www.cdc.gov/ncbddd/adhd/index.html.
・"Augusta Savage." Smithsonian American Art Museum. https://americanart.si.edu/artist/augusta-savage-4269/.
・Baer, D. "Peter Thiel: Asperger's Can Be a Big Advantage in Silicon Valley." *Business Insider*, April 8, 2015. https://www.businessinsider.com/peter-thiel-aspergers-is-an-advantage-2015-4/.
・Baron-Cohen, S., et al. "The Autism-Spectrum Quotient (AQ): Evidence from Asperger's Syndrome/High-Functioning Males and Females, Scientists and Mathematicians." *Journal of Autism and Developmental Disorders* 31, no. 1 (2001): 5–17.
・Beaty, R. E., et al. "Creative Cognition and Brain Network Dynamics." *Trends in Cognitive Sciences* 20, no. 2 (2016): 87–95.
・Bernstein, B. O., D. Lubinski, and C. P. Benbow. "Academic Acceleration in Gifted Youth

- Rylance, R. "Grant Giving: Global Funders to Focus on Interdisciplinarity." *Nature* 525 (2015): 313–15.
- Saint, A. *Architect and Engineer: A Study in Sibling Rivalry*. New Haven: Yale University Press, 2007.
- Scheck, W. "Lawrence Sperry: Genius on Autopilot." HistoryNet. https://www.historynet.com/lawrence-sperry-autopilot-inventor-and-aviation-innovator.htm.
- Schindler, J. "The Benefits of Cognitive Diversity." *Forbes*, November 26, 2018.
- Sciaky, Inc. "The EBAM 300 Series Produces the Largest 3D Printed Metal Parts and Prototypes in the Addictive Manufacturing Market." https://www.sciaky.com/largest-metal-3d-printer-available.
- "The Seamstresses Who Helped Put Men on the Moon." CBS News, July 14, 2019. https://www.cbsnews.com/news/apollo-11-the-seamstresses-who-helped-put-a-man-on-the-moon/.
- Seyler, M., and D. Kerley. "50 Years Later: From Bras and Girdles to a Spacesuit for the Moon." ABC News, July 13, 2019.
- Shah, H. "How Zoom Became the Best Web-Conferencing Project in the World in Less Than 10 Years." *Nira* (blog), 2020. https://nira.com/zoom-history/.
- Smith, J. F. "Asperger's Are Us Comedy Troupe Jokes about Everything but That." *New York Times*, July 15, 2016.
- Sperry Gyroscope Company ad, 1945 (Gyrosyn Compass Flux Valve Repeater Aviation Instrument). https://www.periodpaper.com/products/1945-ad-sperry-gyrosyn-compass-flux-valve-repeater-aviation-instrument-wwii-art-216158-ysw3-34.
- Teitel, A. S. "Hal Laning: The Man You Didn't Know Saved Apollo 11." *Discover Magazine*, May 23, 2019. https://www.discovermagazine.com/the-sciences/hal-laning-the-man-you-didnt-know-saved-apollo-11.
- Thompson, C. *Coders*. New York: Penguin Press, 2019.（クライブ・トンプソン『Coders（コーダーズ）――凄腕ソフトウェア開発者が新しい世界をビルドする』井口耕二訳、日経BP、2020年）
- Thompson, C. "The Secret History of Women in Coding." *New York Times Magazine*, February 13, 2019.
- U/Entrarchy. "Mechanical Engineering vs Industrial Design." Reddit, May 3, 2013. https://www.reddit.com/r/IndustrialDesign/comments/1dmuoa/mechanical_engineering_vs_industrial_design/.
- Van Noorden, R. "Interdisciplinary Research by the Numbers." *Nature* 525 (2015): 306–7.
- Vance, A. *Elon Musk: Tesla, SpaceX, and the Quest for a Fantastic Future*. New York: Ecco, 2015.（前掲『イーロン・マスク』）
- Vazquez, C. M. "Technology Boot Camp Aims to Upgrade Okinawa-Based Marines' Problem-Solving Skills." *Stars and Stripes*, March 26, 2019.
- Wattles, J. "She Turns Elon Musk's Bold Space Ideas into a Business." CNN Business, March 10, 2019.

- Mukherjee, S. "Viagra Just Turned 20. Here's How Much Money the ED Drug Makes." *Fortune*, March 27, 2018. https://fortune.com/2018/03/27/viagra-anniversary-pfizer/.
- Nolan, F. *The Sound of Their Music: The Story of Rodgers and Hammerstein*. New York: Applause Theatre and Cinema Books, 2002.
- Norman, D. *The Design of Everyday Things*. New York: Basic Books, 2013.（D.A.ノーマン『誰のためのデザイン？増補・改訂版——認知科学者のデザイン原論』岡本明ほか訳、新曜社、2015年）
- Okumura, K. "Following Steve Jobs: Lessons from a College Typography Class." UX Collective, November 8, 2019. https://uxdesign.cc/following-steve-jobs-lessons-from-a-college-typography-class-4f9a603bc964.
- Olsen, C., and S. Mac Namara. *Collaborations in Architecture and Engineering*. New York: Routledge, 2014.
- Ouroussoff, N. "An Engineering Magician, Then (Presto) He's an Architect." *New York Times*, November 26, 2006. https://www.nytimes.com/2006/11/26/arts/design/26ouro.html.
- Owen, D. "The Anti-Gravity Men: Cecil Balmond and the Structural Engineers of Arup." *New Yorker*, June 18, 2007.
- Parreno, C. "Glass talks to Cecil Balmond, One of the World's Leading Designers." *Glass*, September 9, 2016. https://www.theglassmagazine.com/from-the-archive-glass-talks-to-cecil-balmond-one-of-the-worlds-leading-designers/.
- Picot, W. "Magnetic Fusion Confinement with Tokamaks and Stellarators." International Atomic Energy Agency (IAEA), 2021.
- Prince, R. P., P. E. Belanger, and R. G. Westervelt. Double-rail animal securing assembly, US Patent US3997940A, US Patent Office, issued 1976.
- Purves, J. C., and L. Beach. Magnetic field responsive device, US Patent 2383460A, US Patent Office, issued 1945.
- Ramaley, J. "Communicating and Collaborating across Disciplines." Accelerating Systemic Change Network, 2017. http://ascnhighered.org/ASCN/posts/192300.html.
- Reynolds, A., and D. Lewis. "Teams Solve Problems Faster When They're More Cognitively Diverse." *Harvard Business Review,* March 30, 2017.
- Rodgers, R. *Musical Stages: An Autobiography.* New York: Random House, 1975.
- Rodgers, R. "Reminiscences of Richard Rodgers." Columbia University Libraries, 1968. https://clio.columbia.edu/catalog/4072940/.
- Rogers, T. N. "Meet Eric Yuan, the Founder and CEO of Zoom, Who Has Made over $12 Billion since March and Now Ranks among the 400 Richest People in America." *Business Insider,* September 10, 2020. https://www.businessinsider.com/meet-zoom-billionaire-eric-yuan-career-net-worth-life.
- "Russell and Sigurd Varian." Wikipedia. https://en.wikipedia.org/wiki/Russell_and_Sigurd_Varian.
- "Russell H. Varian and Sigurd F. Varian." *Encyclopaedia Britannica Online*, 1998. https://www.britannica.com/biography/Russell-H-Varian-and-Sigurd-F-Varian.

Books, 2020.
- Hilburn, R. *Paul Simon: The Life*. New York: Simon & Schuster, 2018.
- Hines, W. C., et al. "Sorting Out the FACS: A Devil in the Details." *Cell Reports* 6 (2014): 779–81.
- Hirsch, C., and S. Schildknecht. "In Vitro Research Producibility: Keeping Up High Standards." *Frontiers in Pharmacology* 10 (2019): 1484. doi:10.3389/fphar.2019.01484.
- Hsieh, T., et al. "Enhancing Scientific Foundations to Ensure Reproducibility: A New Paradigm." *American Journal of Pathology* 188, no. 1 (2018): 6–10.
- Iachini, A. L., L. R. Bronstein, and E. Mellin, eds. *A Guide for Interprofessional Collaboration*. Council on Social Work Education, 2018.
- Isaacson, W. *Steve Jobs*. New York: Simon & Schuster, 2011.（ウォルター・アイザックソン『スティーブ・ジョブズ』［I II］井口耕二訳、講談社、2011年）
- Jambon-Puillet, E., et al. "Liquid Helix: How Capillary Jets Adhere to Vertical Cylinders." *Physics*, May 8, 2019. https://journals.aps.org/prl/abstract/10.1103/PhysRevLett.122.184501/.
- Jobs, S. "You've Got to Find What You Love." Commencement Address, Stanford University. *Stanford News*, June 14, 2005.
- Kastens, K. "Commentary: Object and Spatial Visualization in Geosciences." *Journal of Geoscience Education* 58, no. 2 (2010): 52–57. doi.org/10.5408/1.3534847.
- Khatchadourian, R. "The Trash Nebula." *New Yorker*, September 28, 2020.
- Kim, K. M., and K. P. Lee. "Collaborative Product Design Processes of Industrial Design and Engineering Design in Consumer Product Companies." *Design Studies* 46 (2016): 226–60.
- Kim, K. M., and K. P. Lee. "Industrial Designers and Engineering Designers: Causes of Conflicts, Resolving Strategies, and Perceived Image of Each Other." Design Research Society Conference, 2014.
- Kuang, C. "The 6 Pillars of Steve Jobs's Design Philosophy." *Fast Company*, November 7, 2011.
- Laird, C. T. "Real Life with Eustacia Cutler." *Parenting Special Needs Magazine*, September/October 2011. https://www.parentingspecialneeds.org/article/real-life-eustacia-cutler/.
- Landau, J. "Paul Simon: The Rolling Stone Interview." *Rolling Stone*, July 20, 1972. https://www.rollingstone.com/music/music-news/paul-simon-the-rolling-stone-interview-2-231656/.
- Ledford, H. "Team Science." *Nature* 525 (2015): 308–11.
- Lithgow, G. J., M. Driscoll, and P. Phillips. "A Long Journey to Reproducible Results." *Nature* 548 (2017): 387–88.
- López-Muñoz, F., et al. "History of the Discovery and Clinical Introduction of Chlorpromazine." *Annals of Clinical Psychiatry* 17, no. 3 (2005): 113–35.
- Moore, W. "WWII Magnetic Fluxgate Compass." YouTube, 2016. https://www.youtube.com/watch?v=3QJ5C_NeD6E.

the-klystron-and-saving-civilization.
・Eliot, M. *Paul Simon: A Life*. Hoboken, NJ: Wiley, 2010.
・Enserink, M. "Sloppy Reporting on Animal Studies Proves Hard to Change." *Science* 357 (2017): 1337–38.
・Fei, M. C. Y. "Forming the Informal: A Conversation with Cecil Balmond." *Dialogue* 67 (March 2003).
・Fishman, C. "The Improbable Story of the Bra-Maker Who Won the Right to Make Astronaut Spacesuits." *Fast Company*, 2019. https://www.fastcompany.com/90375440/the-improbable-story-of-the-bra-maker-who-won-the-right-to-make-astronaut-spacesuits.
・Fitzgerald, D. "Architecture vs. Engineering: Solutions for Harmonious Collaboration." *Redshift*, May 3, 2018.
・Fraser, D. C. "Memorial Tribute—J. Halcombe Laning." National Academy of Engineering. https://www.nae.edu/29034/Dr-J-Halcombe-Laning.
・Friedman, J. "How to Build a Future Series: Elon Musk." Y Combinator. https://www.ycombinator.com/future/elon/.
・Fuller, T. "No Longer an Underdog Team, a Deaf High School Team Takes California by Storm." *New York Times*, November 16, 2021.
・"Germany's Wendelstein 7-X Stellarator Proves Its Confinement Efficiency." *Nuclear Newswire*, August 17, 2021. http://www.ans.org/news/article-3166/germanys-wendelstein-7x-stellarator-proves-its-confinement-efficiency/.
・Ghasemi, A., et al. "The Principles of Biomedical Scientific Writing: Materials and Methods." *International Journal of Endocrinology and Metabolism* 17, no. 1 (2019): e88155.
・Giger, W., et al. "Equipment for Low-Stress, Small Animal Slaughter." *Transactions of the ASAE* 20 (1977): 571–74.
・Grandin, T. "The Contribution of Animals to Human Welfare." *Scientific and Technical Review* 37, no. 1 (April 2018): 15–20.
・Grandin, T. "Double Rail Restrainer Conveyor for Livestock Handling." *Journal of Agricultural Engineering Research* 41 (1988): 327–38.
・Grandin, T. "Handling and Welfare of Livestock in Slaughter Plants." In *Livestock Handling and Transport*, edited by T. Grandin, 289–311. Wallingford, UK: CABI Publishing, 1993.
・Grandin, T. "Transferring Results of Behavioral Research to Industry to Improve Animal Welfare on the Farm, Ranch, and the Slaughter Plant." *Applied Animal Behaviour Science* 81 (2003): 215–28.
・Gropius, W. Speech at Harvard Department of Architecture, 1966. In P. Heyer, *Architects on Architecture: New Directions in America*. New York: Walker, 1978.
・Gross, T. "How Rodgers and Hammerstein Revolutionized Broadway." NPR, May 28, 2018. https://www.npr.org/2018/05/28/614469172/how-rodgers-and-hammerstein-revolutionized-broadway/.
・Hendren, S. *What Can a Body Do? How We Meet the Built World*. New York: Riverhead

- Ball, P. "The Race to Fusion Energy." *Nature* 599 (2021): 362–66.
- Ban, T. A. "The Role of Serendipity in Drug Discovery." *Dialogues in Clinical Neuroscience* 8, no. 3 (2006): 335–44.
- Beach, L. F. Activated fin stabilizer. US Patent US3020869A, UA, US Patent Office, issued 1962.
- "Bellevue Psychiatric Hospital." Asylum Projects. http://asylumprojects.org/index.php/Bellevue_Psychiatric_Hospital.
- Bik, E. M., et al. "The Prevalence of Inappropriate Image Duplication in Biomedical Research Publications." *mBio* 7, no. 3 (2016). doi:10.1128/mBio.00809-16.
- Braddon, F. D., L. F. Beach, and J. H. Chadwick. Ship stabilization system. US Patent US2979010A, US Patent Office, issued 1961.
- Brown, R. R., A. Deletic, and T. H. F. Wong. "Interdisciplinarity: How to Catalyse Collaboration." *Nature* 525 (2015): 315–17.
- Büyükboyaci, M., and A. Robbett. "Team Formation with Complementary Skills." *Journal of Economics and Management Strategy* 28, no. 4 (Winter 2019): 713–33.
- Carlson, N. "At Last—The Full Story of How Facebook Was Founded." *Business Insider*, March 5, 2010. https://www.businessinsider.com/how-facebook-was-founded-2010-3.
- Chabris, C., et al. "Spatial and Object Visualization Cognitive Styles: Validation Studies in 3800 Individuals." Submitted to *Applied Cognitive Psychology* June 12, 2006. https://www.researchgate.net/publication/238687967_Spatial_and_Object_Visualization_Cognitive_Styles_Validation_Studies_in_3800_Individuals.
- Chaiken, A. "Neil Armstrong's Spacesuit Was Made by a Bra Manufacturer." *Smithsonian Magazine*, November 2013. https://www.smithsonianmag.com/history/neil-armstrongs-spacesuit-was-made-by-a-bra-manufacturer-3652414/.
- Chandler, D. L. "Behind the Scenes of the Apollo Mission at M.I.T." *MIT News*, July 18, 2019.
- Communications & Power Industries. "About Us: History." https://www.cpii.com/history.cfm.
- Cropley, D. H., and J. L. Kaufman. "The Siren Song of Aesthetics? Domain Differences and Creativity in Engineering and Design." *Journal of Mechanical Engineering Science*, May 31, 2018.
- Cutler, E. *A Thorn in My Pocket*. Arlington, TX: Future Horizons, 2004.
- Daily Tea Team. "Origins of the Teapot." The Daily Tea, March 18, 2018. https://thedailytea.com/travel/origins-of-the-teapot/.
- Davis, A. P. "The Epic Battle behind the Apollo Spacesuit." *Wired*, February 28, 2011.
- De Monchaux, N. *Spacesuit: Fashioning Apollo*. Cambridge, MA: MIT Press, 2011.
- Dean, J. "Making Marines into MacGyvers." *Bloomberg Businessweek*, September 24, 2018, 48–55.
- Edwards, J. "Russell and Sigurd Varian: Inventing the Klystron and Saving Civilization." Electronic Design, November 22, 2010. https://www.electronicdesign.com/technologies/communications/article/21795573/russell-and-sigurd-varian-inventing-

National Institute of Standards and Technology, U.S. Department of Commerce, 2020.
- "20+ Incredible Statistics on Loss of Manufacturing Jobs [2021 Data]." *What to Become* (blog), August 11, 2021. https://whattobecome.com/blog/loss-of-manufacturing-jobs/.
- US Bureau of Labor Statistics. *Occupational Outlook Handbook*, 2020. https://www.bls.gov/ooh.
- U.S. Youth Unemployment Rate 1991–2022. Macrotrends. https://www.macrotrends.net/countries/USA/united-states/youth-unemployment-rate.
- Wallis, L. "Autistic Workers: Loyal, Talented . . . Ignored." *Guardian*, April 6, 2012.
- Wang, R. "Apprenticeships: A Classic Remedy for the Modern Skills Gap." *Forbes*, October 21, 2019.
- West, D. M., and C. Lansang. "Global Manufacturing Scorecard: How the US Compares to 18 Other Nations." Brookings, July 10, 2018.
- Woetzel, J., et al. "Reskilling China: Transforming the World's Largest Workforce into Lifelong Learners." McKinsey Global Institute, January 12, 2021. https://www.mckinsey.com/featured-insights/china/reskilling-china-transforming-the-worlds-largest-workforce-into-lifelong-learners.
- Wyman, N. "Closing the Skills Gap with Apprenticeship: Costs vs. Benefits." *Forbes*, January 9, 2020.
- Wyman, N. "Jobs Now! Learning from the Swiss Apprenticeship Model." *Forbes*, October 20, 2017.
- Wyman, N. "Why We Desperately Need to Bring Back Vocational Training in Schools." *Forbes*, September 1, 2015. https://www.forbes.com/sites/nicholaswyman/2015/09/01/why-we-desperately-need-to-bring-back-vocational-training-in-schools.
- Xinhua. "China to Accelerate Training of High-Quality Workers, Skilled Talent." *China Daily*, December 1, 2021. https://www.chinadaily.com.cn/a/202112/02/WS61a83871a310cdd39bc78ead.html.

第4章　補い合う脳

- Aero Antiques. "Preserving Warbird History One Artifact at a Time: Bendix Fluxgate Gyro Master Compass Indicator AN5752-2 WWII B-17, B-24-B-29." AeroAntique, 2021.
- Anderson, G. *Mastering Collaboration: Make Working Together Less Painful and More Productive*. Sebastopol, CA: O'Reilly Media, 2019.
- Antranikian, H. Magnetic field direction and intensity finder. US Patent 2047609, US Patent Office, issued 1936.
- "The Art of Engineering: Industrial Design at Delta Faucet." *Artrageous with Nate*. YouTube, June 9, 2016. https://www.youtube.com/watch?v=c1ksrjRA678.
- Baker, K. *America the Ingenious*. New York: Workman, 2016.
- Baker, M., and E. Dolgin. "Cancer Reproducibility Project Releases First Results." *Nature* 541 (2017): 269–70.

Grant Degrees." *U.S. News & World Report*, May 11, 2016.
- "100 Best Internships for 2021." Vault Careers, October 27, 2020.
- "PSPS Wind Update: Wind Gusts in Nearly Two Dozen Counties Reached above 40 MPH; in 15 Counties, Wind Gusts Topped 50 MPH." Business Wire, October 16, 2019. https://www.businesswire.com/news/home/20191016005951/en/PSPS-Wind-Update-Wind-Gusts-in-Nearly-Two-Dozen-Counties-Reached-Above-40-MPH-in-15-Counties-Wind-Gusts-Topped-50-MPH.
- Redden, E. "Importing Appprenticeships." *Inside Higher Ed*, August 8, 2017.
- Redman, R. "Analyst: Reported Amazon-Dematic Partnership 'Validates the MFC Model.' " *Supermarket News*, February 21, 2020.
- Ren, S. "China Tries to Tame Its Tiger Parents." *Bloomberg Businessweek*, November 1, 2021, 92.
- Renault, M. "FFA Asks: Who Will Train the Next Generation of Farmers?" *Minneapolis Star Tribune*, February 13, 2015, B3–B5.
- Robertson, S. M. "Neurodiversity, Quality of Life, and Autistic Adults: Shifting Research and Professional Focuses onto Real-Life Challenges." *Disability Studies Quarterly* 30, no. 1 (2010).
- "A Robot Maker Fetches $2.1 Billion as E-Commerce Warehouse Automation Grows." Bloomberg News, June 22, 2016.
- Rubin, S. "The Israeli Army Unit That Recruits Teens with Autism." *Atlantic*, January 6, 2016. https://www.theatlantic.com/health/archive/2016/01/israeli-army-autism/422850/.
- Sales, B. "Deciphering Satellite Photos, Soldiers with Autism Take On Key Roles in IDF." Jewish Telegraphic Agency, December 8, 2015. https://www.jta.org/2015/12/08/israel/deciphering-satellite-photos-soldiers-with-autism-take-on-key-roles-in-idf.
- Schwartz, N. D. "A New Look at Apprenticeships as a Path to the Middle Class." *New York Times*, July 13, 2015.
- Seager, S. *The Smallest Lights in the Universe*. New York: Crown, 2020.
- "Shipbuilding Apprentices Set Sail at Huntington Ingalls Graduation." *Industry Week*, February 27, 2017. https://www.industryweek.com/talent/education-training/article/22005850/shipbuilding-apprentices-set-sail-at-huntington-ingalls-graduation.
- Sidhwani, P. "People Spend 14% of Their Time on Video Games in 2020." *Techstory*, March 18, 2021.
- Smith, R. "PG& E's Wildfire Mistakes Followed Years of Violations." *Wall Street Journal*, September 6, 2019.
- St-Esprit, M. "The Stigma of Choosing Trade School over College." *Atlantic*, March 6, 2019.
- Stockman, F. "Want a White-Collar Career without College Debt? Become an Apprentice." *New York Times*, December 10, 2019.
- "Structural Glass Designs by Seele Dominate the First Impression of Apple Park." www.seele.com/references/apple-park-visitor-center-reception-buildings.
- Thomas, D. S. "Annual Report on U.S. Manufacturing Industry Statistics: 2020."

Brookings, October 5, 2017. https://www.brookings.edu/research/what-we-know-about-career-and-technical-education-in-high-school/.
・Jacobs, D. *Master Builders of the Middle Ages*. New York: Harper and Row, 1969.
・Jacobs, J. "Seven of the Deadliest Infrastructure Failures throughout History." *New York Times*, August 14, 2018.
・Jacoby, T. "Community Colleges Are an Agile New Player in Job Training." *Wall Street Journal*, September 25, 2021.
・Khazan, O. "Autism's Hidden Gifts." *Atlantic*, September 23, 2015.
・King, K. "Apprenticeships on the Rise at the New York Tech and Finance Firms." *Wall Street Journal*, September 23, 2018.
・"Kion to Buy U.S. Firm Dematic in $3.25 Billion Deal." Reuters. June 21, 2016.
・Lambert, K. G., et al. "Contingency-Based Emotional Resilience: Effort-Based Reward Training and Flexible Coping Lead to Adaptive Responses to Uncertainty in Male Rats." *Frontiers in Behavioral Neuroscience* 8 (2014). doi.org/10.3389/fnbeh.2014.00124.
・LeBlanc, C. "You're Working from Home Wrong. Here's How to Fix It." Fatherly, 2020. https://www.fatherly.com/love-money/work-from-hyatt-home-office/.
・Lewis, R. *No Greatness without Goodness: How a Father's Love Changed a Company and Sparked a Movement*. Carol Stream, IL: Tyndale House, 2016.
・Linke, R. "Lost Einsteins: The US May Have Missed Out on Millions of Inventors." MIT Sloan School of Management, February 16, 2018. https://mitsloan.mit.edu/ideas-made-to-matter/lost-einsteins-us-may-have-missed-out-millions-inventors.
・Lohr, S. "Greasing the Wheels of Opportunity." *New York Times*, April 8, 2021.
・Lythcott-Haims, J. *How to Raise an Adult*. New York: Henry Holt, 2015.（ジュリー・リスコット・ヘイムス『大人の育て方——子どもの自立心を育む方法』多賀谷正子、菊池由美訳、パンローリング、2018年）
・Maguire, C. "How the Snowplow Parenting Trend Affects Kids." https://www.parents.com/parenting/better-parenting/style/snowplow-parenting-pros-and-cons-according-to-experts/, updated March 10, 2023.
・Martin, J. J. "Class Action: The Fashion Brands Training Tomorrow's Artisans." Business of Fashion, September 3, 2014. https://www.businessoffashion.com/articles/luxury/class-action/.
・Martinez, S. "7-Year Turnaround: How Dematic Bounced Back from Layoffs to $1B in Annual Sales." MLive (Michigan), February 20, 2014. https://www.mlive.com/business/west-michigan/2014/02/7-year_turnaround_how_dematic.html.
・Milne, J. "Thinking Differently— The Benefits of Neurodiversity." Diginomica, 2018. https://diginomica.com/thinking-differently-benefits-neurodiversity.
・Moran, G. "As Workers Become Harder to Find, Microsoft and Goldman Sachs Hope Neurodiverse Talent Can Be the Missing Piece." *Fortune*, December 7, 2019. https://fortune.com/2019/12/07/autism-aspergers-adhd-dyslexia-neurodiversity-hiring-jobs-work/.
・Neuhauser, A. "This School Has a Tougher Admission Rate Than Yale— and Doesn't

2020:10/01/2019 to 9/30/2020. Employment and Training Administration, U.S. Department of Labor. https://www.dol.gov/agencies/eta/apprenticeship/about/statistics/2020/.

- Goger, A., and C. Sinclair. "Apprenticeships Are an Overlooked Solution for Creating More Access to Quality Jobs." *The Avenue* (blog), Brookings, January 27, 2021. https://www.brookings.edu/blog/the-avenue/2021/01/27/apprenticeships-are-an-overlooked-solution-for-creating-more-access-to-quality-jobs/.
- Gold, R., K. Blunt, and T. Ansari. "PG& E Reels as California Wildfire Burns." *Wall Street Journal*, October 26, 2019, A1–A2.
- Gold, R., R. Rigdon, and Y. Serkez. "PG& E's Network Heightens California's Fire Risk." *Wall Street Journal*, October 30, 2019, A6.
- Goldman, M. A. "Evolution Gets Personal." *Science* 367, no. 6485 (2020): 1432.
- "Governor John Hickenlooper Announces $9.5 Million to Launch Statewide Youth Apprenticeship and Career Readiness Programs." Business Wire, September 14, 2016. https://www.businesswire.com/news/home/20160914006145/en/Gov.-John-Hickenlooper-Announces-9.5-Million-to-Launch-Statewide-Youth-Apprenticeship-and-Career-Readiness-Programs.
- Gray, M. W. "Lynn Margulis and the Endosymbiont Hypothesis: 50 Years Later." *Molecular Biology of the Cell* 28, no. 10 (2017). doi.org/10.1091/mbc.e16-07-0509.
- Gross, A., and J. Marcus. "High-Paying Trade Jobs Sit Empty While High School Grads Line Up for University." *NPR Ed*, NPR, April 25, 2018.
- Gummer, C. "German Robots School U.S. Workers." *Wall Street Journal*, September 10, 2014, B7.
- Gunn, D. "The Swiss Secret to Jump-Starting Your Career." *Atlantic*, September 7, 2018.
- Hagerty, J. R. "The $140,000-a-Year Welding Job." *Wall Street Journal*, January 7, 2015, B1–B2.
- Hardy, B. L., and D. E. Marcotte. "Education and the Dynamics of Middle-Class Status." Brookings, June 2020.
- Harris, C. "The Earning Curve: Variability and Overlap in Labor-Market Outcomes by Education Level." Manhattan Institute, February 2020. https://files.eric.ed.gov/fulltext/ED604364.pdf.
- Hoffman, N., and R. Schwartz. "Gold Standard: The Swiss Vocational Education and Training System. International Comparative Study of Vocational Educational Systems." National Center on Education and the Economy, 2015. https://eric.ed.gov/?id=ED570868.
- Hotez, E. "How Children Fail: Exploring Parent and Family Factors That Foster Grit." In *Exploring Best Child Development Practices in Contemporary Society*, edited by N. R. Silton, 45–65. IGI Global, 2020. doi:10.4018/978-1-7998-2940-9.ch003.
- Howard, S., et al. "Why Apprenticeship Programs Matter to 21st Century Post-Secondary Education." *CTE Journal* 7, no. 2 (2019): ISSN 2327-0160 (online).
- Jacob, B. A. "What We Know about Career and Technical Education in High School."

・“Conveyor Systems: Dependable Cost-Effective Product Transport.” Dematic.com. https://www.dematic.com/en/products/products-overview/conveyor-systems/.
・Coudriet, C. “The Top 25 Two-Year Trade Schools.” *Forbes*, August 16, 2018. https://www.forbes.com/sites/cartercoudriet/2018/08/15/the-top-25-two-year-trade-schools-colleges-that-can-solve-the-skills-gap.
・Danovich, T. “Despite a Revamped Focus on Real-Life Skills, ‘Home Ec’ Classes Fade Away.” *The Salt* (blog), NPR, June 14, 2018. https://www.npr.org/sections/thesalt/2018/06/14/618329461/despite-a-revamped-focus-on-real-life-skills-home-ec-classes-fade-away.
・Delphos, K. “Dematic to Fill 1,000 New Jobs in North America by End of 2020.” Dematic.com press release, September 2, 2020.
・Duberstein, B. “Why ASML Is Outperforming Its Semiconductor Equipment Peers.” The Motley Fool, updated April 25, 2019. https://www.fool.com/investing/2019/02/27/why-asml-is-outperforming-its-semiconductor-equipm.aspx.
・Duckworth, A. *Grit: The Power of Passion and Perseverance*. New York: Scribner, 2016.（アンジェラ・ダックワース『やり抜く力 GRIT——人生のあらゆる成功を決める「究極の能力」を身につける』神崎朗子訳、ダイヤモンド社、2016年）
・Elias, M. *Stir It Up: Home Economics in American Culture*. Philadelphia: University of Pennsylvania Press, 2010.
・Farrell, M. “Global Researcher: Professor Shaun Dougherty Presents Vocational Research Abroad.” NEAG School of Education, 2017. https://cepare.uconn.edu/2017/10/10/global-researcher-professor-shaun-dougherty-presents-vocational-education-research-abroad/.
・Felicetti, K. “These Major Tech Companies Are Making Autism Hiring a Priority.” Monster, March 8, 2016.
・Ferenstein, G. “How History Explains America’s Struggle to Revive Apprenticeships.” *Brown Center Chalkboard* (blog), Brookings, May 23, 2018. https://www.brookings.edu/blog/brown-center-chalkboard/2018/05/23/how-history-explains-americas-struggle-to-revive-apprenticeships/.
・Ferguson, E. S. *Engineering and the Mind’s Eye*. Cambridge, MA: MIT Press, 1994.（E.S.ファーガソン『技術屋の心眼』藤原良樹、砂田久吉訳、平凡社、1995年）
・Ferguson, E. S. “The Mind’s Eye: Nonverbal Thought in Technology.” *Science* 197, no. 4306 (1977): 827–36.
・Flynn, C. “The Chip-Making Machine at the Center of Chinese Dual-Use Concerns.” Brookings TechStream, June 30, 2020. https://www.brookings.edu/techstream/the-chip-making-machine-at-the-center-of-chinese-dual-use-concerns/.
・“Fort Collins Leads the Pack on Undergrounding.” *BizWest*, September 5, 2003. https://bizwest.com/2003/09/05/fort-collins-leads-the-pack-on-undergrounding/.
・Frener & Reifer. “Steve Jobs Theater,” 2020. https://www.frener-reifer.com/news-en/steve-jobs-theater/.
・FY 2020 Data and Statistics: Registered Apprenticeship National Results Fiscal Year

・Zihl, J., and C. A. Heywood. "The Contribution of LM to the Neuroscience of Movement Vision." *Frontiers in Integrative Neuroscience* 9, no. 6 (February 17, 2015). https://www.frontiersin.org/articles/10.3389/fnint.2015.00006/full.
・Zinshteyn, M. "Cal State Drops Intermediate Algebra as Requirement to Take Some College-Level Math Courses." *EdSource*, 2017. https://edsource.org/2017/cal-state-drops-intermediate-algebra-requirement-allows-other-math-courses/585595.

第3章　優れた技術者はどこに？

・American Society of Civil Engineers. Infrastructure Report Card. ASCE, Reston, Virginia, 2017.
・Anthes, E. "Richard R. Ernst, Nobel Winner Who Paved the Way for the M.R.I., Dies at 87." *New York Times*, June 16, 2021.
・Aspiritech.org. Chicago.
・Austin, R. D., and G. P. Pisano. "Neurodiversity as a Competitive Advantage." *Harvard Business Review*, May–June 2017.
・Belli, G. "How Many Jobs Are Found through Networking, Really?" Payscale, April 6, 2017. https://www.payscale.com/career-advice/many-jobs-found-networking/.
・Burger, D., et al. "Filtergraph: A Flexible Web Application for Instant Data Visualization of Astronomy Datasets." arXiv:1212.4458.
・Cabral, A. "How Dubai Powers Apple's 'Spaceship.' " *Khaleej Times*, September 13, 2017. https://www.khaleejtimes.com/tech/how-dubai-powers-apples-spaceship.
・Cann, S. "The Debate behind Disability Hiring." *Fast Company*, November 26, 2012. https://www.fastcompany.com/3002957/disabled-employee-amendment.
・Cass, O., et al. "Work, Skills, Community: Restoring Opportunity for the Working Class." Opportunity America, American Enterprise Institute, and Brookings Institution, 2018. https://www.aei.org/wp-content/uploads/2018/11/Work-Skills-Community-FINAL-PDF.pdf?x91208.
・Chakravarty, S. "World's Top 10 Industrial Robot Manufacturers." Market Research Reports, 2019. https://www.marketresearchreports.com/blog/2019/05/08/world's-top-10-industrial-robot-manufacturers.
・Chang, C. "Can Apprenticeships Help Reduce Youth Unemployment?" Century Foundation, November 15, 2015. https://tcf.org/content/report/apprenticeships/.
・Collins, M. "Why America Has a Shortage of Skilled Workers." *IndustryWeek*, 2015. https://www.industryweek.com/talent/education-training/article/22007263/why-america-has-a-shortage-of-skilled-workers.
・"Construction Workforce Shortages Reach Pre-Pandemic Levels Even as Coronavirus Continues to Impact Projects & Disrupt Supply Chains." The Construction Association, September 2, 2021. https://www.agc.org/news/2021/09/02/construction-workforce-shortages-reach-pre-pandemic-levels-even-coronavirus-0.

Echolocation in Early and Late Blind Echolocation Experts." *PLOS ONE* (2011). doi.org/10.1371/journal.pone.0020162.
- Tough, P. "How Kids Really Succeed." *Atlantic*, June 2016, 56–66.
- Treffert, D. A. *Islands of Genius*. London: Jessica Kingsley, 2010.
- US Congress, Office of Technology Assessment. "Lessons from the Past: A History of Educational Testing in the United States." Chapter 4 in *Testing in American Schools: Asking the Right Questions*, OTA-SET-519. Washington, DC: US Government Printing Office, 1992. https://www.princeton.edu/~ota/disk1/1992/9236/9236.PDF.
- Wa Munyi, C. "Past and Present Perceptions towards Disability: A Historical Perspective." *Disabilities Studies Quarterly* 32, no. 2 (2012).
- Wadman, M. "'Nothing Is Impossible,' Says Lab Ace Nita Patel." *Science* 370 (2020): 652.
- Walker, T. "Should More Students Be Allowed to Skip a Grade?" *NEA News*, March 27, 2017. https://www.nea.org/advocating-for-change/new-from-nea/should-more-students-be-allowed-skip-grade.
- Watanabe, T., and R. Xia. "Drop Algebra Requirement for Non-STEM Majors, California Community Colleges Chief Says." *Los Angeles Times*, July 17, 2017.
- Watkins, L., et al. "A Review of Peer-Mediated Social Interaction for Students with Autism in Inclusive Settings." *Journal of Autism and Developmental Disorders* 45 (2015): 1070–83.
- Wellemeyer, J. "Wealthy Parents Spend Up to $10,000 on SAT Prep for Their Kids." *MarketWatch*, July 7, 2019. https://www.marketwatch.com/story/some-wealthy-parents-are-dropping-up-to-10000-on-sat-test-prep-for-their-kids-2019-06-21.
- Wells, R., D. Lohman, and M. Marron. "What Factors Are Associated with Grade Acceleration?" *Journal of Advanced Academics* 20, no. 2 (Winter 2009): 248–73.
- Westervelt, E. "The Value of Wild, Risky Play: Fire, Mud, Hammers and Nails." *NPR Ed*, NPR, April 3, 2015. https://www.npr.org/sections/ed/2015/04/03/395797459/the-value-of-wild-risky-play-fire-mud-hammers-and-nails.
- Williams, D. *Autism—An Inside-Out Approach: An Innovative Look at the Mechanics of "Autism" and Its Developmental "Cousins*." London: Jessica Kingsley, 1996.
- Williams, D. L., et al. "The Profile of Memory Function in Children with Autism." *Neuropsychology* 20, no. 1 (2006): 21–29.
- Willingham, D. T. "Is It True That Some People Just Can't Do Math?" *American Educator*, Winter 2009–2010.
- Winerip, M. "A Field Trip to a Strange New Place: Second Grade Visits the Parking Garage." *New York Times*. February 12, 2012.
- Wonder, S. Video Interview with Mesha McDaniel. Celebrity Profile Entertainment, March 23, 2013. YouTube. https://www.youtube.com/watch?v=126ni6rvzPU.
- Wonder, S. Video Interview on *Larry King Now*. YouTube. https://www.youtube.com/watch?v=vJh-DV1v1JM.
- Zhang, X., et al. "Misbinding of Color and Motion in Human Visual Cortex." *Current Biology* 24, no. 12 (2014): 1354–60.

- SC Johnson College of Business. "Family Business Facts," 2021. https://www.johnson.cornell.edu/smith-family-business-initiative-at-cornell/resources/family-business-facts/.
- Schleicher, A. "PISA 2018: Insights and Interpretations." OECD, 2018. https://www.oecd.org/pisa/PISA%202018%20Insights%20and%20Interpretations%20FINAL%20PDF.pdf.
- Schoen, S. A., et al. "A Systematic Review of Ayres Sensory Integration Intervention for Children with Autism." *Autism Research* 12, no. 1 (2019): 6–19.
- "School Counselors Matter." *Education Trust,* February 2019 https://edtrust.org/resource/school-counselors-matter/.
- Schwartz, Yishai. "For Parents Willing to Pay Thousands, College Counselors Promise to Make Ivy League Dreams a Reality." *Town & Country*, June 28, 2017. https://www.townandcountrymag.com/leisure/a10202220/college-counseling-services/.
- Seymour, K., et al. "Coding and Binding Color and Form in Visual Cortex." *Cerebral Cortex* 20, no. 8 (2010): 1946–54.
- Sheltzer, J. M., and R. Visintin. "Angelika Amon (1967–2020): Trailblazing Cell Cycle Biologist." *Science* 370, no. 6522 (2020): 1276.
- Shetterly, M. L. *Hidden Figures: The American Dream and the Untold Story of the Black Women Mathematicians Who Helped Win the Space Race*. New York: William Morrow, 2016.（マーゴット・リー・シェタリー『ドリーム――NASAを支えた名もなき計算手たち』山北めぐみ訳、ハーパーコリンズ・ジャパン、2017年）
- Silverman, L. K. *Upside-Down Brilliance*. Denver: DeLeon, 2002.
- Smith, A. "Two Community Colleges Show How Students Can Succeed without Remedial Math Courses." *EdSource*, 2019. https://edsource.org/2019/two-community-colleges-show-how-students-can-succeed-without-remedial-math-courses/619740.
- Smith, P. "Uniquely Abled Academy at COC Looks to Pilot Opportunities for Those on Autism Spectrum." KHT SAM 1220, September 4, 2017. https://www.hometownstation.com/santa-clarita-news/education/college-of-the-canyons/uniquely-abled-academy-at-coc-looks-to-pilot-opportunities-for-those-on-autism-spectrum-203809.
- Sorvo, R., et al. "Math Anxiety and Its Relationship with Basic Arithmetic Skills among Primary School Children." *British Journal of Educational Psychology* 87, no. 3 (2017): 309–27.
- Strauss, V. "Is It Finally Time to Get Rid of the SAT and ACT College Admissions Tests?" *Washington Post,* March 19, 2019.
- Sušac, A., A. Bubić, A. Vrbanc, and M. Planinić. "Development of Abstract Mathematical Reasoning: The Case of Algebra." *Frontiers in Human Neuroscience* (2014). https://www.frontiersin.org/articles/10.3389/fnhum.2014.00679/full.
- Taggart, J., et al. "The Real Thing: Preschoolers Prefer Actual Activities to Pretend Ones." *Developmental Science* 21, no. 3 (2017). doi.org/10.1111/desc.12582.
- Thaler, L. "Echolocation May Have Real-Life Advantages for Blind People: An Analysis of Survey Data." *Frontiers in Physiology* (2013). doi.org/10.3389/fphys.2013.00098.
- Thaler, L., S. R. Arnott, and M. A. Goodale. "Neural Correlates of Natural Human

Christian Science Monitor, May 14, 2014.
- Pilon, M. "Monopoly Was Designed to Teach the 99% about Income Inequality." *Smithsonian Magazine*, 2015. https://www.smithsonianmag.com/arts-culture/monopoly-was-designed-teach-99-about-income-inequality-180953630/.
- Pilon, M. "The Secret History of Monopoly." *Guardian*, April 11, 2015.
- Porter, E. "School vs. Society in America's Failing Students." *New York Times*, November 3, 2015.
- Provini, C. "Why Field Trips Still Matter." *Education World*, 2011.
- Quinton, S. "Some States Train Jobless for Post-Pandemic Workforce." *Stateline* (blog), Pew Charitable Trusts, December 10, 2020. https://www.pewtrusts.org/en/research-and-analysis/blogs/stateline/2020/12/10/some-states-train-jobless-for-post-pandemic-workforce.
- Riastuti, N., Mardiyana, and I. Pramudya. "Analysis of Students [*sic*] Geometry Skills Viewed from Spatial Intelligence." AIP Conference Proceedings 1913, 2017. https://doi.org/10.1063/1.5016658.
- Ripley, A. "What America Can Learn from Smart Schools in Other Countries." *New York Times*, December 6, 2016.
- Rodgaard, E. M., et al. "Temporal Changes in Effect Sizes of Studies Comparing Individuals with and without Autism." *JAMA Psychiatry* 76, no. 11 (2019): 1124–32.
- Root-Bernstein, R., et al. "Arts Foster Scientific Success: Avocations of Nobel, National Academy, Royal Society, and Sigma Xi Members." *Journal of Psychology of Science and Technology* 1, no. 2 (2008): 51–63. doi:10/1891/1939-7054.1.251.
- Rosen, J. "How a Hobby Can Boost Researchers' Productivity and Creativity." *Nature* 558 (2018): 475–77.
- Rosenstock, L., et al. "Confronting the Public Health Workforce Crisis."*Public Health Reports* 123, no. 3 (2008): 395–98.
- Rosholm, M., et al. "Your Move: The Effect of Chess on Mathematics Test Scores." *PLOS ONE* 12, no. 5 (2017): e0177257. https://doi.org/10.1371/journal.pone.0177257.
- Rosin, H. "Hey Parents, Leave the Kids Alone." *Atlantic*, April 2014, 75–86.
- Ross, M., R. Kazis, N. Bateman, and L. Stateler. "Work-Based Learning Can Advance Equity and Opportunity for America's Young People." Brookings, 2020. https://www.brookings.edu/research/work-based-learning-can-advance-equity-and-opportunity-for-americas-young-people/.
- Ross, M., and T. Showalter. "Millions of Young Adults Are out of School or Work." *The Avenue* (blog), Brookings, 2020. https://www.brookings.edu/blog/the-avenue/2020/12/18/making-a-promise-to-americas-young-people/.
- Ruppert, S. "How the Arts Benefit Student Achievement." *Critical Evidence*, 2006.
- Ryan, J. "American Schools vs. the World: Expensive, Unequal, Bad at Math." *Atlantic*, December 3, 2013.
- Saul, R. *ADHD Does Not Exist: The Truth about Attention Deficit and Hyperactivity Disorder*. New York: Harper Wave, 2015.

blog.prepscholar.com/the-history-of-the-act-test.
- Lloyd, C. "Does Our Approach to Teaching Math Fail Even the Smartest Kids?" Great!Schools.org, March 10, 2014. https://www.greatschools.org/gk/articles/why-americas-smartest-students-fail-math/.
- Lockhart, P. *A Mathematician's Lament: How School Cheats Us Out of Our Most Fascinating and Imaginative Art Form*. New York: Bellevue Literary Press, 2009.（ポール・ロックハート『算数・数学はアートだ!――ワクワクする問題を子どもたちに』吉田新一郎訳、新評論、2016年）
- Louv, R. *Last Child in the Woods: Saving Our Children From Nature-Deficit Disorder*. Chapel Hill, NC: Algonquin Books, 2005.（リチャード・ルーブ『あなたの子どもには自然が足りない』春日井晶子訳、早川書房、2006年）
- Mackinlay, R., et al. "High Functioning Children with Autism Spectrum Disorder: A Novel Test of Multitasking." *Brain and Cognition* 61, no. 1 (2006): 14–24.
- Mathewson, J. H. "Visual-Spatial Thinking: An Aspect of Science Overlooked by Educators." *Science Education* 83, no. 1 (1999): 33–54.
- Moody, J. "ACT vs. SAT: How to Decide Which Test to Take." *U.S. News & World Report*, March 10, 2021.
- Mottron, L. "The Power of Autism." *Nature* 479 (2011): 33–35.
- Mottron, L. "Temporal Changes in Effect Sizes of Studies Comparing Individuals with and without Autism: A Meta-Analysis." *JAMA Psychiatry* 76, no. 11 (November 2019): 1124–32.
- Mukhopadhyay, T. R. *How Can I Talk If My Lips Don't Move? Inside My Autistic Mind*. New York: Arcade, 2011.
- "NAEP Report Card: 2019 NAEP Mathematics Assessment—Highlighted Results at Grade 12 for the Nation." The Nation's Report Card, 2019. https://www.nationsreportcard.gov/highlights/mathematics/2019/g12/.
- National Association for Gifted Children. "Acceleration." Developing Academic Acceleration Policies, 2018. https://nagc.org/page/acceleration.
- National Center for Education Statistics. "Fast Facts— Mathematics." https://nces.ed.gov/fastfacts/display.asp?id=514.
- National Center for Education Statistics. "Students with Disabilities." *Condition of Education.* U.S. Department of Education, Institute of Education Sciences. Last updated May 2022. https://nces.ed.gov/programs/coe/indicator/cgg.
- National Education Association. "History of Standardized Testing in the United States," 2020.
- Park, G., D. Lubinski, and C. P. Benbow. "When Less Is More: Effects of Grade Skipping on Adult STEM Productivity among Mathematically Precocious Adolescents." *Journal of Educational Psychology* 105, no. 1 (2013): 176–98.
- Pashler, H., et al. "Learning Styles: Concepts and Evidence." *Psychological Science in the Public Interest* 9, no. 3 (2009): 105–19.
- Paulson, A. "Less Than 40Percent of 12th-Graders Ready for College, Analysis Finds."

- Hartocollis, A. "Getting into Med School without Hard Sciences." *New York Times*, July 29, 2010.
- Hinshaw, S. P., and R. M. Scheffler. *The ADHD Explosion*. London: Oxford University Press, 2014.
- Hirsh-Pasek, K., et al. "A New Path to Education Reform: Playful Learning Promotes 21st-Century Skills in Schools and Beyond." Policy 2020, Brookings, October 2020. https://www.brookings.edu/policy2020/bigideas/a-new-path-to-education-reform-playful-learning-promotes-21st-century-skills-in-schools-and-beyond/.
- Hoang, C. "Oscar Avalos Dreams in Titanium." NASA Jet Propulsion Laboratory, 2019. https://www.nasa.gov/feature/jpl/oscar-avalos-dreams-in-titanium.
- Hora, M. T. "Entry Level Workers Can Lose 6% of Their Wages If They Don't Have These." *Fast Company*, February 1, 2020. https://www.fastcompany.com/90458673/5-things-standing-in-the-way-of-students-taking-internships.
- Hough, L. "Testing. Testing. 1-2-3." *Ed.: Harvard Ed. Magazine*, Winter 2018.
- Hubler, S. "Why Is the SAT Falling Out of Favor?" *New York Times*, May 23, 2020.
- "IDEA: Specific Learning Disabilities." American Speech-Language-Hearing Association. https://www.asha.org/advocacy/idea/04-law-specific-ld.
- "IDEA Full Funding: Why Should Congress Invest in Special Education?" National Center for Learning Disabilities. https://ncld.org/news/policy-and-advocacy/idea-full-funding-why-should-congress-invest-in-special-education/.
- Iversen, S. M., and C. J. Larson. "Simple Thinking Using Complex Math vs. Complex Thinking Using Simple Math." *ZDM* 38, no. 3 (2006): 281–92.
- Jaswal, V. K., et al. "Eye-Tracking Reveals Agency in Assisted Autistic Communication." *Scientific Reports* 10 (2020): art. no. 7882.
- Jewish Virtual Library. "Nazi Euthanasia Program: Persecution of the Mentally and Physically Disabled." https://www.jewishvirtuallibrary.org/nazi-persecution-of-the-mentally-and-physically-disabled.
- Keith, J. M., et al. "The Influence of Noise on Autonomic Arousal and Cognitive Performance in Adolescents with Autism Spectrum Disorder." *Journal of Autism and Developmental Disorders* 49, no. 1 (2019): 113–26.
- Kercood, S., et al. "Working Memory and Autism: A Review of the Literature." *Research in Autism Spectrum Disorders* 8 (2014): 1316–32.
- Klass, P. "Fending Off Math Anxiety." *New York Times*, April 24, 2017.
- Koretz, D. "The Testing Charade." *Ed.: Harvard Ed. Magazine*, Winter 2018.
- Kuss, D. J., et al. "Neurobiological Correlates in Internet Gaming Disorder: A Systematic Literature Review." *Frontiers in Psychiatry* 9, no. 166 (2018).
- Laski, E. V., et al. "Spatial Skills as a Predictor of First Grade Girls' Use of Higher Level Arithmetic Strategies." *Learning and Individual Differences* 23 (2013): 123–30.
- Learning Disabilities Association of America. "Types of Learning Disabilities." https://ldaamerica.org/types-of-learning-disabilities/.
- Lindsay, S. "The History of the ACT Test." *PrepScholar* (blog), June 30, 2015. https://

- Gardner, H. *Frames of Mind: The Theory of Multiple Intelligences*. New York: Basic Books, 1983.
- Gardner, M. "Study Tracks Success of High School Valedictorians." *Christian Science Monitor*, May 25, 1995.
- Geschwind, N. "The Brain of a Learning-Disabled Individual." *Annals of Dyslexia* 34 (1984): 319–27.
- Gigliotti, J. *Who Is Stevie Wonder?* New York: Grosset & Dunlap, 2016.
- "The Girl Who Asked Questions." *Economist*, February 27, 2020, 72.
- Goldstein, D. " 'It Just Isn't Working': PISA Test Scores Cast Doubt on U.S. Education Efforts." *New York Times*, December 3, 2019.
- Goodson-Espy, T. "Understanding Students' Transitions from Arithmetic to Algebra: A Constructivist Explanation." Paper presented at the Annual Meeting of the American Educational Research Association, San Francisco, April 1995.
- Goyal, N. *Schools on Trial: How Freedom and Creativity Can Fix our Educational Malpractice*. New York: Anchor Books, 2016.
- Green, S. A., et al. "Overreactive Brain Responses to Sensory Stimuli in Youth with Autism Spectrum Disorders." *Journal of the American Academy of Child and Adolescent Psychiatry* 52, no. 11 (2013): 1158–72.
- Greene, J. P., B. Kisida, and D. H. Bowen. "Why Field Trips Matter." *Museum*, January 2014. https://www.aam-us.org/2014/01/01/why-field-trips-matter/.
- Gross, A., and J. Marcus. "High-Paying Trade Jobs Sit Empty, While High School Grads Line Up for University." NPR, April 25, 2018.
- "Guidance Counselor." Princeton Review. https://www.princetonreview.com/careers/75/guidance-counselor.
- Haciomeroglu, E. S. "Object-Spatial Visualization and Verbal Cognitive Styles, and Their Relation to Cognitive Abilities and Mathematical Performance." *Educational Sciences: Theory and Practice* 16, no. 3 (2016): 987–1003.
- Haciomeroglu, E. S., and M. LaVenia. "Object-Spatial Imagery and Verbal Cognitive Styles in High School Students." *Perceptual and Motor Skills* 124, no. 3 (2017): 689–702.
- Hacker, A. "Is Algebra Necessary?" *New York Times*, July 28, 2012.
- Hacker, A. *The Math Myth: And Other STEM Delusions*. New York: New Press, 2016.
- Hanford, E. "Trying to Solve a Bigger Math Problem." *New York Times*, February 3, 2017.
- Haque, S., et al. "The Visual Agnosias and Related Disorders." *Journal of Neuro-Ophthalmology* 38, no. 3 (2018): 379–92. doi: 10.1097/WNO.0000000000000556.
- Harris, C. "The Earning Curve: Variability and Overlap in Labor-Market Outcomes by Education Level." Manhattan Institute, February 2020. https://files.eric.ed.gov/fulltext/ED604364.pdf.
- Harris, E. A. "Little College Guidance: 500 High School Students Per Counselor." *New York Times*, December 25, 2014.
- Hartocollis, A. "After a Year of Turmoil, Elite Universities Welcome More Diverse Freshman Classes." *New York Times*, April 17, 2021, updated April 31, 2021.

brown-center-chalkboard/2019/09/20/the-promise-of-career-and-technical-education/.
・Carey, B. "Cognitive Science Meets Pre-Algebra." *New York Times*, September 2, 2013.
・Carey, B. "New Definition of Autism Will Exclude Many, Study Suggests." *New York Times*, January 19, 2012.
・Carey, K. "The Demise of the Great Education Saviors." *Washington Post*, March 18, 2020.
・Conway Center for Family Business. "Family Business Facts." https://www.familybusinesscenter.com/resources/family-business-facts/.
・Cooper, S. A., et al. "Akinetopsia: Acute Presentation and Evidence for Persisting Defects in Motion." *Journal of Neurology, Neurosurgery and Psychiatry* 83, no. 2 (2012): 229–30.
・Courchesne, V., et al. "Autistic Children at Risk of Being Underestimated: School- Based Pilot Study of a Strength-Informed Assessment." *Molecular Autism* 6, no. 12 (2015).
・Cuenca, P. "On Chess: Chess and Mathematics." St. Louis Public Radio, March 28, 2019.
・Danovich, T. "Despite a Revamped Focus on Real-Life Skills, 'Home Ec' Classes Fade Away." *The Salt* (blog), NPR, June 14, 2018. https://www.npr.org/sections/thesalt/2018/06/14/618329461/despite-a-revamped-focus-on-real life-skills-home-ec-classes-fade-away.
・Dawson, M., et al. "The Level and Nature of Autistic Intelligence." *Psychological Science* 18, no. 8 (2007): 657–62.
・Deiss, H. S., and Miller, D. "Who Was Katherine Johnson?" *NASA Knows!* NASA, January 8, 2017, updated January 7, 2021.
・Depenbrock, J., and K. Lattimore. "Say Goodbye to X + Y: Should Community Colleges Abolish Algebra?" *All Things Considered*, NPR, July 19, 2017. https://www.npr.org/2017/07/19/538092649/say-goodbye-to-x-y-should-community-colleges-abolish-algebra.
・Dishman, L. "This Job Platform Is for Undergrads Who Get Nowhere on LinkedIn." *Fast Company*, October 20, 2017. https://www.fastcompany.com/40483000/this-job-platform-is-for-undergrads-who-get-nowhwere-on-linkedin.
・Donaldson, M. "The Mismatch between School and Children's Minds." *Human Nature* 2 (1979): 60–67.
・Drager, K. W. "The Relationship between Abstract Reasoning and Performance in High School Algebra." Master's thesis, University of Kansas, July 24, 2014.
・Drew, C. "Why Science Majors Change Their Minds." *New York Times*, November 4, 2011.
・Dyas, B. "Who Killed Home Ec? Here's the Real Story behind Its Demise." *Huffington Post*, September 29, 2014, updated December 6, 2017.
・Edley, C., Jr. "At Cal State, Algebra Is a Civil Rights Issue." *EdSource*, June 5, 2017. https://edsource.org/2017/at-cal-state-algebra-is-a-civil-rights-issue/582950.
・Eis, R. "The Crisis in Education in Theory." *National Affairs*, Summer 2019.
・Gara, S. K., et al. "The Sensory Abnormalities and Neuropsychopathology of Autism and Anxiety." *Cureus* 12, no. 5 (2020): e8071.
・García, L. E., and O. Thornton. " 'No Child Left Behind' Has Failed." *Washington Post*, February 13, 2015.

第2章　ふるい落とされる子どもたち

- Adams, S. "The Forbes Investigation: How the SAT Failed America." *Forbes*, November 30, 2020. https://www.forbes.com/sites/susanadams/2020/09/30/the-forbes-investigation-how-the-sat-failed-america.
- Adelman, K. "Secrets of the Brain and Dyslexia: Interview with Thomas West." *Washingtonian*, July 1, 2005. https://www.washingtonian.com/2005/07/01/secrets-of-the-brain-dyslexia-interview-with-thomas-west/(2021年6月27日アクセス).
- Arnold, K. D. "Academic Achievement— A View from the Top. The Illinois Valedictorian Project." Office of Educational Research and Improvement, 1993.
- Asmika, A., et al. "Autistic Children Are More Responsive to Tactile Sensory Stimulus." *Iranian Journal of Child Neurology* 12, no. 4 (2018): 37–44.
- Baird, L. L. "Do Grades and Tests Predict Adult Accomplishment?" *Research in Higher Education* 23, no. 1 (1985): 3–85. https://doi.org/10.1007/BF00974070.
- Baker, A. "Common Core Curriculum Now Has Critics on the Left." *New York Times*, February 16, 2014.
- Ballotpedia. "Education Policy in the United States." https://ballotpedia.org/Education_policy_in_the_United_States.
- Bardi, M., et al. "Behavioral Training and Predisposed Coping Strategies Interact to Influence Resilience in Male Long-Evans Rats: Implications for Depression." *Stress* 15, no. 3 (2012): 306–17.
- Baril, D. "Is It Autism? The Line Is Getting Increasingly Blurry." ScienceDaily, August 21, 2019.
- Belkin, D. "Who Needs a Four-Year Degree?" *Wall Street Journal*, November 13, 2020, R3.
- Bernstein, B. O., D. Lubinski, and C. P. Benbow. "Academic Acceleration in Gifted Youth and Fruitless Concerns Regarding Psychological Well-Being: A 35 Year Longitudinal Study." *Journal of Educational Psychology* (2020). https://my.vanderbilt.edu/smpy/files/2013/02/Article-JEP-Bernstein-2020-F.pdf.
- Bhattacharya, S. "Meet Dr. Nita Patel and Her All-Female Team Developing the COVID-19 Vaccine." *Brown Girl Magazine*, April 28, 2020.
- Bower, B. "When It's Playtime, Many Kids Prefer Reality over Fantasy." *Science News*, February 6, 2018.
- Bowler, D. M., et al. "Nonverbal Short-Term Serial Order Memory in Autism Spectrum Disorder." *Journal of Abnormal Psychology* 125, no. 7 (2016): 886–93.
- Bowles, N. "A Dark Consensus about Screens and Kids Begins to Emerge in Silicon Valley." *New York Times*, October 26, 2018.
- Brown, T. T. "The Death of Shop Class and America's Skilled Workforce." *Forbes*, May 30, 2012. https://www.forbes.com/sites/tarabrown/2012/05/30/the-death-of-shop-class-and-americas-high-skilled-workforce/.
- Brunner, E., et al. "The Promise of Career and Technical Education." *Brown Center Chalkboard* (blog), Brookings, September 20, 2019. https://www.brookings.edu/blog/

Survey Data." *Frontiers in Physiology* (2013). doi.org/10.3389/fphys.2013.00098.
・Thaler, L., S. R. Arnott, and M. A. Goodale. "Neural Correlates of Natural Human Echolocation in Early and Late Blind Echolocation Experts." *PLOS ONE* (2011). doi.org/10.1371/journal.pone.0020162.
・Thorpe, S. J., et al. "Seeking Categories in the Brain." *Science* 291, no. 5502 (2001): 260–63.
・Thorudottir, S., et al. "The Architect Who Lost the Ability to Imagine: The Cerebral Basis of Visual Imagery." *Brain Sciences* 10, no. 2 (2020). https://doi.org/10.3390/brainsci10020059.
・Tubbs, S. R., et al. "Tatsuji Inouye: The Mind's Eye." *Child's Nervous System* 28 (2012): 147–50.
・Vance, A. *Elon Musk: Tesla, SpaceX, and the Quest for a Fantastic Future.* New York: Ecco, 2015.（アシュリー・バンス『イーロン・マスク――未来を創る男』斎藤栄一郎訳、講談社、2015年）
・Vannucci, M., et al. "Visual Object Imagery and Autobiographical Memory: Object Imagers Are Better at Remembering Their Personal Past." *Memory* 24, no. 4 (2016): 455–70.
・Vazquez, C. M. "Technology Boot Camp Aims to Upgrade Okinawa-Based Marines' Problem-Solving Skills." *Stars and Stripes*, March 26, 2019.
・Warford, N., and M. Kunda. "Measuring Individual Difference in Visual and Verbal Thinking Styles." Presented at the 40th Annual Meeting of the Cognitive Science Society, Madison, Wisconsin, 2018.
・Watanabe, S., J. Sakamoto, and M. Wakita. "Pigeons' Discrimination of Paintings by Monet and Picasso." *Journal of the Experimental Analysis of Behavior* 63 (1995): 165–74.
・Weintraub, K. "Temple Grandin on How the Autistic 'Think Different.'" *USA Today*, May 1, 2013, https://www.usatoday.com/story/news/nation/2013/05/01/autism-temple-grandin-brain/2122455/ (2021年9月1日アクセス).
・West, T. Commencement address, Siena School, Silver Spring, Maryland, June 9, 2020. *In the Mind's Eye: Dyslexic Renaissance* (blog), December 22, 2020.
・Wheeler, M. "Damaged Connections in Phineas Gage's Brain: Famous 1848 Case of Man Who Survived Accident Has Modern Parallel." ScienceDaily, May 16, 2012. https://www.sciencedaily.com/releases/2012/05/120516195408.htm.
・Zeman, A., et al. "Phantasia—The Psychological Significance of Lifelong Visual Imagery Vividness Extremes." *Cortex* 130 (2020): 426–40. doi:10.1016/j.cortex.2020.04.003.
・Zhang, W., et al. "The Use of Anti-Inflammatory Drugs in the Treatment of People with Severe Coronavirus Disease 2019 (COVID-19): The Perspectives of Clinical Immunologists from China." *Clinical Immunology* 214 (2020): 108393.
・Zimmer, C. "Many People Have a Vivid 'Mind's Eye,' While Others Have None at All." *New York Times*, June 8, 2021. https://www.nytimes.com/2021/06/08/science/minds-eye-mental-pictures-psychology.html.

リヴァー・サックス『妻を帽子とまちがえた男』高見幸郎、金沢泰子訳、早川書房、2009年）
- Schweinberg, M., et al. "Same Data, Different Conclusions: Radical Dispersion in Empirical Results When Independent Analysts Operationalize and Test the Same Hypothesis." *Organizational Behavior and Human Decision Process* 165 (2021): 228–49.
- Servick, K. "Echolocation in Blind People Reveals the Brain's Adaptive Powers." *Science Magazine,* 2019. https://www.sciencemag.org/news/2019/10/echolocation-blind-people-reveals-brain-s-adaptive-powers.
- Servick, K. "Ultrasound Reads Monkey Brains, Opening New Way to Control Machines with Thought." *Science,* March 22, 2021.
- Shah, A., and U. Frith. "Why Do Autistic Individuals Show Superior Performance on the Block Design Task?" *Journal of Child Psychology and Psychiatry* 34, no. 8 (1993): 1351–64.
- Shuren, J. E. "Preserved Color Imagery in an Achromatopsic." *Neuropsychologia* 34, no. 4 (1996): 485–89.
- Sikela, J. M., and V. B. Searles Quick. "Genomic Tradeoffs: Are Autism and Schizophrenia the Steep Price for a Human Brain?" *Human Genetics* 137, no. 1 (2018): 1–13.
- Silberman, S. "The Geek Syndrome." *Wired,* December 1, 2001. https://www.wired.com/2001/12/aspergers/.
- Silverman, L. K. *Upside-Down Brilliance: The Visual-Spatial Learner*. Denver: Deleon, 2002.
- Smith, B. *Moving 'Em: A Guide to Low Stress Animal Handling*. University of Hawai'i, Mānoa: Graziers Hui, 1998.
- Soares, J. M., et al. "A Hitchhiker's Guide to Functional Magnetic Resonance Imaging." *Frontiers in Neuroscience* (2016). https://doi.org/10.3389/fnins.2016.00515.
- Spagna, A., et al. "Visual Mental Imagery Engages the Left Fusiform Gyrus, but Not the Early Visual Cortex: A Meta-Analysis of Neuroimaging Evidence." *Neuroscience and Biobehavioral Reviews* (2020). doi:10.1016/j.neubiorev.2020.12.029.
- Sperry, R. W. "Lateral Specialization of Cerebral Function in the Surgically Separated Hemispheres." In *The Psychophysiology of Thinking,* ed. F. J. McGuigan and R. A. Schoonover, chap. 6. New York: Academic Press, 1973.
- Sumner, N., et al. "Single-Trial Decoding of Movement Intentions Using Functional Ultrasound Neuroimaging." *Neuron* (2021). https://pubmed.ncbi.nlm.nih.gov/33756104/.
- Suskind, O. "Happy Easter, Walter Post." A cartoon drawing by Owen Suskind on Facebook, 2020.
- Sutton, M. "Snakes, Sausages and Structural Formulae." *Chemistry World,* 2015.
- Takeda, M. "Brain Mechanisms of Visual Long-Term Memory Retrieval in Primates." *Neuroscience Research* 142 (2019): 7–15.
- Thaler, L. "Echolocation May Have Real-Life Advantages for Blind People: An Analysis of

- Nishimura, K., et al. "Individual Differences in Mental Imagery Tasks: A Study of Visual Thinkers and Verbal Thinkers." *Neuroscience Communications* (2016).
- Pant, R., S. Kanjlia, and M. Bedny. "A Sensitive Period in the Neural Phenotype of Language in Blind Individuals." *Developmental Cognitive Neuroscience* 41 (2020). https://www.sciencedirect.com/science/article/pii/S1878929319303317#sec0010.
- Park, C. C. *Exiting Nirvana: A Daughter's Life with Autism*. New York: Little, Brown, 2001. (クララ・クレイボーン・パーク『自閉症の娘との四十年の記録』松岡淑子訳、河出書房新社、2002年)
- Pashler, H., et al. "Learning Styles: Concepts and Evidence." *Psychological Science in the Public Interest* 9, no. 3 (2008).
- Pearson, J. "The Human Imagination: The Cognitive Neuroscience of Visual Mental Imagery." *Nature Reviews Neuroscience* 20 (2019): 624–34.
- Peissig, J. J., and M. J. Tarr. "Visual Object Recognition: Do We Know More Now Than We Did 20 Years Ago?" *Annual Review of Psychology* 58 (2007): 75–96.
- Peissig, J. J., et al. "Pigeons Spontaneously Form Three-Dimensional Shape Categories." *Behavioral Processes* 158 (2019): 70–75.
- Pérez-Fabello, M. J., A. Campos, and D. Campos-Juanatey. "Is Object Imagery Central to Artistic Performance?" *Thinking Skills and Creativity* 21 (2016): 67–74. doi.org/10.1016/j.tsc.2016.05.006.
- Pérez-Fabello, M. J., A. Campos, and F. M. Felisberti. "Object-Spatial Imagery in Fine Arts, Psychology and Engineering." *Thinking Skills and Creativity* 27 (2018): 131–38.
- Phillips, M., et al. "Detection of Malignant Melanoma Using Artificial Intelligence: An Observational Study of Diagnostic Accuracy." *Dermatology Practical & Conceptual* 10, no. 1 (2020): e2020011. doi.org/10.5826/dpc.1001a11.
- Pidgeon, L. M., et al. "Functional Neuroimaging of Visual Creativity: A Systematic Review and Meta-Analysis." *Brain and Behavior* 6, no. 10 (2016). doi.org/10.1002/brb3.540.
- Pinker, S. *The Language Instinct: How the Mind Creates Language*. New York: William Morrow, 1994. (スティーブン・ピンカー『言語を生みだす本能』[上下] 椋田直子訳、NHK出版、1995年)
- Putt, S., et al. "The Role of Verbal Interaction during Experimental Bifacial Stone Tool Manufacture." *Lithic Technology* 39, no. 2 (2014): 96–112.
- Reeder, R. R., et al. "Individual Differences Shape the Content of Visual Representations." *Vision Research* 141 (2017): 266–81.
- Ryckegham, A. V. "How Do Bats Echolocate and How Are They Adapted to This Activity?" *Scientific American*, December 21, 1998. https://www.scientificamerican.com/article/how-do-bats-echolocate-an/.
- Sacks, O. *An Anthropologist on Mars*. New York: Alfred A. Knopf, 1995. (オリヴァー・サックス『火星の人類学者――脳神経科医と7人の奇妙な患者』吉田利子訳、早川書房、2001年)
- Sacks, O. *The Man Who Mistook His Wife for a Hat*. New York: Summit Books, 1985. (オ

Visualization Abilities: Restriction in the Development of Visual Processing Resources." *Psychonomic Bulletin and Review* 17, no. 1 (2009): 29–33.
- Kozhevnikov, M., M. Hegarty, and R. E. Mayer. "Revising the Visualizer-Verbal Dimension: Evidence for Two Types of Visualizers." *Cognition and Instruction* 20, no. 1 (2002): 47–77.
- Kozhevnikov, M., and J. Shepherd. "Spatial versus Object Visualizers: A New Characterization of Visual Cognitive Style." *Memory and Cognition* 33, no. 4 (2005): 710–26.
- Lee, S.-H., D. J. Kravitz, and C. I. Baker. "Disentangling Visual Imagery and Perception of Real-World Objects." *NeuroImage* 59, no. 4 (2012): 4064–73.
- Masataka, N. "Were Musicians as Well as Artists in the Ice Age Caves Likely with Autism Spectrum Disorder? A Neurodiversity Hypothesis." In *The Origins of Language Revisited*, edited by N. Masataka, 323–45. Singapore: Springer, 2020. doi.org/10.1007/978-981-15-4250-3_9.
- Mathewson, J. H. "Visual-Spatial Thinking: An Aspect of Science Overlooked by Educators." *Science Education* 83, no. 1 (1999): 33–54. https://onlinelibrary.wiley.com/doi/10.1002/(SICI)1098-237X(199901)83:1%3C33::AID-SCE2%3E3.0.CO;2-Z.
- Mazard, A., et al. "A PET Meta-Analysis of Object and Spatial Mental Imagery." *Cognitive Psychology* 16 (2004): 673–95.
- McFarland, M. "Why Shades of Asperger's Syndrome Are the Secret to Building a Great Tech Company." *Washington Post*, April 3, 2015. https://www.washingtonpost.com/news/innovations/wp/2015/04/03/why-shades-of-aspergers-syndrome-are-the-secret-to-building-a-great-tech-company/.
- Mellet, E., et al. "Functional Anatomy of Spatial Mental Imagery Generated from Verbal Instructions." *Journal of Neuroscience* 16, no. 20 (2020): 6504–12.
- Mishkin, M., et al. "Object Vision and Spatial Vision: Two Cortical Pathways." *Trends in Neuroscience* 6 (1983): 414–17.
- Morena, N., et al. " Vividness of Mental Imagery Is Associated with the Occurrence of Intrusive Memories." *Journal of Behavior Therapy and Experimental Psychiatry* 44 (2013): 221–26.
- Moscovitch, G., et al. "What Is Special About Face Recognition? Nineteen Experiments on a Person with Visual Object Agnosia and Dyslexia but Normal Face Recognition." *Journal of Cognitive Neuroscience* 9, no. 5 (1997): 555–604.
- Mottron, L. "The Power of Autism." *Nature* 479 (2011): 34–35.
- Mottron, L., and S. Belleville. "A Study of Perceptual Analysis in a High-Level Autistic Subject with Exceptional Graphic Abilities." *Brain and Cognition* 23 (1993): 279–309.
- Mottron, L., et. al. "Enhanced Perceptual Functioning in Autism: An Update, and Eight Principles of Perception." *Journal of Autism and Developmental Disorders* 36, no. 1 (2006): 27–43.
- Nishimura, K., et al. "Brain Activities of Visual and Verbal Thinkers: A MEG Study." *Neuroscience Letters* 594 (2015): 155–60.

- Haque, S., et al. "The Visual Agnosias and Related Disorders." *Journal of Neuro-Ophthalmology* 38, no. 3 (2018): 379–92.
- Henzel, D. "He Told Me That He Has No Sensory Thinking, Cannot Visualize, Feel or Hear His Own Dog." Howwesolve.com, 2021 (2021年秋にアクセス).
- Hirsch, C., and S. Schildknecht. "In Vitro Research Reproducibility: Keeping Up High Standards." *Frontiers in Pharmacology* 10 (2019): 1484. doi:10.3389/fphar.2019.01484.
- Hitch, G. J., et al. "Visual and Phonological Components of Working Memory in Children." *Memory and Cognition* 17, no. 2 (1989): 175–85.
- Höffler, T. N., M. Koć-Januchta, and D. Leutner. "More Evidence for Three Types of Cognitive Style: Validating the Object-Spatial Imagery and Verbal Questionnaire Using Eye Tracking When Learning with Texts and Pictures." *Applied Cognitive Psychology* 31, no. 1 (2017). doi.org/10.1002/acp.3300.
- Hsieh, T., et al. "Enhancing Scientific Foundations to Ensure Reproducibility: A New Paradigm." *American Journal of Pathology* 188, no. 1 (2018): 6–10.
- Huff, T., et al. "Neuroanatomy, Visual Cortex." National Library of Medicine, National Institutes of Health, July 31, 2021.
- Ishai, A., et al. "Distributed Neural Systems for the Generation of Visual Images." *Neuron* 28, no. 3 (2000): 979–90.
- Jamiloux, Y., et al. "Should We Stimulate or Suppress Immune Responses in COVID-19? Cytokine and Anti-Cytokine Interventions." *Autoimmunity Reviews* (July 2020): 102567.
- Jensen, A. R. "Most Adults Know More Than 42,000 Words." *Frontiers*, August 16, 2016.
- Keogh, R., and J. Pearson. "The Blind Mind: No Sensory Visual Imagery in Aphantasia." *Cortex* 105 (2018): 53–60.
- Khatchadourian, R. "The Elusive Peril of Space Junk." *The New Yorker*, September 21, 2020.
- Khatchadourian, R. "The Trash Nebula." *The New Yorker*, September 28, 2020.
- Koć-Januchta, M., et al. "Visualizers versus Verbalizers: Effects of Cognitive Style on Learning with Texts and Pictures." *Computers in Human Behavior* 68 (2017): 170–79. doi.org/10.1016/j.chb.2016.11.028.
- Koppenol-Gonzales, G. V., S. Bouwmeester, and J. K. Vermunt. "The Development of Verbal and Visual Working Memory Processes: A Latent Variable Approach." *Journal of Experimental Child Psychology* 111, no. 3 (2012): 439–54. https://doi.org/10.1016/j.jecp.2011.10.001.
- Koppenol-Gonzales, G. V., et al. "Accounting for Individual Differences in the Development of Verbal and Visual Short-Term Memory Processes in Children." *Learning and Individual Differences* 66 (2018): 29–37.
- Kosslyn, S. M., et al. "The Role of Area 17 in Visual Imagery: Convergent Evidence from PET and rTMS." *Science* 284, no. 5411 (1999): 167–70.
- Kosslyn, S. M., et al. "Topographical Representations of Mental Images in Primary Visual Cortex." *Nature* 378 (1995): 496–98.
- Kozhevnikov, M., O. Blazhenkova, and M. Becker. "Tradeoffs in Object versus Spatial

黒上晴夫監訳、日本文教出版、2003年）
・Ghasemi, A., et al. “The Principles of Biomedical Scientific Writing: Materials and Methods.” *International Journal of Endocrinology and Metabolism* 17, no. 1 (2019): 88155.
・Giurfa, M., et al. “The Concepts of ‘Sameness’ and ‘Difference’ in an Insect.” *Nature* 410, no. 6831 (2001): 930–33.
・Glickstein, M. “The Discovery of the Visual Cortex.” *Scientific American*, September 1988. https://www.scientificamerican.com/article/the-discovery-of-the-visual-cortex/.
・Glickstein, M. *Neuroscience: A Historical Introduction*. Cambridge, MA: MIT Press, 2014.
・Goldstein, J. “18-Year-Old Blind Pianist Prodigy Getting Studied by Scientists for His ‘Remarkable’ Talents.” *People*, February 24, 2020. https://people.com/human-interest/blind-pianist-prodigy-matthew-whitaker-studied-by-scientists/.
・Golon, A. *Visual-Spatial Learners*. Austin, TX: Prufrock Press, 2017.
・Graham, J. “*Life, Animated*: A Film Review.” *johngrahamblog* (blog). December 8, 2016. https://johngrahamblog.wordpress.com/2016/12/08/life-animated-a-film-review/.
・Grandin, T. “How Does Visual Thinking Work in the Mind of a Person with Autism? A Personal Account.” *Philosophical Transactions of the Royal Society, London, B. Biological Sciences* 364, no. 1522 (2009): 1437–42.
・Grandin, T. “My Mind Is a Web Browser: How People with Autism Think.” *Cerebrum* 2, no. 1 (2000): 14–22.
・Grandin, T. *Temple Grandin's Guide to Working with Farm Animals*. North Adams, MA: Storey, 2017.
・Grandin, T. *Thinking in Pictures*. New York: Doubleday, 1995. Expanded edition. New York: Vintage, 2006.（前掲『自閉症の才能開発』）
・Grandin, T., and R. Panek. *The Autistic Brain: Thinking Across the Spectrum*. New York: Houghton Mifflin Harcourt, 2013.（テンプル・グランディン、リチャード・パネク『自閉症の脳を読み解く――どのように考え、感じているのか』中尾ゆかり訳、NHK出版、2014年）
・Grandin, T., and M. M. Scariano. *Emergence: Labeled Autistic*. Novato, CA: Arena, 1986.（テンプル・グランディン、マーガレット・M・スカリアノ『我、自閉症に生まれて』カニングハム久子訳、学習研究社、1994年）
・Gross, C. G. “The Discovery of Motor Cortex and Its Background.” *Journal of the History of the Neurosciences* 16, no. 3 (2007): 320–31.
・Gualtieri, C. T. “Genomic Variation, Evolvability, and the Paradox of Mental Illness.” *Frontiers in Psychiatry* 11 (2021): 593233.
・Haciomeroglu, E. S. “Object-Spatial Visualization and Verbal Cognitive Styles and Their Relation to Cognitive Abilities and Mathematical Performance.” *Educational Sciences: Theory and Practice* 16, no. 3 (2016): 987–1003.
・Haciomeroglu, E. S., and M. LaVenia. “Object-Spatial Imagery and Verbal Cognitive Styles in High School Students.” *Perceptual and Motor Skills* 124, no. 3 (2017): 689–702.

(IMFAR), San Diego, 2011.
・Courchesne, E., et al. "Hypoplasia of Cerebellar Vermal Lobules VI and VII in Autism." *New England Journal of Medicine* 318 (1988): 1349–54.
・Cropley, D. H., and J. C. Kaufman. "The Siren Song of Aesthetics? Domain Differences and Creativity in Engineering and Design." *Proceedings of the Institution of Mechanical Engineers, Part C: Journal of Mechanical Engineering Science* 233, no. 2 (2019): 451–64.
・Curry, A. "Neuroscience Starts Talking." *Nature* 551 (2017): S81–S83.
・Dajose, L. "Reading Minds with Ultrasound: A Less-Invasive Technique to Decode the Brain's Intentions." Caltech, March 22, 2021. https://www.caltech.edu/about/news/reading-minds-with-ultrasound-a-less-invasive-technique-to-decode-the-brains-intentions.
・Dean, J. "Making Marines into MacGyvers." *Bloomberg Businessweek*, September 20, 2018, 48–55.
・"Diagnosing Bill Gates." *Time*, January 24, 1994, 25.
・Dolgin, E. "A Loop of Faith." *Nature* 544 (2017): 284–85.
・Doron, G., et al. "Perirhinal Input to Neocortical Layer 1 Controls Learning." *Science* 370 (2020): 1435.
・Fehlhaber, K. "A Tale of Two Aphasias." *Knowing Neurons*, August 13, 2014. https://knowingneurons.com/2014/08/13/a-tale-of-two-aphasias/.
・Fernyhough, C. *The Voices Within: The History and Science of How We Talk to Ourselves*. London: Profile Books, 2016.（チャールズ・ファニーハフ『おしゃべりな脳の研究――内言・聴声・対話的思考』柳沢圭子訳、みすず書房、2022年）
・Ferrier, D. "On the Localization of the Functions of the Brain." *British Medical Journal*, December 19, 1874, 766.
・Ferrier, D., and G. F. Yeo. "A Record of Experiments on the Effects of Lesions of Different Regions of the Cerebral Hemispheres." *Royal Society Philosophical Transactions*, January 1, 1884, https://doi.org/10.1098/rst.1884.0020.
・Firat, R. B. "Opening the 'Black Box': Functions of the Frontal Lobes and Their Implications for Sociology." *Frontiers in Sociology* 4, no. 3 (2019). https://www.frontiersin.org/articles/10.3389/fsoc.2019.00003/full.
・Freedman, D. J., et al. "Categorical Representation of Visual Stimuli in the Primate Prefrontal Cortex." *Science* 291 (5502): 312–16.
・Fulford, J., et al. "The Neural Correlates of Visual Imagery Vividness— An fMRI Study and Literature Review." *Cortex* 105 (2018): 26–40.
・Gainotti, G. "A Historical Review of Investigations on Laterality of Emotions in the Human Brain." *Journal of the History of the Neurosciences* 28, no. 1 (2019): 23–41.
・Ganis, G., et al. "Brain Areas Underlying Visual Mental Imagery and Visual Perception: An fMRI Study." *Cognitive Brain Research* 20 (2004): 226–41.
・Gardner, H. *Creating Minds*. New York: Basic Books, 2006.
・Gardner, H. *Frames of Mind*. New York: Basic Books, 1983.
・Gardner, H. *Multiple Intelligences: New Horizons in Theory and Practice*. New York: Basic Books, 2006.（ハワード・ガードナー『多元的知能の世界――MI理論の活用と可能性』

Translational Medicine 12, no. 548 (2020): eabc8946.
- Baer, D. "Peter Thiel: Asperger's Can Be a Big Advantage in Silicon Valley." *Business Insider*, April 8, 2015. https://www.businessinsider.com/peter-thiel-aspergers-is-an-advantage-2015-4.
- Bainbridge, W. A., et al. "Quantifying Aphantasia through Drawing: Those without Visual Imagery Show Deficits in Object but Not Spatial Memory." *Cortex* 135 (Feb. 2021): 159–72.
- Baron, S. "How Disney Gave Voice to a Boy with Autism." *Guardian*, December 3, 2016.
- Baron-Cohen, S. *The Pattern Seekers*. New York: Basic Books, 2020.（サイモン・バロン=コーエン『ザ・パターン・シーカー――自閉症がいかに人類の発明を促したか』篠田里佐訳、岡本卓、和田秀樹監訳、化学同人、2022年）
- Behrmann, M., et al. "Intact Visual Imagery and Impaired Visual Perception in a Patient with Visual Agnosia." *Journal of Experimental Psychology* 20, no. 5 (1994): 1068–87.
- Birner, B. "FAQ: Language Acquisition." Linguistic Society of America. https://www.linguisticsociety.org/resource/faq-how-do-we-learn-language.
- Blazhenkova, O., and M. Kozhevnikov. "Creative Processes during a Collaborative Drawing Task in Teams of Different Specializations." *Creative Education* 11, no. 9 (2020). Article ID 103051.
- Blazhenkova, O., and M. Kozhevnikov. "Types of Creativity and Visualization in Teams of Different Educational Specialization." *Creativity Research Journal* 28, no. 2 (2016): 123–35.
- Blazhenkova, O., M. Kozhevnikov, and M. A. Motes. "Object-Spatial Imagery: A New Self-Report Imagery Questionnaire." *Applied Cognitive Psychology* 20, no. 2 (March 2006): 239–63, https://doi.org/10.1002/acp.1182.
- Blume, H. "Neurodiversity: On the Neurological Underpinnings of Geekdom." *Atlantic*, September 1998.
- Bouchard, T. J., et al. "Sources of Human Psychological Differences: The Minnesota Study of Twins Reared Apart." *Science* 250, no. 4978 (1990): 223–28.
- Bryant, R. A., and A. G. Harvey. "Visual Imagery in Posttraumatic Stress Disorder." *Journal of Traumatic Stress* 9 (1996): 613–19.
- Chabris, C. F., et. al. "Spatial and Object Visualization Cognitive Styles: Validation Studies in 3,800 Individuals." *Group Brain Technical Report* 2 (2006): 1–20.
- Chen, Q., et al. "Brain Hemisphere Involvement in Visuospatial and Verbal Divergent Thinking." *NeuroImage* 202 (2019): 116065.
- Chen, W., et al. "Human Primary Visual Cortex and Lateral Geniculate Nucleus Activation during Visual Imagery." *Neuroreport* 9, no. 16 (1998): 3669–74.
- Cho, J. Y., and J. Suh. "Understanding Spatial Ability in Interior Design Education: 2D-to-3D Visualization Proficiency as a Predictor of Design Performance." *Journal of Interior Design* 44, no. 3 (2019): 141–59.
- Cooperrider, J. R., et al. "Dr. Temple Grandin: A Neuroimaging Case Study." Presentation, University of Utah, at the International Meeting for Autism Research

参考文献

はじめに

- Chomsky, N. *Syntactic Structures*. Eastford, CT: Martino Fine Books, 2015.（ノーム・チョムスキー『統辞構造論――付「言語理論の論理構造」序論』福井直樹、辻子美保子訳、岩波書店、2014年）
- Descartes, R. *Meditations on First Philosophy: With Selections from the Objections and Replies*. Translated and Edited by John Cottingham. Cambridge, UK: Cambridge University Press, 2017.
- Frener & Reifer. Steve Jobs Theater. https://www.frener-reifer.com/news-en/steve-jobs-theater/(2021年8月7日アクセス).
- Grandin, T. *Thinking in Pictures*. New York: Doubleday, 1995. Expanded edition. New York: Vintage, 2006.（テンプル・グランディン『自閉症の才能開発――自閉症と天才をつなぐ環』カニングハム久子訳、学習研究社、1997年）
- Kozhevnikov, M., et al. "Revising the Visualizer-Verbalizer Dimensions: Evidence for Two Types of Visualizers." *Cognition and Instruction* 20, no. 1 (2002): 47–77.
- Kozhevnikov, M., et al. "Spatial versus Object Visualizers: A New Characterization of Visual Cognitive Style." *Memory and Cognition* 33, no. 4 (2005): 710–26.
- Premier Composite Technologies, Dubai, United Arab Emirates. Steve Jobs Theater Pavilion. http://www.pct.ae/steve-jobs-theater (2021年8月7日アクセス).
- Sedak, Gersthofen, Germany. Apple Park, Cupertino, California, 2,500 glass units in facade. https://www.sedak.com/en/references/facades/apple-park-cupertino-usa (2021年8月7日アクセス).

第１章　視覚思考者《ビジュアル・シンカー》の世界

- Adolphs, R. *The Neuroscience of Emotion*. Princeton, NJ: Princeton University Press, 2018.
- Akkermans, M. "Collaborative Life Writing in *Life, Animated.*" *Diggit Magazine*, October 4, 2020.
- Alfonsi, S. "Matthew Whitaker: Meet the Blind Piano Player Who Is So Good, Scientists Are Studying Him." *60 Minutes*, December 27, 2020.
- Amit, E., et al. "An Asymmetrical Relationship between Verbal and Visual Thinking: Converging Evidence from Behavior and fMRI." *NeuroImage*, March 18, 2017.
- Ankrum, J. "Diagnosing Skin Diseases Using an AI-Based Dermatology Consult." *Science*

テンプル・グランディン Temple Grandin

コロラド州立大学動物科学教授。動物学博士。自閉スペクトラム症の当事者であり、同啓発活動において世界的に影響力のある学者のひとり。自叙伝をもとにしたテレビ映画「テンプル・グランディン～自閉症とともに」は、エミー賞7部門とゴールデングローブ主演女優賞などを受賞、大きな話題となった。著書に『自閉症感覚』『自閉症の脳を読み解く』（以上、ＮＨＫ出版）、『我、自閉症に生まれて』『自閉症の才能開発』（以上、学習研究社）など。２０１０年にタイム誌の「世界で最も影響力のある１００人」に、２０１６年にアメリカ芸術科学アカデミー会員にそれぞれ選出された。コロラド州フォートコリンズ在住。

中尾ゆかり（なかお・ゆかり）

翻訳家。西南学院大学文学部卒業。訳書に、テンプル・グランディン『自閉症感覚』『自閉症の脳を読み解く』、シルカ・ローズ・ウエスト、ジョセフ・サロシー『子どもとつながる「お話」の魔法』（以上、ＮＨＫ出版）、ジャン＝ブノワ・ナドー＆ジュリー・バーロウ『フランス語のはなし』（大修館書店）など。

医学用語監修　小林崇希
校　　正　鈴木由香
本文組版　佐藤裕久
編　　集　川上純子　塩田知子

ビジュアル・シンカーの脳　「絵」で考える人々の世界

２０２３年７月25日　第１刷発行
２０２４年５月20日　第３刷発行

著　者　テンプル・グランディン
訳　者　中尾ゆかり
発行者　江口貴之
発行所　ＮＨＫ出版
〒１５０－００４２　東京都渋谷区宇田川町10－３
電　話　０５７０－００９－３２１（問い合わせ）
　　　　０５７０－０００－３２１（注文）
ホームページ　https://www.nhk-book.co.jp

印　刷　亨有堂印刷所／大熊整美堂
製　本　二葉製本

ISBN978-4-14-081942-5 C0098